戦略参謀

経営プロフェッショナルの教科書

稲田将人

日経ビジネス人文庫

目　次◉戦略参謀

第1章　高山、最初の地雷を踏む
――企業はなぜ成長、低迷を繰り返すのか？……13

第2章　バケツの中身が重要だ
――PDCAを廻せない企業には明日がない

第1章

高山、最初の地雷を踏む

——企業はなぜ成長、低迷を繰り返すのか？

▼経営企画室 誕生

添谷野令美《そやのれみ》は、役員用の応接ルームに向かって歩いていた。ラルフローレンブラックレーベルのスーツを着て、ジミーチュウのパンプスで歩くその出で立ちは、「紳士服のしきがわ」の他の女性社員とは違って、絵に描いたような外資系キャリアウーマンのそれだった。髪もメイクも品よくまとまっているが、唇が薄く神経質そうな顔つきのために、通路ですれ違う社員に見せる愛想笑いは、かえって相手を委縮させた。

「専務、失礼いたします。人事部の添谷野です」

ドアの前で立ちどまり、ノックをして言い、しばらくすると、「おう、入れや」という声が中から聞こえてきた。応接ルームのドアを開けて中に入ると、専務の阿久津剛次《あくつごうじ》が一人でソファに深く腰掛け、煙草をふかしていた。

阿久津は高級そうなライトグレーのスーツを着ていた。添谷野はそのスーツを見て、

「このスーツ、まるでランバンみたい。『しきがわ』でも、このクラスの縫製と生地を使ったスーツを扱っているのね」と思った。人事部長の立場ゆえ、阿久津の実年齢が63歳だとは知っていたが、あんこ型の体型に腹がポッコリと出ており、髪も薄く白髪のほうが多いその容姿は、どう見ても70歳代だった。

もう長いこと店頭にも立っていないようで、腕や脚の筋肉は落ち、その色白さと相まって、健康そうには見えなかった。

「最近は、どこで煙草を吸うてもええっちゅうご時世やないからなあ」

阿久津は、応接ルームのガラスの灰皿で煙草の火を消しながら言った。

「まあ、そこに腰かけたらええがな」

「お待たせしまして失礼しました。最新の組織案を印刷していましたら、思いのほか時間がかかったものですから」

「ええで、かめへん。わし、時間あるさかいに」

添谷野は、阿久津の正面のソファに座った。

「ほんで、今度の組織は、どないなんのや？」

添谷野は手に持っていた組織図を、阿久津が読める向きにして来客用のテーブルの上に拡げた。

「若干の配置換えや人の入れ替えはありますが、組織図そのものには大きな変更はありません。一部、社長のご意向を反映した部分はありますが」

「ほうか。社長は、どないしたいて言うとるんや？」

「今回の組織では社長の強い意向で、経営企画室を新設させます」

「なんやそれ。何させるんや。そんなもん、あってもなくても、どうでもええんと違うんか」

「社長は、他のことは任せるが、今回、この部署だけは絶対につくるということです。室長人材の中途採用も、ヘッドハンターを使ってかなり前から進めていたとのことです」

「しゃあないなぁ。ヘッドハンターを使うたんかい。また、金もかかるし、人件費もまた、かさむやないか。ヘッドハンターなんてもん使うのは、あんたん時までで十分やのに」

阿久津は、不愉快そうに眉をひそめた。添谷野も、阿久津が社内で「経費削減の鬼」と呼ばれて恐れられているのは知っていた。

「社長がご自身で面接され、もう内定の指示が出ています。その方は、この組織が発効になる再来週から出社されることになっているそうです」

添谷野は、その採用には自分は関与していないことを言外に匂わせる表現をした。

「このわしに相談なしに、そんなことしてたんかい。ほんまに、ええ加減にしてほしいな。ほんで、入ってくるのんは、どこのやっちゃ」

「外資系企業の日本フラッシュソーダ社にいた、伊奈木耕太郎《いなぎこうたろう》という方です」

「ほう、またえらいところから採用するんやな。世界中で飲みもん売ってるでっかい会社やないか。まさか、えらい金を積んで引き抜いてきたんやないやろうな」

「いいえ。この方は、1年くらい前に辞めていて、しばらくは仕事をされていなかったようです」

「なんや、プーやってたんかいな。何やってたんや、そこの会社で」

「人事部長をされていたそうです」

「ほう、人事か。あんたと一緒やな。なんや悪さをして辞めさせられたんかい」

「さあ、そのあたりの事情は存じません。社長がご自身で採用を決められたそうですから」

添谷野令美は44歳。しきがわ入社前は、米国外資系企業の人事部に勤務していたが、1年ほど前に、ヘッドハンターからの誘いがあり、この株式会社しきがわに転職をした。しきがわの2代目社長が、自分のまわりを固める目的での人材探しだったが、単なる一マネジャーだった添谷野にとって、まがりなりにも上場企業であるしきがわでの部長待遇での採用は、決して悪い話ではなかった。

「ほうかい。まあ、あんたより は先輩なんやな。あんたもいろいろ、教えてもろうたらええがな」

「そうですね」と添谷野は、あからさまなつくり笑いを見せた。

「社長は、組織図の細かいところは見いひんはずやから、わしが全部見たるわ」

阿久津は老眼鏡を出して組織図に顔を近づけ、時間をかけて一人ひとりの名前を指さしながら、あいつはどこにおる、あれはどこにいったんやと、全部署の人材配置を細かく確認し、数名については、「こいつはこっちの奴と入れ換えといてくれ」と注文を加えた。

「だいたい、ええんちゃうか。こんなんなら」

阿久津が、顔を上げて老眼鏡をはずそうとした時、添谷野は一人の社員の個人ファイルを出した。

「それから、専務からご指示のあった高山昇《たかやまのぼる》さんの件ですが、総本店から出したあとの異動先はどういたしましょうか」

「おお、高山か。あいつはあかんな。皆が納得してやっとることを批判しかせんような奴はあかん。ああいう後ろ向きな奴はあかんで。どこか、地方の店にでも行って、勉強させたらええんや」

阿久津が「勉強」という言葉を使う時は、こいつは気に食わないから、二度と戻ってこない前提で地方店舗などに異動させることを意味するということを、添谷野は理解していた。

「あの、高山さんについてですが、社長が、今度の伊奈木さんの部署がいいのではないかと言われています」

「ああ、そういえば、高山が新卒だった時に、あいつを総本店に配属させろ言うたのも社長やったな。あんた、それでどう答えたんや」

「検討しますと、お答えしておきました」

「うん、それでええ」

阿久津は、自分の意見を反映させて組織の最終案としようとする添谷野の態度に、満足げにうなずいた。

「社長は、高山さんが気になっているご様子ですね」

「こいつはなあ、新入社員研修の時に元気ばっかりようて、どこいっても、しゃべり倒しとったんや。やかましいやっちゃで。でも今の社長がな、こいつは前向きや、頭の回転もええ、考え方のセンスがええとか言うてな」

そういう、元気がよく、前向きな若手、中堅の社員を、阿久津が次々につぶし、地方店舗に飛ばしているということを、添谷野は知っていたが、それについて口出しする気も毛頭なかった。

「で、この高山さんはいかがしましょうか？」

「こんな奴は、どうもならんな。そんなのは、わけのわからんところにでも入れとけばええわ。またあとで動かしたってもええしな。どうせ、そんな新しい部署なんて、そんな長いことはもたんやろからな」

「かしこまりました」

添谷野令美は、先ほどと同じ笑顔を阿久津に返して、テーブルの上の組織図をたたみはじめた。

▼突然の異動

「高山。お前、営業から外れるのか？」

郊外を中心に展開する紳士服チェーン「しきがわ」の本社食堂で昼食をとっていた高山昇に、商品部バイヤーで同期の沼口照一《ぬまぐちしょういち》が話しかけてきた。

「うん。そういうことになった」

高山は食べはじめたばかりのランチの手をとめ、沼口の顔を見上げた。

「お前、何やったんだ？」

沼口は、あじフライの載ったランチトレーを手に高山の前に座った。

「声が大きいって。今、人が多いんだから」

沼口はまわりを見まわしたが、二人の会話に興味を示しているものはいなかった。

「大丈夫だ。別に皆、聞いちゃいないって。それに俺くらいだろ？　こんなことをお前に聞いてやれるのは」

「そりゃ、そうだけど」と高山は言った。

「お前また、場をわきまえずに、何か余計なことをしゃべったんじゃないか？」

「別に、そんなつもりじゃなかったんだけど……。今の店舗の給与制度のことで気になっていることを話しただけ」

「いつ、どこで？」

「先週の総本店の全体朝礼の時」

「朝礼？　じゃ、店のメンバーの前で話したんだな？」

「うん。だけど、今は店の創業祭だから、本社から販売応援に来ている人も何人かいた」

「ふーん。でもその人たちって、どちらかといえば、お前の『高山節』を、おもしろがる連中だろ？」

「いつもはそうなんだけどね。今回は総本店の創業祭イベントの初日だったからエラい人も来てた」

高山は余裕を見せようと微笑む表情をつくったが、残念ながらその笑顔は見事に引きつっていた。

「誰がいたんだ？」

「常務の大久保さん」

「大久保さんだったら、お前の屁理屈話は不愉快かもな。なにせ営業の叩き上げの人だから。けど大久保さんって、不愉快だからって、いきなりお前を店から外すような人じゃないだろ？」

「えっと……他にもあとから来て、僕の後ろに立ってた人がいた」

「誰？」

「管理本部の阿久津専務」

「あ……」

沼口の食事の手が止まった。こいつ、よりによって、専務のいるところで、給与制度について、『べき論』をぶったのか……。

「まずいな、それ」

「阿久津専務、僕が話し終わるまで、ずっと後ろにいたんだと思う。まったく気づかなかったけど。で、僕がいったん話し終わったら、いきなり後ろで拍手しだしてさ、『お前、ええこと言うなあ。よう勉強しとるなあ。大したもんや』だって。振り向いて顔を見たら、目がぜんぜん笑っていなかったけど」

沼口は、もし自分がその場にいたならば、高山の話を何としてでも止めたろうにと思ったが、すぐに、その考えを改めた。こいつが調子に乗って話している時は、それを止めるのは至難の業だから。

「高山。お前、聞いている人たちの視線とか、その場の空気の変化とかに気づかなかったのか?」

今さら聞いても仕方がないとは思いながらも、沼口は尋ねた。

「最初は『そうだ、お前の言う通り。いいぞ』っていう感じで皆、うなずいて聞いてくれてたんだけど」

「だけど?」

「言われてみれば、途中から皆、あんまり僕の顔を見なくなったな。視線も外して、目が泳いでいたような気がする」

「大体お前、いつもそうだ。場の空気に……もっと、気がつけ」

ヘンな日本語、そう思いながら高山は再びランチに箸を付けはじめた。

▼インセンティブ給与制度

高山と沼口の勤める郊外型紳士服専門店「しきがわ」は東証一部上場企業。店舗数350店、年間売上高は550億円を超える業界第3位のビジネス用スーツを中心としたメンズ衣料を販売する小売チェーンである。今年29歳になる高山昇は、この総本店の販売スタッフとして勤務していた。

「それで高山。給与制度の何の話をしたんだ？」

「店舗のインセンティブ給与について」

「半年前に導入されたあの制度のことか？」

二人が話をしているところに、入社2年目の守下浩二《もりしたこうじ》がランチのトレーを手に寄ってきた。

「あ、高山さん。この間の朝礼でのスピーチの続きの話をしているんですか？」

守下は興味津々な表情で高山の隣に座った。

「この間の朝礼での高山さんの話、サイコーでしたね。皆、いいぞって心の中で思って聞いてたんですよ。専務が登場するまでですけどね……」

「守下、そんな時は何か合図でもしてやれよ。後ろにヤバいのが来てるって」

「そんなあ。目配せとかしたってムダですよ。高山さん、完全に自分の世界に入っていましたもの」

守下はそう言って食事をはじめた。

「まあ、そうだろうな」沼口は高山を見た。

「目に浮かぶよ、得意げに御説ぶってるこいつの顔が」

「お前ら、うっさい」高山は二人をにらんだが、沼口も守下も意に介さず食事を続けた。

インセンティブ給与制度とは一般的に、売上に応じた業績給が支給される制度であり、しきがわの全店舗で半年前から導入されていた。個人の月間売上の1・5%を翌月に個人業績給与として支給する形だった。

「あの制度がはじまってから、僕の手取り給与額は1万円ほど減りましたもん。販売スタッフの個人給与の格差は広がりましたよ」

守下は言った。

「そうなんだ。あの制度は、『たくさん売れば、それに比例して給与が増えるから、がんばろう』っていうことで店舗に導入されたんだけど、制度の導入に伴って給与の固定支給部分が減額されたからな」

高山は、まるで朝礼の時を思い出したかのように、熱く話しはじめた。

「結局、売上を取りに走る一部の人と、それ以外の人に二極化しちゃいましたね」

守下は海老フライをかじりながら言った。

「守下は販売力があるって聞いてるけど、どうして手取り額が減るんだ?」

沼口の問いには、高山が口を開いた。

「店舗では接客以外の仕事も多いだろ? 店に着いた商品の荷受けとか、店頭への品出しとか。守下のような下っぱの若手は、店頭で接客待機していられる時間が十分には取れないんだ。また特に、総本店は規模が大きいから余計に作業量が多いだろ。そういう面でもこの制度は不完全な面がある」

「そういうことか。そもそもこの新給与制度は、本社で阿久津専務が旗を振ってつくらせたんだ。今、低迷している店舗の売上を上げ、利益を確保するためのアイデアだっていうことで」

本社の事情に詳しい沼口が言った。

「あのインセンティブ制度は、阿久津専務の発案だったんですか……」

守下は、知らなかったあ、と言った。

「その阿久津専務が、幹部採用枠で入ってきた新しい人事部長の添谷野令美につくらせた制度なんだ」

「もともとしきがわの店は、店長が店の販売スタッフに対して個人の実績とか癖とかを見ながら、販売や店舗の運営について、一人ずつ、しっかり指導するのが、強みだったんだけどな……」高山が言った。

「営業一筋、大久保常務がよく言う『一子相伝式』ってやつだな」沼口が言った。

「ところが、僕や沼口が店舗に配属される少し前くらいからは、大量出店状態になって、入社して2、3年で店長になってしまう事例がやたら増えたろう？」

「確かに高山も俺も最初の配属先が総本店だったし、ここでは腕もあってマネジメントのできる人が総店長だった。でも他の店舗では、あまり販売員教育や商品の管理とかを、よくわかっていない若手の店長が増えてきたな」

▼成長の踊り場

高山と沼口は同期入社であり、二人ともしきがわ最大の旗艦店舗である総本店に配属された。

沼口照一は数字面の強さと商品を見るセンスの良さを評価され、入社2年で早々に商品部のアシスタントバイヤーとして抜擢された。そしてバイヤーになってからも、販売現場の経験と数値分析を基にした売れ筋商品の見極め能力の高さから、担当アイテムの数字を大きく伸ばし、若手ながら商品部内のトップバイヤーとなっていた。

「うちの会社、いまだに営業のための教育指導を行う部署もないからな」

「とにかく店舗数の増加に追い付くための大量採用、大量昇格の時代だったから、本社も含めて、皆が大変だったんだろうな。結果としてだが、今のうちの会社の売上低迷も、その当時の対応の粗さが大きな原因の一つになっていると思うな」

沼口の意見に、「僕もそう思う」と高山は言った。

しきがわでは、かつての急激な大量出店の時期には、全社員が休日返上で、ほとんど泥縄式の対応を行っていたが、そのために、「顧客への親切さ」「提案する姿勢」などの、本来のしきがわのよさが失われた店舗が増えてしまったのも事実であった。

「今では多くの販売員は、来店したお客様が欲しいと言うものを、棚やラックから、ただ出して売っているだけだ。言ってみれば自動販売機みたいなもんだな。本来うちがやるべきなのは、お客様へのビジネスウェアの提案販売だけど、それができていないから、俺たち商品部が新しい商品を開発しても、なかなか客単価が上がってこない」

「沼口の言う通りでね。それぞれのお客様に何をコーディネイトしてすすめるのがいいのか、その基本をわかっていない……、というかそういう姿勢が身についていない若手の販売員は総本店でさえ増えてきているんだ」

高山の話に、沼口も「確かにな」と相槌を打った。

「そもそも、郊外型の紳士服店は、もう日本中どこに行っても展開されているから、昔みたいに出店すれば爆発的に売れるなんてことは、今のやり方のままでは、もうないだろうな」

高山は食事を終えて箸を置いた。

「総本店の売上もずっと前年割れだろ？　前年を超えなくなってからもう何年にもなるよな」

沼口が言った。

「既存店もほとんどが前年を割っているはずだよ。会社全体として売上は伸びているけど、それは新店の出店の分、売上が増えているからだ。その新店さえもかつてのような売上は見込めないから、店舗の収益性は大幅に低下している。郊外店の紳士服の市場は、ほぼ飽和状態だと思うな」

「この間、新店に配属された、僕の同期も言っていました。うちの店にとっては初出店の商圏なんですが、同業の店はもうすでにあるので、単純に、お客さんの取り合いをしているだけだって」

守下も口をはさんだ。

「つまり、うちは今、成長の踊り場にあるってことだな」

高山は、自分なりの決めの一言を言ったつもりだったが、これは二人には完全に無視され、流された。

「結局、昔のような強気の予算を立てたって、その通りにいかなくなってきているからな。上場している以上、利益を上げるには、売上を上げるか、経費を下げるかしかないだろ」

「店舗では、バックルームの電気を消せとか、電話を短くしろだの、いろいろな通達が本社からきていますね。でも店舗でできる経費節減の余地なんて、そんなにたくさんないですものね」

食事を終えた守下が言った。

「あの制度は、以前から阿久津専務がやるべきだって言っていたアイデアだ。『わしらは商売人や、商売人は自分が食う分を自分で稼がなあかん、働かざる者食うべからずや』って。前っから『売った奴がたくさん給与をもらえるようにすれば、店舗の奴ら、みんな必死で売るでえ』って、言っていたらしい」

食事を終えた沼口は、専務の口真似をしながら話した。

「沼口さんは社内のことを、本当によく知っていますねえ」

守下は感心しながら言った。

沼口は本社機構の商品部のバイヤーとして各部門長たちからも重宝がられていたため、社内の事情にはかなり精通していた。

よって、本社でいろいろな方針や施策が決まるたびに、誰がどう主張したのか、どのような議論があったのかなど、裏事情についてもほぼ把握していた。

▼ドーベルマン、阿久津

「阿久津専務って、四季川《しきがわ》会長が創業したころから、ずっと一緒にやってきている人なんでしょう？」

守下が尋ねた。

「ああ。創業期からのメンバーの一人で、初期のころは営業部を見ていたらしい。強面《こわもて》の部長で通っていたって話だ」

沼口は答えた。

「へー、あの方もともと営業だったんですか。いつから、今のように管理本部を見られるようになったんですか」

「今の四季川達志《たつじ》社長がトップになった時、つまり親父さんの四季川保会長から会社の代表権を引き継いだ時だよ」

「阿久津専務って、管理系の仕事が得意なのか？」

高山が尋ねた。

「いや、数字にはぜんぜん強くない」

「じゃあ、どうして管理本部を見ることになったんですか？」

守下は聞いた。

「そんなの決まってるじゃないか。専務が営業にいたら、今の社長がやりにくいからだよ」

「なんで？」高山が聞いてきた。

「会長は、会社の顔として、創業からずっとやってこられた方だろ。実際に経営をやっていると、きれい事ではすまない、いろんなことがあるじゃないか。阿久津専務は、それを担ってきたんだよ」

「どんなこと？」

高山の問いに、沼口は小さく咳払《せきばら》いをした。

「いいか。会長は基本的には社員を大切にしてきたし、人を育てることにも熱心だったけど、ここまで会社を大きくするまでには、いつも順風満帆だったわけじゃない。辞めさせなければいけない人材が出てきたりもしただろうし、ある時は、利益確保のために、きれいごとだけではすまされない判断をしなければいけないこともあっただろう」

「そりゃ、そうなんだろうな」高山は言った。

「阿久津専務って、そういう役回りを一手に引き受けていたんだ。四季川会長には100％忠実に従うが、それ以外の人には全く容赦ない。陰ではドーベルマンって呼ばれていたんだ。飼い主から、噛みつけと言われれば、そのまま容赦なく噛みつく凶暴な犬みたいな役回りだって」

「僕も、入社した時に、あの専務だけには気をつけろって、先輩から教えられましたよ。にらまれると、いちばんヤバい人だって」

守下も、小声で口をはさんだ。

「そんな具合で、社内でもっとも恐れられている存在だったから、人の好き嫌いも激しくて、そのまま、ずっときている。会長にとっては、会社を回していくための必要悪っていう位置づけなんだろうな。会長からすれば、絶対的な忠誠を示しているから、安心して使いやすい存在だろうし」

「そういうものなんですか……」守下は言った。

「とにかく、専務ににらまれた奴が、飛ばされた、辞めさせられた、という話には事欠かない。管理本部を管掌するようになってからは、金の動きと人事部門を見ているから、特にそうだな」

「阿久津専務は、今は現社長のドーベルマン役をやっているんですか？」

「うーん、今の社長に対しては、会長の時ほどの忠誠を示しているようには思えないが」

守下が尋ねた。

「ふーん、そうなんですか」守下は食後のお茶を飲みながら言った。

高山なりに、阿久津専務が今の管理本部のポジションにいる理由を理解できた。

「で、阿久津専務は、人事部長として入社したばかりの添谷野さんを使って、その制度を導入した場合に、どのくらいの売上アップが見込めて人件費も抑えられるかなどの試算をさせて、経営会議で通したんだ。まあ、阿久津専務が、自分のやりたいことありきでつくらせた数字だから、ほとんどが後付けの理屈で組み立てた作文なんだろうけどな」

沼口は、お茶を手にしながら話を続けた。

「添谷野さんにとっても、会社でいいところを見せるチャンスだったわけだ。あの添谷野さんって、外資系企業の人事部にいたとかで、パワーポイントで派手な資料を作ったり、かっこいいカタカナ言葉を使いまくるんだ。また今の社長は、そういうの大好きなんだよなあ」

「へー、僕、まだパワポができないんです。すごいですね」

高山も守下と同じくパワポはほとんどできなかったが、そのことは黙っていた。

「確かに今導入されている、個人インセンティブの制度については、問題視する声はよく聞くな」

「実際、販売の現場にいると、いろいろな問題が起きているよ」

高山が、湯飲みを片手に話をはじめた。

「例えば、お客様が、その商品をいいと思っていても、懐《ふところ》具合とかの理由で、迷っている時もあるし、あるいは、すすめられた商品が欲しくない時に、いらないってはっきり言いにくい時ってあるだろ。その時に、販売員が強引に売ろうとする、俗に言う、無理売りってやつが、一部で起きているんだ」

「そりゃ、個人の売上が、まともに何パーセントも本人に還元されるようになったら、そんなことをする奴も出てくるだろうな」

「そう。それに、お客様が店に入ってきた時に、我先にお客様にアプローチしようとする販売員も出てきている。入店してきたお客様の取り合いも一部では起きはじめているんだ」

「店長がしっかりしていて、接客の機会を平等にするマネジメントをしていれば問題は起きないだろうが、今のように店長たちの力が落ちていると、それが放置されることもあるんだろうな」

沼口が言った。

「そういうのはお客様にとっても、あまり心地いいものじゃない。その時は、客単価が上がって販売員の売上実績が上がったとしても、お客様がいい印象を持たずに帰ることになるのはよくないよ」

「高山の言う通りだな。つまり、心地よくない体験をしたお客様は、次にスーツを買おうと思った時に、他の競合店に行ってみようと思ってしまう確率が高まるってことだ。販売員の客単価がどれだけ上がっても、店の印象が悪くなって客数が減っていったら、元も子もない話だ」

そう言って、沼口はお茶を飲みほした。

「僕も店で立っていると、なんとなく客数が減ってきている感じがするんだ」

「売上って、お客様の数に一人当たりの単価を掛け合わせたものですものね」

守下の発言に、高山は、「おう、お前もいいこと言うね」と言った。

「この間の合同会議に参加した時に経理が発表していたんだが、うちの会社の販促費は売上対比で9％。今の社長になって減らしてきているが、それでも、そのレベル。このうちの6～7割をしめるのが、チラシの費用だからな」

「しきがわ全体の売上が、だいたい550億円でしたっけ。ならば、新聞の折り込みチラシの経費は30億円は超えているんですね」

「守下、お前、計算が速いな」と高山は言った。

「そもそもスーツなんて、普通はせいぜい半年に1回程度の買い物だ。今回のインセンティブ制度の悪影響は、半年経った今、客数の減という形で表面化してきていると思う。さらに、せっかく、あるお客様が特定の販売員を気に入っていて、その販売員に接客してほしくて来店した時に、他の販売員たちがインセンティブ欲しさにお客様の取り合いをしたら、ますます、お客様の求めている店の姿とはかけ離れてくる。こういう郊外の店なんて、お客様の期待に沿えず、来店してくれなくなったらアウトだ。そういう意味では、今回のインセンティブ制度には、欠陥があるんだ」

高山は一気にまくしたてた。

「高山。お前、ひょっとして、今の話をそのまんま、朝礼でしゃべったのか」

「そう。総本店の朝礼では、週1回、順番に、自分の気がついた業務上の改善すべき点を3分でスピーチすることになっているから」

「今の話って、まともに阿久津専務のつくった制度への批判じゃないか」

「別に、制度を少し直せばいいだけだと思うけど」

「制度の直し方についても話をしたのか？」

「その話をはじめる前に、阿久津専務が拍手をしたので話はそこで終わった」

沼口はため息をついた。

「つまりだ。お前、地雷をまともに踏んだわけだ」

「あなたたち、随分、話が盛り上がっているようだけど、昼の休憩時間はそろそろ終わりなんじゃないの？」

高山たちよりもあとに食堂に来ていた社長秘書の木本愛《きもとあい》が食事を終えて、3人に声をかけてきた。

「あ、いけない。僕、店に戻らないと。次の休憩メンバーが売り場で待っていますから」

守下は、「ありがとうございました、じゃあ」とあわてて席を立った。

株式会社しきがわの本社は総本店の上の階にあり、守下は急いで食事を片づけ食堂を出て、階段を下りて総本店の売り場に向かった。

木本は、高山と沼口が軽く会釈をすると、微笑みを返して食堂を出ていった。

「高山。お前は店に戻らなくてもいいのか」

「別にいい。どうせ来週、店舗から異動だし、今は店もお客さんが少ないし」

「そうか。やっちまったものは、もうしょうがないしな」

「そうだな、ハハ」

「そこで笑うなっ」沼口は言った。

「で、どこに異動になるんだ？　今、商品部には、お前が来れるような空きポジションはないぞ」

「まだ、異動先は最終的には決まっていないって。おそらく、最近、中途入社してきた人が責任者になる、新設の部署じゃないかって。この間、人事の同期の渡辺から聞き出した」

「そうか。社長が自分のまわりを固めようと、ヘッドハンティングの会社を使って、今、新しい幹部スタッフを入れようとしているものな。人事部長の添谷野さんもその一人だけど、あの人を見ていると、いくら会社の将来のためとはいえ、こんな人が本当に必要なのかと思うな。社長の気持ちはわからんでもないが。なんか、味噌くそ一緒の採用になっているように見える」

「その辺の事情は、僕にはよくわからないけど」

高山は、入社以来、店舗でずっと過ごしてきたため、本社内の動きについては全くと言っていいくらい、うとかった。

「またもや、『何か新しい部ができたが、何をやっているのだかよくわからない』なんて社内で言われるのかね。今度は何ていう部署ができるんだ？」

「何かを企画する部署を新設するって言ってたな」高山は食堂の天井を見上げた。

「企画っていったって、商品企画も販促企画も店舗企画も、すでに社内にあるじゃないか。これ以上、何を企画するってのかね」

高山はしばらく考えていたが、「あ、思い出した」と言って、沼口の顔を見た。

「確か、経営企画室だった」

高山は満面の笑顔で答えた。

▼配属前の情報収集

高山は一人で、会社近くの居酒屋「橘駒《たちこま》」にいた。

いつもは夜9時を過ぎると総本店の販売員や本社のスタッフのたまり場になる店だが、午後6時前という時間に仕事をあがれる社員はしきがわにはほぼ皆無なため、高山以外に客はいなかった。

沼口に呼び出されて高山は「橘駒」に来たが、今は仕事が忙しいわけでもないため、待ち合わせ時間よりも早めに着いてしまい、一人で席に座っていた。

「あ、高山さんですよね？」

店に入ってきた元気のいい20代の女性が、高山を見つけて寄って来た。

「うん。えーっと、君はうちの社員だよね」

「はじめまして、相澤庸子《あいざわようこ》です」

高山には見覚えがある顔だったが、どこの部署だったかは、わからなかった。

「君、本社の人？」

「はい、そうです。この間まで総務部にいました」

相澤は、高山の前の席に座った。

「なんで、僕のこと知ってるの？」

「高山さんは、ずっと総本店にいらっしゃいましたよね。今度、私たちは同じ部署になるんですよ」

「あ、じゃ、君は経営企画室の人なんだ」

2日前、高山には経営企画室配属の正式辞令が発令されており、明日から経営企画室に勤務ということになっていた。経営企画室はすでに発足していた。

「私、しきがわでは、高山さんより先輩なんですよ」

人なつっこい笑顔で、相澤は言った。専門学校を卒業してしきがわに入社し、店舗勤務のあとに総務部に配属された。入社は高山より早いが、なにしろ高山が、2浪1留の大卒であるため、高山よりも年下の27歳だった。

「高山さん、まだ、伊奈木室長には会ってないでしょう？」

「明日、はじめて会うんだけど。どんな人？」

「なかなか、うちの会社にはいないタイプですよ」

「どんなふうに？」

高山と相澤が話をしているところに、沼口が現れた。

「お、二人とも、えらい早いな。まだ6時よりだいぶ前だろ」

沼口は、しきがわの店頭にいる一般販売社員は絶対に着ない、黒のタイトなシルエットのジャケットを脱ぎ、ノータイで黒茶のステッチの入ったトレボットーニカラーの白いドレスシャツの姿になった。

「俺が、相澤さんに声をかけたんだ。お前が配属の前に事前情報を聞きたいだろうって思ってね」

沼口は、黒いオロビアンコの鞄を空いている椅子に置いて相澤の隣に座った。

「相澤さんは総務部にいたんだが、本社で皆、困ったことがあると相談しにいく、頼りになる人なんだ。多分、社長の指名で今度の経営企画室の室長付になったんだと思う」

沼口は、「かけつけ三杯だ」と言って、3人の生ビールとグレープフルーツハイを頼んだ。

高山は「それちょっと違うんじゃない」と突っ込みを入れ、そしてそこで相澤がくすっと笑ってくれたことが少しだけ嬉しかった。

▼大胆なリストラの話

「相澤さん。新しく来た室長のこと、高山に話してやって」

「伊奈木さんっていう方なんですけど、日本フラッシュソーダ社の人事部長をやっていたんですって」

「へー、世界レベルで一流なんだな。俺も会うのが楽しみだな」

沼口は、興味津々な様子だった。

「お二人は、1年ほど前に新聞の1面にも出ていたフラッシュソーダの世界的な人員整理の話はご存じ？」

相澤の問いに高山は、「いや、僕は知らない」と答えた。

「俺はその記事を覚えているよ。確か世界中で、何千人規模で社員を短期間でリストラしたっていう話だったよな」沼口が答えた。

「そうなの。世界的な天候不順で、ヨーロッパとアメリカの冷夏のせいで炭酸飲料が全く売れなかった年だったの。冷夏だろうがなんだろうが、売上が落ちれば、そのまま利益が下がり、配当も減ってしまうでしょ。あの会社はロバート・ウォートンって人が筆頭の取締役になっていて、年俸何億円っていうレベルの高給のCEO、COOたちは、利益、つまり配当を出すことが使命。結果として、執行責任者たちは、何のためらいなく人員整理でもするんですって」

「夏が暑くないからって理由で、会社をクビにされたらたまんないよな」

ビールを飲みながら高山は言った。

「その年、日本は好調だったのだけど、人員削減目標が米国本社からあたえられて、一方的に、当時750人ほどいた日本フラッシュソーダ社の社員を2カ月で500人にまで減らすように言われたんですって」

「えっ、社員の3分の1をいきなり減らすの？　そんなことしたら、仕事が回らなくなるじゃないか？」

「飲料のビジネスって、もともと利益率が高いから、皆、ゆったりと仕事をする文化だったんですって。そこに突然、人員整理を行うことになったの」

「でもさ、それまでも天候不順なんてことは、何度もあったんだろ？　なんで急に、その時にそんな大幅な人員削減をやったのかな？」

「多分、大株主が代わったからだろ」高山の疑問には、沼口が答えた。

「どういうこと、それ？」高山は尋ねた。

「沼口さんの言う通り。ロバート・ウォートンの投資会社が大株主になった年の話ね。多分、CEO、COOたち、執行責任者への圧力、つまり配当を出さなければいけないという圧力が強くなったんじゃない？」

「ロバート・ウォートンって、マスコミに取り上げられる時は、投資の神様みたいに扱われるのにな」

沼口がつぶやいた。

「私はよくわからないけど、投資家ってそういうもんじゃないの？　配当を得るのが目的なんでしょ。あとは、安く買って高く売るっていうこと。そのどちらかなんでしょ？」

「確かに、ロバート・ウォートンって、企業の株を長期にわたって保有する人だって言われているものな。ならば、株の投機売買ではなく、配当をしっかり求めるということになるのか」

「その時に日本フラッシュソーダ社の人事部長だったのが、今度の室長の伊奈木さんなの。伊奈木さんがしたことは、外資系企業の人事部の人たちの間では語り草になっているそう。まず、早期退職候補者のリストを作成したあとに、早期退職の奨励金の算出式をつくり、最大60カ月を支給するようにしたんだって」

「60カ月って……。給与の5年分？　そりゃすごいな」

沼口は目をむいた。

話を聞きながら高山も、いったい自分が何年しきがわで働いたら、そんな金額の退職金をもらえるんだろうか、まず、ありえない金額だと思った。

「年配の課長クラスで、年収1500万円くらいですって。だから、早期退職奨励金は7500万円ね。この予算案をリストラのどさくさにまぎれて通してしまったの」

「相澤さん、なんで、そんなことまで詳しく知ってるの？　伊奈木さんから直接、聞いたわけ？」

高山が聞いた。

「ううん。社長がヘッドハンティング会社の人と会う時に、たまたま同席して書記役をしたの。ヘッドハンティング会社から、いい人が見つかりましたっていう急な連絡があったわけ。社長とのミーティングが急にセットされた際に、人事部のマネジャークラスの人がちょうど誰もいなくて」

高山は、ヘッドハンターって、そんなレベルまで、企業の事情を知っているんだな、と思った。

「とにかく、急に社長が来て『君が来てくれ』って。それで、私が打ち合わせの時にノートをとったの」

「社長は、相澤さんならば、これまでのＩＲの仕事から、会社の機密事項も正しく判断して扱えると考えたんだろうな」

相澤がグレープフルーツハイのグラスを空けたところで、沼口は３人分の飲み物を追加オーダーした。

「誰もチェックしなかったのかね？　そんなとんでもない金額を支給するっていう案そのものを」

沼口が聞いた。

「社長もヘッドハンターの人に同じことを尋ねていたわ。でも、なんでも当時はパンパシフィックの責任者も替わったばかりで、ばたばたしてしまっている時の外資系企業ってそういうことが起こってもおかしくないんですって」

「そんなものかね」　沼口がつぶやいた。

「破格の金額だということにこの人たちが気づいたのは、正式に社内発表されたあとで、すでに撤回は不可能な状態だったって。短期間で大規模な人員整理をするようにという無茶な指示を逆手にとったわけね」

「でもそんなことしたら、伊奈木さん本人もただではすまないんじゃないか？」

「そう。で、全て自分がやるべきことが完了したところで、事の責任を取るって言って辞表を出して辞めたの」

　そんなことをする人が本当にいるんだ……。高山には、自分と違う世界の人の話に思えた。

「フラッシュソーダ社を辞めたあと、たくさんの大手外資系やオーナー企業から来てほしい、会いたいという話があったそうよ。でも、その気がないと言って、ほとんど話も聞かずに、1年ほどは何もしていなかったんだって」

「よく、うちの会社に来てくれたな」沼口は言った。

「ほんと。どうしてなのかしら。私にもわからないけど」

　高山は、その理由を知りたいと思った。

▼高山、伊奈木に会う

　翌日は、高山の、新設の経営企画室の初日だった。

　しきがわでは、基本的に全部門が大部屋の中にあるが、この経営企画室だけは一室を与えられていた。相澤が一人、すでに出社しており、机の上の拭き掃除をしていた。「おはようございます」と挨拶をしてから高山のもとに寄ってきて、笑顔で軽く頭を下げ、「昨日はご馳走さまでした」と言った。

　高山は相澤に教えてもらい、彼女の机の前の自分の席に着いた。

店舗勤務だった高山にとって、自分の机を持つのははじめてだった。

高山は席に着き、相澤に聞いた。

「相澤さん、経営企画室って、なぜ、他の部署みたいに大部屋じゃないの？」

「社長の意向みたいよ。経営課題の話をする時は、あまり、皆が聞き耳を立てるような場所だと不都合がある、っていうことらしいの」

高山が、「そうなんだ」と答えたところに、室長の伊奈木が入ってきた。

「おはよう、高山君だね」

「はい。よろしくお願いします」

高山は立ち上がり、両手を脇に付けて、店舗で躾《しつけ》をされた通りに、腰から30度曲げる挨拶をした。

それを見て微笑んだ伊奈木も、自身の席に着いた。

高山は伊奈木を見て、すぐに着ているものを確認した。このスーツはうちのスーツじゃないな、百貨店か、セレクトショップで買ったブランドだ、シャツも違うな、このタイプのボタンダウンの襟のシャツは、うちの店では売っていないし、オーダーかもしれない……。

「しきがわって、社員割引制度があるんだろ。君が来たら、店でスーツを選んでもらおうと思ってたんだ。君、結構、店では売っていたんだって？」

伊奈木の服装をチェックしていたことを気づかれた高山は、少しばつの悪そうな顔をした。

「いえ。僕よりもたくさん売っている方が総本店には、たくさんいますから」

「あとで店のほうに一緒に行ってくれよな」と言って、伊奈木は高山を「ちょっとこっちへ」とミーティングテーブルに座らせた。

「ところで君は、どうして、この部署に来ることになったんだ？」

高山を見る伊奈木のいたずらっ気のある表情から、高山の異動の理由を知っていることは明らかだった。相澤も机でPCのキーボードを叩きながら、笑みを浮かべていた。

「あの……、自分で希望したわけではないので、よくわからないのですが。人事からは、とりあえず、ここでがんばれと言われました」

「それで君は、何をがんばるんだ？」

伊奈木は、さらに尋ねた。

「営業の仕事から卒業したのですから、将来のために実力をつける仕事がしたいです」

言ってはみたものの、高山は我ながら、あまり気の利いた答えではないな、と思った。

「君は、総本店の朝礼の時に、何かいい発言をしたんだってね」

その情報もこの人には入っているよな、そう思いながら高山は、

「自分の感じている問題点について話をしました」と答えた。

「それを言うことで、誰かの機嫌を損ねるとかは、特に考えなかったのか？」

「小売って、お客様に喜んでもらうことが全てに優先すると思います」

「ふむ。それは、どういうことかな」

「売上って、自分たちがやってきたことの結果だと思うんです。経営している側から見ると、そんな単純な話じゃないっていうことになるのでしょうけど」

「それで？」

伊奈木は、高山の話をうながした。

「お客様がいい買い物をしたって嬉しそうに帰られて、販売した側も、いい買い物をしてもらってよかったって、そんなふうに双方が思って、そしてそういう接客が増えていけば、お客様は自然に増えていきます。他の店が、同じようなことをしているのであれば、それよりももっと価値のある商品で、もっとお客様にとって価値のある接客をすればいいのだと思います」

「で、それに当たって、今のインセンティブ制度が気になったのか」

やっぱり、この人はインセンティブの話のことまで知っているんだ、と高山は思った。

「お客様の取り合いや、売りつけるような接客の仕方になってしまう給与制度はおかしいと思います。そうでなくても、競合状況が激しくなってきているのですから。いくらその時の売上高が上がっても、お客様が次回、この店に来たいと思わなくなる可能性のある給与制度はまずいと思います」

相澤は、一人ＰＣに向かってキーボードを叩いているものの、伊奈木と高山との話に意識が向いているようだった。

「一人ひとりのお客様に喜んで帰ってもらうっていう当たり前のことよりも、お客様を取り合ったり、たくさん売りつけて客単価だけを競うような環境を、なんでわざわざつくらなければならないのでしょうか。長い目で見れば、かえってお客様の数は減るはずです」

「そうか、なるほどなぁ」

伊奈木は、高山の顔をまじまじと見ながら言った。

「社長が言っていた通りだな、君は」

高山は、伊奈木に社長と言われてもピンとこなかったため、何も反応しなかった。

「あの、『お前は地雷を踏んだ』って、同期の社員に言われました」

それを聞いて伊奈木は、そうか、地雷かあ、と大きな声で笑った。

「で、君はどうしたい？」

「ここの部署って、経営企画っていう名前なので、社長の手伝いとかをするんだろうと思っていますが、できれば、インセンティブ制度を直すようなことも誰かがしなければいけないって、思っています」

「なるほど、そうだよなあ」と伊奈木は言った。

「えっと、君な」

伊奈木は、机上の名刺整理用のローロデックスを回した。

「この人に会いに行ってきたらいい」

伊奈木は、高山に名刺を1枚外して差し出した。

「安部野《あべの》……、京介《きょうすけ》さん、ですか」

「私とは付き合いの長い人だ。一応、経営コンサルタントということになるのだが、普通のコンサルタントの人とはだいぶ違う。君にとっていい話を聞けると思う」

「僕、コンサルタントの方と話をしたことはないんですが」

「君の年ではそれが普通だ。多分、それでも話をしてくれると思うよ」

「何の話を聞いてくればいいんですか」

伊奈木は、ふん、と鼻をならした。

「今、君が一番知りたいことは何だ」

「これから僕が何をしたらいいか、何をすべきかを知りたいです」

「行って話を聞いて、自分で経営企画ってどういうものかを考えてごらん。そしてそれを報告してくれ」

伊奈木は、「そんなに簡単な話じゃないはずだがな」と付け加えた。

「わかりました」

「あ、それからな」

席に戻ろうとした高山を、伊奈木は呼びとめた。

「この安部野氏は、この手のプロフェッショナルとしても超ド級だし、ユニークなコンサルタントなのだがね。彼と企業改革を行った人が、ある時、彼に別の呼び名をつけたんだ」

伊奈木は、何かをおもしろがっているような顔で言った。

「企業の『憑《つ》き物《もの》落とし』、だそうだ」

▼安部野のオフィス、初訪問

ＪＲ荻窪駅から10分ほど歩いたあたりにある、閑静な住宅街の路地を高山は歩いていた。

伊奈木から聞いた住所をスマートフォンの地図アプリに入れ、住宅街をさらに10分ほど歩き、昭和風の鉄筋コンクリートの住宅のある区画にたどり着いた。

「もらった住所が正しければ、この大きな家だけど、入口はどこなんだろう」

住宅街の中でもひときわ大きいその区画に、その建物はあった。高めの壁で囲まれた区画を回り込むことさらに数分のところに大きな鉄製の門があった。その脇の小さな勝手口のところにあるインターホンを押し、しばらく待つと、「はい」という若い女性の声が返ってきた。

「株式会社しきがわの高山といいます。安部野さんとお約束をしています」

「お待ちしていました」という返事が聞こえ、小さな勝手口のドアのロックがカチャッと小さな音を立てて外れた。

門の中に入ると、その建物は一世代前の鉄筋コンクリート製の大きな家だった。玄関に向かって歩きながら高山は、

「こういう建物が、昭和の時代の邸宅なんだろうな」

そう思いながら、建物正面の大きな扉の前に立った。

「失礼します」

と、高山がその扉を開けると、吹き抜けの大きなスペースがあった。

天井は、はるか上にまで高く、開放感はあるものの、なぜかやや暗めのエントランス。そこに、淡いピンク色のスーツ姿で30歳前後に見える小柄な女性が笑顔で立っていた。その女性は先ほどのインターホンと同じ声で、

「お待ちしていました、高山さん。お入りください」

と少し早口で言い、スリッパを高山の前に置いた。

「安部野は打ち合わせ中ですが、間もなく終わると思います」

と、中に案内され、しばらくここで、お待ちください、と応接スペースのようなところに通された。

伊奈木から、超ド級のコンサルタントと聞いていたので、てっきり丸の内とかの大きなビルの1フロアに事務所を構えて何人ものコンサルタントが忙しそうに働いているのだろうな、などと勝手に想像していた。なので、この状況にはかなりの違和感を感じていた。

ソファーに座り、しばらく高山が好奇心いっぱいに室内を見回していると、後ろからいきなり「高山君か」と言う声が、聞こえた。

高山があわてて振り向くと、黒いジャケットに、黒いパンツ、白い綿のシャツを着た、細身だがバランスのいい体型をした男が不機嫌そうな顔つきで立っていた。

「あ、あの、はじめまして。株式会社しきがわに勤めている高山昇といいます」

いきなり声をかけられたので、高山は緊張しながら立ち上がり、挨拶をすると、長髪にしかめ面をしたその顔に、少しだけ笑みが浮かんだように見えた。男は高山の正面に腰掛けた。

「安部野です」

この人は部屋の中でも、しっかりジャケットを着ているんだな、と思ったが、その服の上下が、両方ともかなりストレッチの利いたジャージー素材を使っていることに気がついた。

この安部野って人、多分ものごとをすごく合理的に考える人なんだろうな。

スーツの接客販売の現場にいた高山は、その人の着ている服から、その人物像をプロファイリングする習慣がついていた。年は40代後半くらいか？　細身だが、Y6じゃ体型が合わないかも、A6サイズくらいかな……。

店舗での接客以外では、ほとんど商談らしきことをしたことがない高山は、自分から話をどう切り出したらいいかわからず戸惑っていた。すると仏頂面の安部野が、口火を切った。

「君、伊奈木君が今度行った会社で、彼の下に入ったんだって？」

「はい。そうです」

「伊奈木君から話は聞いているが、君自身について、また君から見た今の会社の状況、そして今日、君が来た目的を話してくれるかな」

高山は、伊奈木から、なんでも話してきて大丈夫と言われていたこともあり、自分がしきがわに入ってからのこと、口が災いして専務ににらまれて店を外されたこと、そして今度配属された経営企画室って、何をする場所なのかわからないことなどを話した。

安部野は、終始黙っていたが、時折、天井を仰いだりして、高山の話を聞いていた。

一通り話が終わったあとに、

「大体わかった。つまり、君の配属された経営企画室は、海のものとも山のものともわからないが、あったほうがよさそうだからとつくられた部門ということだな」

と安部野は、前のテーブルの端にあった電話の受話器を取り内線電話をかけ、「珈琲を持ってきてくれ」と伝えた。

「おそらく君の会社の人事部はもちろんのこと、社長さえも、経営企画室には何をやらせればいいのだろうかと、まだ腹では思っているままなのだろう。そういう部門が必要であると、どこかで聞いたか、あるいはどこかのコンサルタントとかに言われてつくったのだろう」

「四季川社長の強い意向だそうです」高山は答えた。

そんな感じで何をするのかわからないままに経営企画室のような部署がつくられること自

体が問題なのだが、と安部野はつぶやいた。

「確か今の社長は、創業者の息子さん、2代目だったな。おそらく自身の今の事業運営になんとなく不備を感じているのだろう」

「そうなんでしょうか」と高山は相槌がわりに答えた。

▼組織のはじまり

「まずは本来、経営企画がどういうものなのかということを理解しなければいけない。そのためには、事業の成長と共に、組織というものがどう組み立てられていくかという話からしなければならないな」

安部野は話をはじめた。

「君の会社を例にして話をしよう。君の会社、しきがわの創業者は、今の社長の父上の四季川保さんだったな、この人が百貨店で買うよりも安い価格でスーツを販売する商売を創業したところからはじまる。最初は、この『成功した創業者』である四季川さんと、せいぜいもう一人か二人くらいで、商売をはじめたのだろう」

「しきがわの創業時の話は、入社時のオリエンテーションで聞きました。この事業の前にも、いくつか商売をやっていたけど、そんなに儲からなかったと。そんな時に、当時、1着の値段がサラリーマンの1カ月分の給料くらいの価格だったスーツを、メーカーに行って直接仕入れてくれれば、もっと安く売れるだろうと考えて、それまでやっていた商売をやめて、スーツを安く仕入れてきて売りはじめたそうです。その時は、今の四季川保会長と、弟さんの二人だけで最初の店をはじめたそうです」

「そうだろうな。そして、四季川さんご自身が自分の頭で考え、いろいろ試行錯誤を繰り返しながら、どんな価格、どんな柄やデザインのスーツが求められているのか、どうしたら安く仕入れられるかなど、商売を通して学習しながら、事業としての精度を高めていったわけだ」

高山は、事業としての精度を高める、という表現をはじめて聞いたが、なんとなくその意味はわかるような気がした。

「そして商売がうまくいき、店が繁盛してくると、客数も増えるし、出納の管理もしなければいけなくなる。さらに仮に2店舗目の話が出てきたりすれば、ちゃんと担当を決めて動かさなければいけない事業規模になってくるわけだ」

「そうですね。店での接客販売以外に、仕入れ、それから売上や在庫の管理もありますし、毎日、誰が何時に出勤するのか、なんていう勤務シフト時間の調整もあります。今の店長が毎週書いている本社提出のための営業報告書の作成も、かなり大変そうですよ」

「そうだな。君も販売の現場にいたから、そういう販売以外のことにどれだけ時間をとられるのかもわかっているはずだ。まずはじめの段階では、何人かの店舗のスタッフで、出勤管理、在庫管理、出納管理などもそれぞれ担当するようになっていったはずだ」

高山は、自分の勤務していた店でも、販売メンバーがそれ以外にもいろいろな管理業務を分担して、兼務していたな、と思った。

「その当時、それぞれの業務が思っている通りに行われているかをしっかり把握していたのは四季川さんだ。多分、誰が、いつ、何を担当するというのを、紙に書いて店の奥とかに貼ってあっただろうな」

「はい。僕のいた店のバックスペースにも、販売メンバーの担当業務の一覧が貼ってありました。誰が何をするのか書いてあります」

「君のいた店では、ちゃんと店のオペレーション管理がされているようだな。そのようにそれぞれの**主要担当業務の範囲を明示することが、一般的に言われる『組織』というもののはじまりになるのだ**」

安部野は立ち上がって、サイドボードの横の台の上に置いてあったA３サイズのノートパッドとペンを何色か持ってきた。そのA３の５ミリ方眼のノートパッドをテーブルの上に拡げた。

「仮に、仕入れ・在庫管理、出納管理、出勤管理、の三つの担当があったとする」

安部野は、この三つを横書きで、縦に積み上げて書いた。

図01　事業運営に必要な機能や役割を分業し、組織ができる

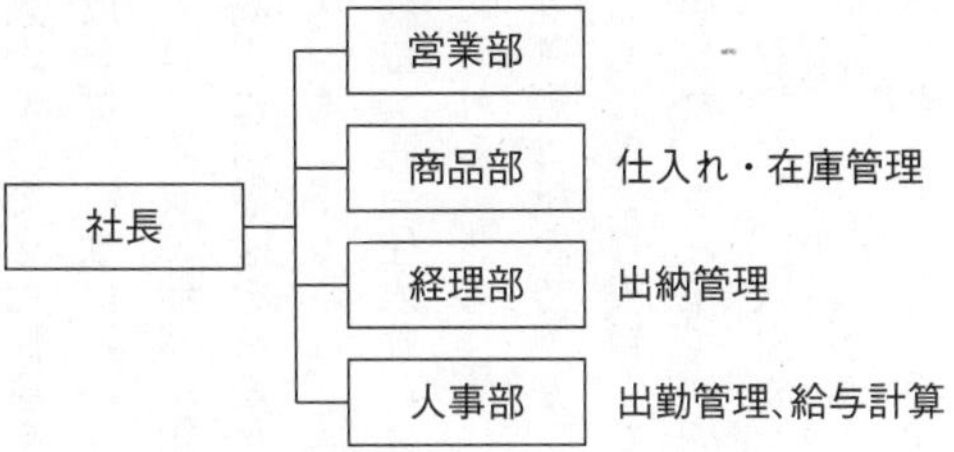

「これは言ってみれば、職務名だな。これが、組織の部署名の呼称だとどうなるかな？」

「えーと、商品部、経理部、人事部ですかね」

「ふむ、よくできた。その通り。そして店だから当然、**販売機能**もある」

安部野は、先ほどの職務名の左に、横長の四角形を縦に三つ並べて書き、その中に、商品部、経理部、人事部と書き、さらにその上に営業部を加えた。そして、さらにその左に分岐の線を書き込みながら言った。

「これらの業務がきちっと実施されているのかを見ているのが、社長であった四季川さんになるわけだな」

分岐の線をまとめ、一番左に四角形を描き、社長と書き入れた。

「これは君も見たことがある、組織図というものだろう？」

「ほんとだ、そうですね」

「これらの職務は全て、当初は四季川さんが自分の手と体と、そして頭を動かして行っていたわけだ。そして事業が大きくなると共に、四季川さんの一日が、たとえ24時間以上あっても足りなくなってくる。それで、手を動かしたり、体を動かす作業を、他の人に指示してやってもらうことにした。**それまで一人がやってきた仕事を二人以上の分業で行うために、担当する仕事の責任範囲を明確にしなければいけないという必然性からつくられるのが組織なんだ。**事業の規模が大きくなってくれば、それに伴って組織も大きくなる」

高山は組織図をそんな視点で見たことがなかったため、安部野の説明が新鮮に聞こえた。

「店が増えてくれば、店は営業部、あるいは店舗運営部という名前でくくられて責任者が置かれる。商品仕入れだけではなく、在庫の管理や売り切りの管理も含めて、商品部としてまとめられる。さらに店にお客さんを呼ぶためのチラシやDMを作る販促部もできる」

安部野は紙をめくり、新しく組織図を描きはじめた。

「さらに重要な役目として、お金の動きをしっかり見る経理・財務の業務がある。お客さんが店にたくさん来て商売が流行っていても、商品を多く仕入れ過ぎてしまうと、手元の金が足りなくなり、取引先への支払日に仕入れ代金が払えない、なんてことが起きる。そうならないように、しっかり今の手元の金の残高と、この先の支払い予定の管理をしなければいけない。もし、社内の手元の金が少なければ、当面、商品を仕入れる金額を少なくするように仕入れ担当に伝えなければならない。手元現金の管理を怠ると支払いが滞ることもあり、それだけで事業の息の根が止まることもある」

安部野は話を続けた。

「また、直接的に商売につながる仕事じゃないが、人事も重要な仕事だ。これらは一般的に、管理部門と言われる」と、安部野は、経理・財務部、人事部の箱を組織図に書き入れた。

▼考える仕事、「企画」業務

「ところで、手や体を動かす作業を分業すると言ったが、どんな商品が売れるのか、どんなチラシがより集客に有効なのか、などを考える仕事、つまり手や体より、頭を先行させて使わなければいけない仕事もある。多分、四季川さんは、今度はこんなチラシを作ってくれ、こんな商品を仕入れたほうが他の店に勝てるから探してきてくれ、こんな商品をメーカーに作ってもらおうなどということを、ずっと自分で考え、人に指示をしてやらせていたはずだ。そういう『考える仕事』を一般的に何て言う？」

「『考える仕事』ですか……」

高山は、自分の乏しいボキャブラリーから必死で言葉を探したが、しばらくその様子を見ていた安部野に「企画だろう？」と先に答えを言われた。

「事業の総責任者であり、当事者である四季川さんは、事業を成功させ、成長させるために、昼夜、考え続けたはずだ。商品部、営業部、販促部をつくったとしても、その企画意図、つまり、どういう効果を狙って、どのようなものにするのかについては、自分自身で考えて、かなり具体的に指示をしていたはずだ。担当者につくらせたとしても、それでいいかどうかの最終判断は、最後まで自分自身が納得いくまで考えて行っていたはずだ。当然、うまくいくことばかりではない。読みが外れることもあっただろう。そして、その読みが外れた時には、外れた理由を徹底的に考えたはずだ」

高山は、「何をやっても、人手とお金がかかりますものね……」と言った。

「四季川さんは必死で、次は、もっと売上が上がるようにしよう、儲けよう、大きく成功させようと、いろいろなことを考えて実践と結果の検証をし、それを繰り返したはずだ。これを一般的に**PDCAサイクル**という。聞いたことあるかな」

「いいえ、ありません」

高山は即答した。何も知らない自分が憶測で、どうこう言うのは時間のムダだと思った。

「まあいい。PDCAは、**プラン**、**ドゥー**、**チェック**、**アクション**の頭文字で、企画し、やってみて、結果の確認をし、やり方の改善を行うことを繰り返すという意味だ。これを繰り返すことで、どんどん、より的確に効果的な考え方や方法論を見出していくことができるようになる、つまり、四季川さんは、自分で考え、実践してみて、その結果をよく考えてみるということを繰り返しながら、自分のビジネスの能力を高めていったわけだ」

高山は、自分が新入社員の時に、現社長の父親であり創業者、現会長の四季川保の話を入社式ではじめて聞いた時のことを思い出した。その話しぶりは、半端ではない迫力があり、新入社員の自分でさえも、その言葉の強さに感動を覚えたことを思いだした。全て、自分でつくってきた会社なので、何から何まで、自分の言葉で語れるんだろうなと思った。

安部野は話を続けた。

「そして、会社の規模が本当に大きくなってきた時に、その企画業務に優れた人材が育ってきた場合、あるいは卓越した人材を採用することができた場合に、企画の立案業務を任せてみることをはじめたはずだ」

と言って、安部野はA３の用紙の組織図に、商品企画、販促企画と書き入れた。

「つまり、**『成功した創業者』である四季川さんが、それまで全て自分で行っていた企画という仕事についても、分業を考えることになる。**さらに事業の規模が大きくなってくると、例えば人事についても、社員がやる気を出すような、人事評価、業績評価のシステムを精度高くつくる必要が出てくる。これを考えて、常にシステムをよくすることを専任で考える役割ができる場合もある。この場合は人事企画だな」

「ところでだ。君は、この考える仕事、企画って、どんなものかを具体的に考えたことはあるかな?」

「えーと、商品とか、販促とかを、よくわかっている人が、すごくいいアイデアとかを考えて、いい商品やサービスをつくっていく仕事なんじゃないですか」

図02　創業者の「考える」役割もやがて分業化が進む

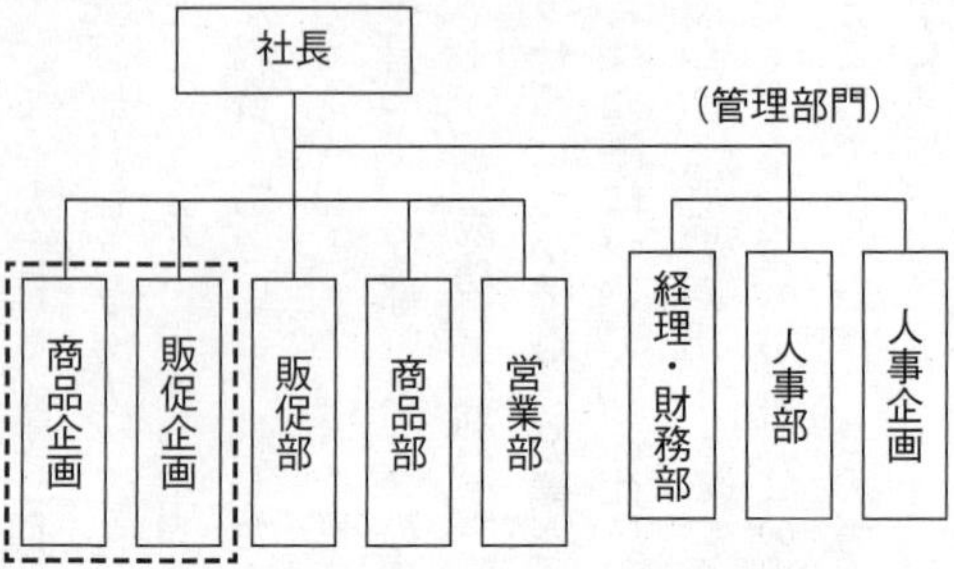

「えらく、あいまいで抽象的な表現だな。聞くほうが、なるほど、と思えるような答えをするように心がけることだ」

高山は素直に、「はい」と答えた。

「今、君が言ったみたいに、企画という業務を、漠然と捉えている人は世の中にとても多いと思う。事業における企画というものを考えると……」

と言って、安部野はノートパッドをめくった。

「まず、目的というものがあるはずだ。商品企画ならば、より原価が低く儲かるという目的もありうるが、基本的には、他の商品よりも秀でてよく売れる、あるいは、差別化できたデザインや着心地、使い心地でお客さんに注目されて、それを目当てに来店する人が増えるというような、その企画によって達成したい目的が最初にあるはずだ。**企画を行う人間は、二つの要素が求められる。**そして、少なくともそのどちらかに図抜けて強いことが必須の条件となる」

安部野は、ペンを手にした。

「一つ目は……、**目的達成のための効果的な企画というア**

才能
＋
PDCA（＝学習行動）

ウトプットを行う能力、ここではこれを才能と呼ぶ。生まれながらの天賦の才能を否定するつもりは全くないが、多くの場合は、ある程度の感性のよさのうえに、努力によって培われ、後天的にこの才能は開花するものだ」

安部野は、紙に才能と書いた。

「そして二つ目は、先ほども言った、**PDCAを廻す**ということだ。言い換えると、何がもっとも効果を上げるのかを必死に考え続けて、やってみて修正し、またやってみる。これを真摯に続けることだ」

「すみません。今言われた『考える』って、どう考えることなのですか？」

「いい質問だ。ここでいう『考える』というのは、**まず、現状を的確に把握する。そして、その中での重要な意味合いを明確にする。例えば、商品企画ならば、売れている商品、売れていない商品について、当たっている理由、外した理由を明確にする。**当たっている理由、キーワードとも言うが、**それを仮説として次の商品を開発する。そして、その結果を見て、そのキーワードをさらに磨きあげる、あるいはさらに新しいキーワードを見出して商品化するということを繰り返す。これを仮説と検

証と呼ぶこともある。これを繰り返すのだ。これは、本質的に学習という行為になり、企画の精度を高めることにもつながる」

安部野は、先ほどの才能の字の下に＋と、ＰＤＣＡ＝学習行動と書いた。

「この二つ目については、基本的には、結果は事実として数字で見る場合が多いので、数字を読む能力も必要だな」

「すみません、僕、頭がついていかなくなっています」

「こういう話にまだ慣れていないわけだな。すぐにイメージができるようになる」

安部野は続けた。

「つまり**企画というのは、目的を明確にし、現状を把握したうえで、そこから、目的達成のための意味合いを抽出し、成功のための仮説を立て、実行案を組み立てるという一連の動作のこと**だ。世の中にクリエイティブといわれる仕事はたくさんあるが、そのクリエイティブには、必ず今、話をした手順が伴う」

一つ一つの言葉は、高山の知っている言葉を使って安部野は話をしているのだが、説明されている内容全ての意味合いを十分に理解できているとはとても思えなかった。

安部野は高山の顔を見て、

「これ以上、今の君にこの話をしても、言葉の遊びになってしまうな」

と話をいったん止めた。

高山の頭は、すでにもう沸騰状態だった。

「いずれにせよ、会社の企画業務については、当初は『成功した創業者』が全て、一人で一手に行っていたということだ」

安部野は、椅子に深く腰掛け、一息ついた。

「で、今回、君が配属された部署はどこだった？」

「経営企画です……。あっ」

結局、高山は虚をつかれた形になった。ここまでの話に聞き入っていて、経営企画の業務について教えを請いに来ていることを完全に忘れていた。

安部野は高山の顔を、意地悪そうな笑みを浮かべながら見ていた。

「安部野さんの話をここまで聞いていて、企画というものがどういうものかは少しわかりましたが、経営企画ということは、どういうことをすればいいのか、まだ、全くわからないです。一体、経営企画では、何を企画すればいいんですか？　僕は、経営のことをわかっているスペシャリストでもなんでもないですし」

「そりゃそうだ」と安部野は言った。

「ここまで話したように、事業の発展と共に、会社は成長し、組織の分業が進むわけだ。**世の中で組織論と言われるのは、分業のための方法論だ。よって会社の発展に伴い、規模や業態によって、適用すべき方法論は変化してくる。**当初、創業社長は、全てなんでも自分でこなしながら、事業を行っている仲間や部下との分業を進め、組織をつくっていく。そして、次のステップへの挑戦のために仮説を立てる企画という業務についても、組織図の中に落とし込んでいく」

「そこまでは、わかりました」

「そして最後に、人に任せられなくて、最後まで『成功した創業者』が自分自身で考えて行ってきた業務が残るわけだ」

「それが、経営企画なんですか？」

「その通り。言い方を換えると、参謀機能ということになる」

「ここからは、あまり、べき論ばかりを話してもしょうがないな」と安部野は言った。

「君の会社の発展の節目となった転換点についての話をしよう。この話が経営企画に求められる役割を説明するのによいはずだ」

このような話を聞くのは、高山にとっては、はじめての経験であった。頭に疲れは感じていたものの、高山は、話をもっと聞きたいと思った。

「お願いします」

高山は答えた。

▼郊外型店舗のビジネスチャンス

「ある日、四季川さんは、地価の安い郊外立地での商売の将来性に気がついたのだ。最初は、街中の商店街か、駅前に店があったはずだ。百貨店で買う衣料品が高めなのは、百貨店側に支払っている賃料に相当する分が、場合によっては売価の30～40％程度にまでなるのが大きい要因だ。百貨店で売っていたスーツが高かったのも、これが一番の理由だ」

高山は、子供のころに親と行った百貨店を思い浮かべた。確かにあの当時も、駅の前とか、大きな商業地にあったな。

「同様に、駅前や商店街は、買い物客が集まってくるというメリットがあるため、高めの賃料を払っても店を構えたいということになる。四季川さんが最初に紳士服を売る商売をはじめたのは、どこかの商店街の中じゃなかったか？」

確か、新入社員研修の時にしきがわの1号店の写真を見せられたことがあったが、言われてみれば、アーケードのある商店街で、隣に女性洋装店のカンバンも写っていたことを思い出した。

「商売が順調になってきたころに、小売業の海外視察ツアーなどに参加して米国の郊外店舗を見てきたのだと思う。1970年から80年ごろの米国では、今の日本に先駆けて、スーツを安く売る店が郊外で数多く展開されていたんだ」

「そうなんですか……。じゃ、その郊外で展開している米国のスーツの店を真似て展開したのが、今のしきがわなんですか」

「真似というよりも、よい事例を積極的に取り込んで自身のやり方にしていった、という表現のほうが適切だ。**事業開発においては成功事例の上手な取り込みは、重要なアプローチ**だからな。郊外の店と、商店街での店の一番違う点はわかるかな？」

「郊外の店では、ほとんどのお客さんはクルマで来店します」

「そうだな。郊外立地では商店街などの商業集積地と違って、店の前に人はほとんど歩いていないということだ」

安部野は話を続けた。

「折も折、日本がバブル期に入り、百貨店もアルマーニやヒューゴ・ボスなどの10万円をはるかに超えるスーツを当たり前のように前面に出して販売していた時代だ。君の会社、しきがわは、『スーツの縫製工場に直接発注することにより、高級ブランドと同じ縫製工場を使ってもこんなに安くスーツを販売することができます』と打ち出して、これが世直しビジネスのように世の中から受け入れられて、この事業が広まったのだ」

しきがわに入社以来、高山にこういう事業の歴史の解説をしてくれた人は、これまで一人もいなかった。

「さてここで、それまで商店街や駅前での商売を展開していたしきがわが、郊外店舗の展開をはじめるという、事業方針を大きく変える判断を四季川さんがしたことになる。これは、人に任せられるような判断ではない。極めて重大な、戦略面での経営企画を行い、判断したわけだ」

そういうことか、高山は思った。

「例えば、出店の展開方針をどう変えるかについては、営業部、商品部に起案を依頼して決められるようなものでもない。店舗開発部があっても、日々、立地探しに奔走している担当者にその答えが出せるのかということだ」

「それはすこし無理を感じます」

「つまり経営の意思としてやらなければいけないが、それを任せられる部門がない課題や仕事を請け負う、あるいは推進するのが、参謀機能と位置づけられるわけだ」

高山は、経営企画というものが具体的にどういう役目を担うのかが、少しわかったような気がした。

「この重大な意思決定を行うために、四季川さんは、まずいろいろな情報を集めることからはじめたはずだ。例えば……」

安部野が次の話をはじめようとしたところに、先ほどの女性が、珈琲を運んできた。

「遅くなってごめんなさい」

淹れたての珈琲のいい匂いが漂ってきた。

「一度に何もかも話されると、高山さんが消化不良を起こされるわよ、兄さん」

秘書役をしているこの方は、この強面《こわもて》の人の妹さんなんだ、と高山は理解した。

「そりゃ、そうだな」

「あまり根を詰めすぎないように。知識は自分のものにすることが一番大切ですからね」

と高山に微笑みかけて、安部野の妹は部屋を出ていった。

出ていく姿を目で追いながら、高山も自然と笑顔になっていた。

「ところで……、だ」

安部野は、珈琲カップを口元に運びながら、急に強い口調で言った。

「君は、ここまでの話をメモも取らずに聞いていたが、さぞかし超人的な記憶力の持ち主なんだろうな?」

「へっ……」

声にならない声を発し、口をあけたまま、高山の頭の中は、まっ白になった。

珈琲カップを持ったまま、高山の動きも表情も凍りついた。

「自分の知らないことを人に聞いている時は、メモを取るなんてことは、基本中の基本じゃないのか」

視線を薄暗い部屋の隅にそらし、安部野は体ごと横を向いて珈琲を飲んだ。

「す、すみません」

高山はあわてて珈琲カップを置いたため、ソーサーに珈琲が飛びちった。鞄の中を覗き込み、とっさに中にあった書類を出し、裏返してメモ代わりに使おうとした。

「ばかもの！」

安部野の声が応接スペースに響き、高山の体は、わずかにはね上がった。

「君はこれから、まがりなりにも頭を使う仕事をするんだろう。言ってみれば、情報を扱う役目なのに、その辺の書類の裏紙に、自分が得た情報を記録するような仕事の仕方をしていいと思っているのか！」

高山の頭は、この場をなんとか取り繕いたい思いと、どうしようもない緊張状態の下でパニックになっていた。

「君がこれからやる仕事は、『こんな感じがいいと思います』という程度の表現で進められるものではない。時には事実に基づいた分析もし、何がポイントなのかを抽出して人に上手に言葉にして、伝え、全社視点での動きをつくっていかなければいけない仕事なのだ。知らないことを学びに来て、そこで得られた情報は、自分でその意味合いを咀嚼《そしゃく》し、自分のものにしなければならない。そのためには、すくなくとも書いたメモはあとから整理ができるようにノートを使うのが、基本中の基本だろう」

「あの……。今日はノートを持ってきていません。すみませんでした」

高山は、つばを飲みこみながらなんとか答えたが、まるで格闘家に首を絞めあげられたような声だった。

安部野は立ち上がり、壁際の棚からA4のノートを1冊取り出し、高山に手渡した。

「今日は、そのノートを使えばいい。この先の話は、君にとって重要なはずだ」

「ありがとうございます」と言って、高山がノートを開くと5ミリ方眼のノートだった。

安部野は高山に問いかけた。

「さて、ここまで話をしたが、様々な企画業務まで分業を進めた『成功した創業者』には、どんな業務が残されているのかな?」

高山は手にペンを持ち、A4のノートを開いたまま、静止してしまった。

▼高山のメモ

夕暮れ時になっていた。高山は東京駅行きのJR中央線の座席に座っていた。

安部野の話をメモしたノートを眺めながら、頭の中では安部野の言葉が駆けまわっていた。

「どうまとめればいいんだろう」一人でつぶやき、途方にくれていた。

自分の書いたメモを見ながら、頭の中では、高山は、自分で書きとめた安部野の言葉を、反芻《はんすう》していた。

- 社長は、日々、様々な課題についての判断をしている
- 会社の方向性を明言しなければならない
- 各部内でのPDCAがちゃんと廻っているかを見ておくべき
- 規模に応じて、体制やシステムづくりの推進も必須。採用方針を明確にする、会社の組織をどうするのかなど、会議体の整備、システムの整備などは後回しにできない課題
- 社長の判断の精度を高めるため、あるいは現部門の担当にできないことを行うために、社長と課題の議論をし、必要なことは社長の代行として動き、プロジェクトを動かす
- 社長を補完するこれらの機能は、会社の規模が大きくなるほど重要になる

メモを眺めても、単語一つ一つは全て知っていても、文章として見ると、まるで呪文のように、わけのわからない文がつながっているように今は見える。安部野に言われたことは、高山のこれまでのビジネス経験で培った器では、到底入りきるものではなかった。

安部野は、最後に高山に言った。

「今日の話を具体的に実施するにはどうしたらいいか、よくリアルに考えるように。そして、わかったと思ったら会いに来たらいい」

やがて睡魔に襲われた高山は、気がつくと終着駅の東京に着いた電車の中に居た。

解説　長期低迷から抜け出すためにするべき三つのこと

　企業には、歴史における国家と同様、規模の大小にかかわらず、必ずその盛衰があります。米国のフォードやGMクラスのような、名実ともに世界最高水準の規模とレベルにあった企業であっても、企業としての存続が問われる状態になります。

　規模が大きく、世界中から注目されている企業の場合、凋落の原因追究、つまり「失敗の本質」を解明する記事や論文などが出ます。多くの場合、その解説は、戦略的な判断のミスに帰着しますが、果たして戦略論を主軸にして語ることが本当に適切なのでしょうか？

「戦略は実践されて、はじめて価値がある」

　この言葉に異を唱える人はいないでしょう。

　成功した企業が、戦略的に正しい方向性を示していたのはまちがいありませんが、**実際に成否を分けたのは、①さまざまな読み違いがあっても様々な課題に対応しながらその戦略を形にできる実践力と、②素早く的確な方向修正能力の二つだといえます。**

　最初の成長期のあと、そのまま衰退していってしまう会社が多い一方で、第2、第3の成長を実現し、結果として、成長を持続できている会社も少なくありません。

　この違いはどこにあるのでしょうか？　ここではまず、企業の盛衰はどう起きるのかから

図03 企業の成長はS字曲線を描く

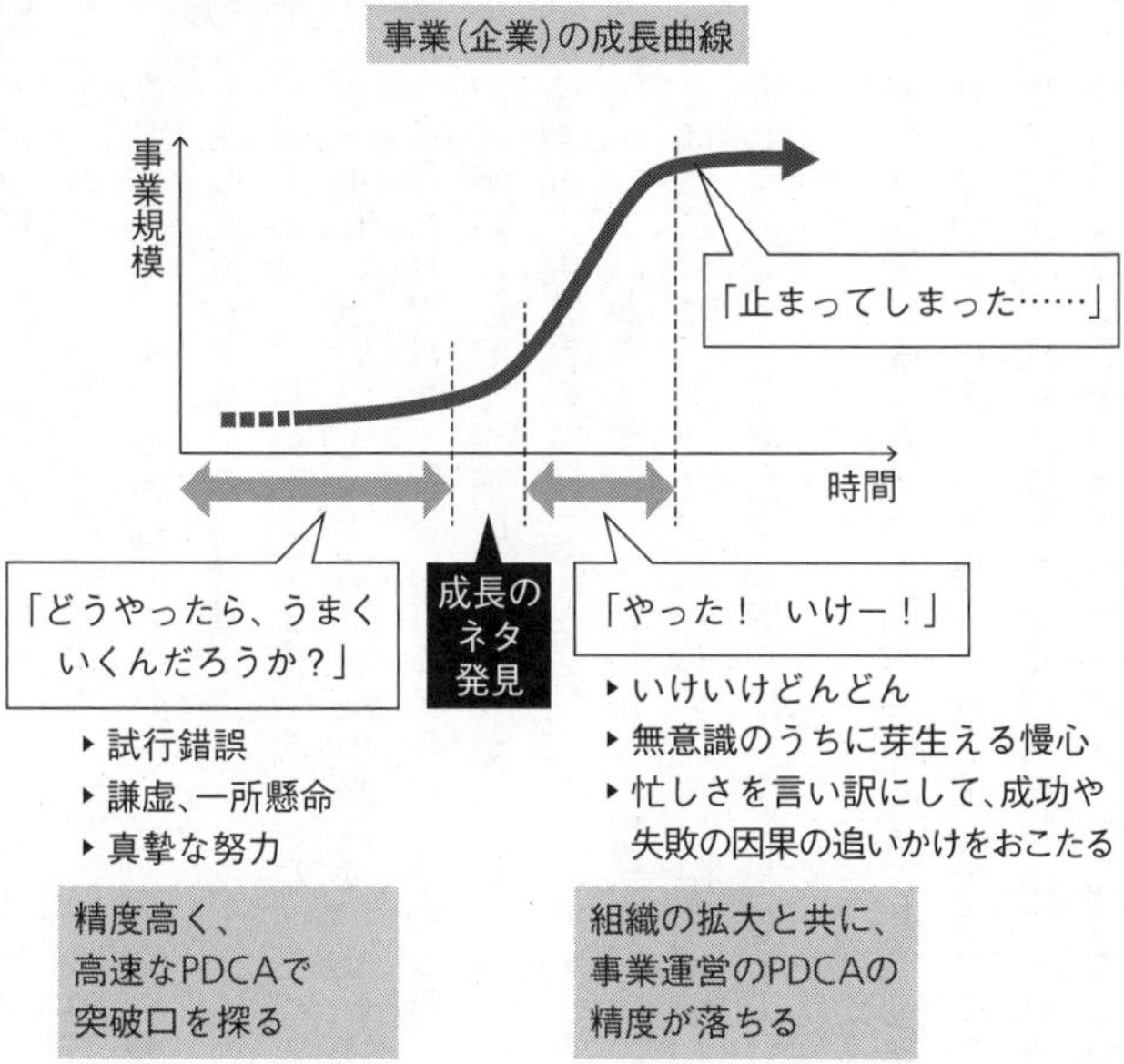

考えてみましょう。

↓企業の成長、低迷に至る典型的なシナリオ

横軸に時間軸をとると、事業に成功して成長を果たした多くの企業の成長カーブは、図3のようなS字形の曲線を描きます。

初期の黎明期においては、事業を成功させるアイデアはあるものの創業者を中心としてアイデアの具現化のために、いろいろな仮説を試し、まだ見ぬ新しい製品やサービス、業態、展開方法の開発、具体化を進め、試行錯誤を繰り返して、どういう形の展開が市場に受けるのか、その「あたり」を探る努力を、謙虚な姿勢で真摯に続けます。

そして、ある時「あたり」に遭遇すると一挙に成長軌道に入ります。成功した事業に弾みがつくことも多く、多くの場合「いけいけどんどん」で規模を拡大し、社内もその成長に追い付くことに必死の状態になります。

そして多くの場合、目の前の売上機会をものにすることが優先され、本来ならこの時期に行うべき、正しい意思決定の手順や制度の整備は、つい後回しにされがちになります。

また、社員だけではなく経営者もこの時は、その成長が永遠に続くような錯覚を起こしがちですが、勢いに任せた事業展開ばかりが続くと、ある時この成長は頭打ちになります。営業部門や製品開発部門から、「競合が現れた」「市場が飽和した」あるいは「飽きられた」という説明がなされがちですが、それが正しい現状把握なのかどうかは要検証です。

この急成長期には、トップが意識していない限り、忙しさにかまけて、社内に「因果を明確に追究しない」「とりあえず、（形だけ）検証しておく」というよくない習慣が根付きがちです。

企業が低迷状態に陥った理由を調べていくと、基本動作として本来あるべきＰＤＣＡをおろそかにしているがゆえに、市場の機微を把握できなくなっている場合がほとんどです。自社の成功の因果や、他社に勝てている理由を明確にされることなく、結果的には自分で自分の首を絞めるような手を打っていたという例を見ることがあります。つまり、戦略的な方向

図04　低迷期の長期化

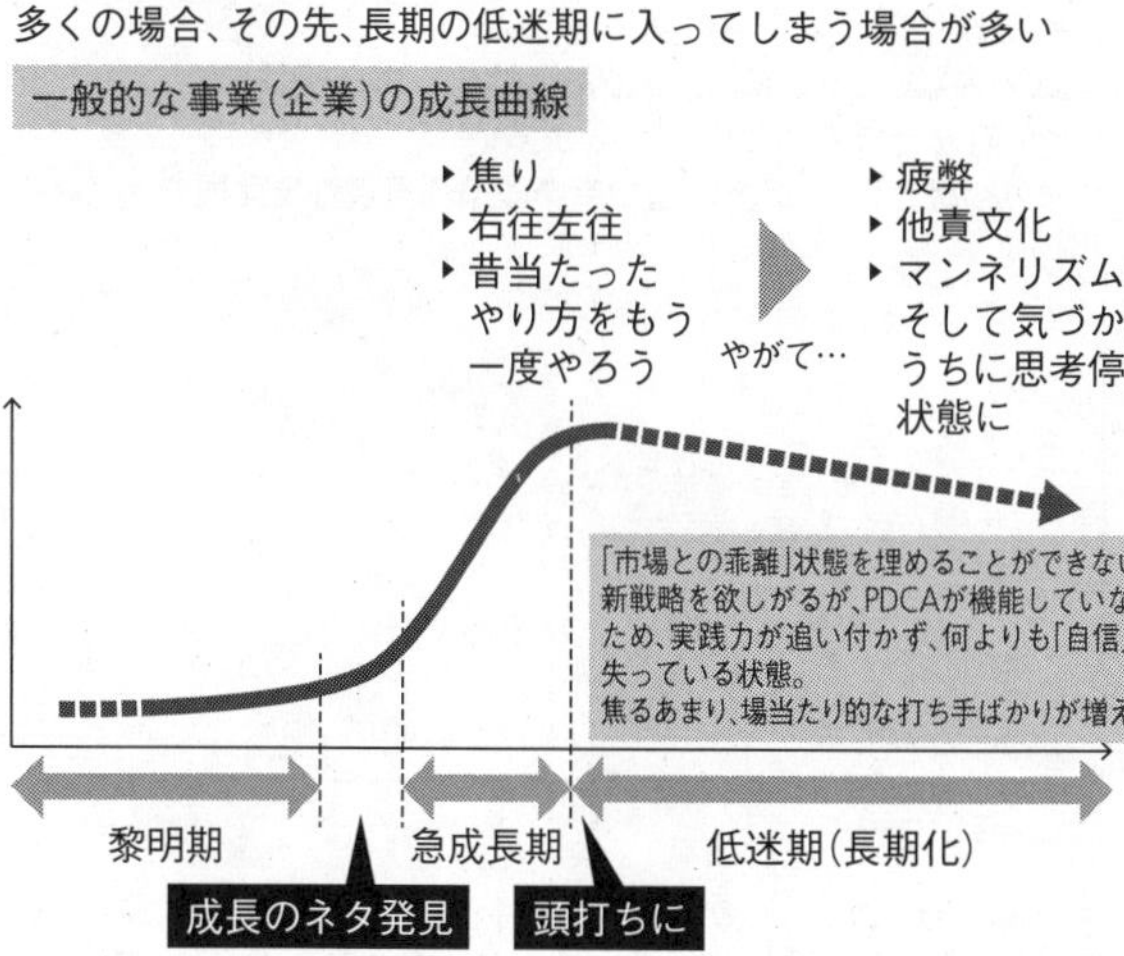

多くの場合、その先、長期の低迷期に入ってしまう場合が多い

性は正しくても、それを真摯に実行しながら、謙虚な振り返りが行われていない状況が低迷を招く、ということです。

市場というのはありがたいもので、事業や製品が当たった時、お客様からは「せっかく見つけた、私のお気に入り」と捉えられるため、1、2回程度は、裏切られても、企業側の試行錯誤の過程であろうと大目に見てくれます。そして「仏の顔も三度」目あたりになってやっと「やっぱり、この製品、このブランドはダメだ」と離れていきます。

この離反が起きるまでの時間差のせいで、自覚のないままにお客様にとって不愉快な状態を長引かせることになります。

つまり、ここで起きる**成長の頭打ちは、成功を実現してきた過程で得られた**

図05　二つ目、三つ目のS字曲線は、組織の力として実現する

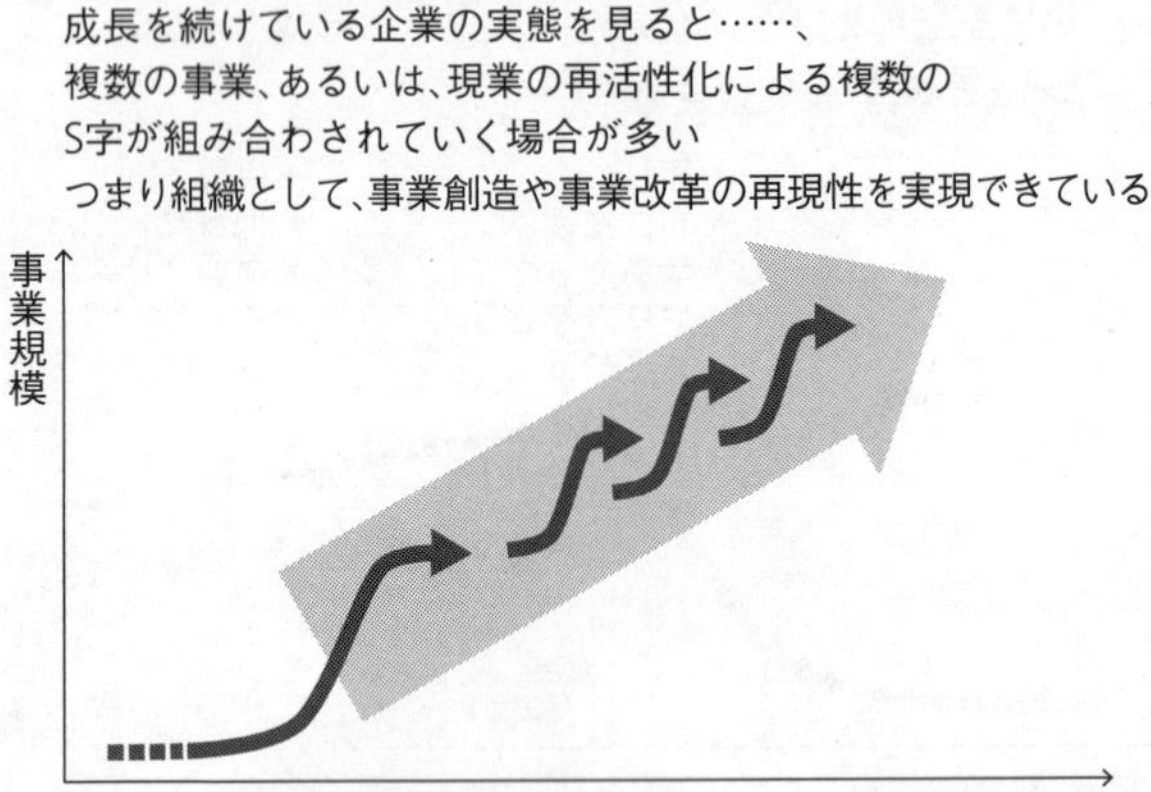
成長を続けている企業の実態を見ると……、
複数の事業、あるいは、現業の再活性化による複数の
S字が組み合わされていく場合が多い
つまり組織として、事業創造や事業改革の再現性を実現できている
事業規模

正しい因果のアップデイトを怠り、言葉を選ばずに言えば、「バカを続けた」結果として起きる場合が多いと思います。もっとも「あれはバカをやった」とは、あとからわかることであり、やはり**「真摯に振り返りをする」「謙虚に反省をしたら素早く修正する」**というＰＤＣＡの精度とスピードを上げ続けることが、どの会社でも行うべき、本来の基本行動だと言えます。

また、事業活動の成否には、必ず原因と結果があるわけですが、仕掛けた結果が必ずしもその年度内に現れるわけではありません。

例えば、その会社が成長軌道に入ることができたのは、その前の何年間もの黎明期の間に培った智恵と経験則の集積の結果です。

だから、結果として成功につながった仮説の中に内在していた大小の読み違いの部分に対しても、的確に軌道修正を行うことができ、成功という大きな花を咲かせることができたわけです。

外目には安定的に成長している企業の実態を内側から見ると、図5のような、二つ目、三つ目、四つ目のS字曲線が、新規、あるいは、既存事業の競争力を高めて再活性化させることで実現しているのです。

遠目で全体の売上総和で見ると、必ずしも、S字曲線になっていなくても、その内実は、複数のS字曲線が重なっている場合が多いように思います。

現実的には事業の低迷が長引き、そこから抜け出ることができない会社は実際に多いものです。かつての謙虚に振り返りを行う姿勢がどこかへいってしまい、企画→実施→検証→考え方や方法論の修正（つまりPDCA）の精度が低いままになってしまっているという状況を見かけます。

ジリ貧状態を抜けようという焦りから、「成長期にやって当たった打ち手を、もう一度やろう」とする経営者は少なくありません。

しかしながら、全ての**施策には、成功の前提があるので、市場環境が変われば、当たる要因も当然ながら変わってきます。成功に向けた因果を踏まえていない打ち手は、暗闇の中でバットを振るようなものでまず上手くいきません。**

この低迷期が長くなると、社内には、疲弊感とマンネリズムが蔓延するという状態になってきます。創業のころのひたむきな厳しさを持った方が上にいる場合は、まだ、皆、前向きな努力を続ける姿勢を持っていますが、中間管理職や現場の一部に、保身、他責にする文化が芽生える危険が生じるのもこのころです。

長期低迷状態を脱出するためになすべきことは、次の三つです。

一つ目は、**既存事業で競合状況が激しくなり、飽和状態になっているレッドオーシャン化した市場でも勝ち抜く強みを高める努力を続けること**。あるいは、今ある強みを明確にして前面に出すこと。つまり、競争力の強化に取り組むことです。

二つ目は、**今の会社の強みを活かして、まだ実現していない未開拓の新市場、ブルーオーシャン市場を見出し、そこで事業を実現できる力をつけること**。これらを通して、第2、第3のS字の成長曲線を創造していくことです。

そして三つ目は、**ビジネスを始めた初期のころのような、謙虚で真摯な事業への取り組み姿勢を、再度、組織のPDCAが廻るようにして得ること**です。

⬇第2、第3の成長には、参謀機能が求められる

第2、第3の成長の実現を果たすために行うべきは、最初のS字曲線の成長を描いた際と同じです。ただし、大きな違いは事業規模と組織が大きくなっていること、そして、一度成功体験を持った幹部が増え、その中には、成功の因果が不明瞭なままに「幼稚なプライド」

に固執する者たちが含まれているということです。

会社によってはこの時期を、全てを創業者が決定する権限集中型のマネジメント体制で乗り越えようとする場合があります。しかし、残念ながらこれはなかなかうまくいきません。

かつて日本最大の小売業チェーンとなったダイエーグループをつくった中内㓛氏も、V字回復のための改革の半ばで自身が最前線に返り咲きましたが、あの規模まで大きくなった事業体を、かつてのワンマン経営のやり方で復調させることはできませんでした。

規模がある程度大きくなってからの二度目以降の成長軌道入れは、個人の力だけではなく、組織の力を発揮させることが大前提になります。これは、

①経営の意思を末端まで伝達し、各管理層が自律性を育みながら健全に機能し、現場の実態を的確に報告するという階層別の分業のしくみを構築すること、そして、

②トップが抱える、事業戦略の立案、社内の問題解決、経費低減活動などの多くの課題にトップと同じ視点で取り組み能動的に支える機能、つまり社長業を分業する参謀機能を動かし、コラボレーションして動ける状態にすること。これによって①のしくみづくりもトップの課題の一つとして推進することができる。

ということになります。

この会社の中のしくみを正しくつくり、機能させてはじめて、ある規模以上に達した会社は動けるものです。

もしこれがないと、トップの想いが正しい形での実施につながらなかったり、組織の動きにムダが増えるだけではなく、現場の無責任状態、他責や保身文化など、人間の持つ弱さがまともに組織に現れ、俗に言われる「大企業病」の状態が進み、企業は衰退に向かいます。

また、どんなに分業を進めたとしても、**最後の最後まで社長に残る役目があります。それは、正しいリーダーシップの発揮という重要な役目です。**

このリーダーシップとは、必ずしもトップがスーパーマンのごとく、何から何まで意志決定をしている状態を意味しません。何よりも重要なことは、社内が前向きな業務に集中できる環境を作りあげることに集中し、社員がその価値を理解している、そしてそれゆえにトップを敬服している状態です。

これ以外の社長が果たすべき役割については、社長の意思決定と事業の管理を支える体制づくり、企業にとって必要なしくみの整備を推進させる機能づくりを上手に行うことによって分業は可能です。社長のパフォーマンス、すなわち会社のパフォーマンス向上に大きく貢献させることができます。

事業、市場、社内のことが的確に把握でき、感じとれるしくみと体制があれば、会社を動かして、存分に、社長の前向きな想いを形にしていくことができます。

あえて言えば、「トップまわりがしっかり機能すれば、あとはトップ次第でスティーブ・ジョブズになることができるでしょうし、誰であってもトヨタ自動車のような会社も作れる」ということです。

トップが正しくリーダーシップを発揮するための参謀機能を中心とした体制づくりは、第1段階の成長を経た全ての会社の、次なる発展のために必須なことなのです。

第2章

バケツの中身が重要だ

——PDCAを廻せない企業には明日がない

▽はじめての経営会議

その日は朝9時から、定例の経営会議だった。

しきがわに入社したばかりの伊奈木にとっては、経営に関わる会議へのはじめての出席であった。冒頭に、経理部が今期の第1・四半期の損益計算書を配って説明し、そして今期の損益の見通しを発表していた。

「……以上のように、現在、『しきがわ』は既存店の平均で見ると前年の実績を超えることはできていません。今のままの推移では、新規にオープンした店舗分による売上アップ効果で、全体では前年度の売上を超えるという読みができますが、既存店舗の減収、全店舗合計での減益傾向は全く改善していません」

伊奈木は経理部からの発表を聞きながら、出席者の様子を見ていた。

この人たち、損益計算書だけ配られて、ここまで細かい経理部の話を、ただ聞いているだけ、あるいは、何かをメモしているだけで、実際のところ、どう頭の中を動かしているのだろうか。

もし、経理部の発表者がこの経営分析の説明にあった数字のどれか一つを言いまちがっていても、気づく人はいないのではないか。このような一方的な口頭での売上と経費、営業利益の推移見通しの発表内容、そしてその先に待ち構える危機的な状況のイメージは、参加者の頭の中に本当に伝わっているのだろうか。

結局、ここにいる人たちは、全員天才か、さもなければ、ただ座って、わかったようなふりをしているだけなのだろうな……。

経理部の発表が終わると、社長の四季川達志が尋ねた。

「大久保さん、既存店の前年割れは止まっていないようですが、営業面での対策はどうなっているんですか」

営業本部長である常務取締役の大久保貢一《こういち》が「えーとですね」と言いながら、手元に持っていた営業部内用の資料をぱらぱらとめくりながら、話をはじめた。

「全店で見ると、スーツの売上の落ちが顕著です。原因は、柄の目新しさがなく、昨年と代わり映えのせん商品ばかりとの店の声が多いですな。それからシャツについては、売れ筋の欠品が目立っています。この二つが大きな要因で、これらを解消するように、商品部には働きかけをしております。手を打ってくれていれば、数字は回復してくると思われますけど」

伊奈木は、若干、関西弁のアクセントの交じった大久保の発言を聞きながら、不振の原因を商品部に投げた形になっていると思った。

「ほう、では、商品部はその点はどうなんですか」

四季川社長の質問に対して、取締役であり商品部長の小泉武郎《たけろう》が、手元の書類を見ながら、しかめ面で答えた。

「営業部から、シャツの欠品商品の追加要望をもらいましたので、早速手配はしました。しかしシャツメーカーも急な発注に応えられるような余分な生地を持っているわけではありませんので、生地問屋を当たってもらっているところです。それからスーツについてですが、大久保さんはそう言われていますが、前期も期末の計画未達成の理由として、売れ筋が欠品したと営業から発表されました。売れ筋が全く足りていないと。今言われたその代わり映えのしない、当たり前の柄と言われているのが、実績から見れば一番の売れ筋の商品なんですがねえ」

そう言われた大久保は、あさってのほうを向いて、小泉の説明には興味なさそうな態度を見せていた。

結局、この会社でも皆、自分は悪くないという主張を、微妙に手を替え品を替えて、し続けているだけか、と伊奈木は思った。

営業部も商品部も自分の部署は一所懸命やっています、でもうまくいかないのは、自部署以外の要因です、という説明をしている。そんな部門ごとの発表をそのままで通してしまっているようでは、何の解決にも至らない。もっと具体論として、本当の原因の追究に踏み込んでいかないと……。

横を向いていた大久保が、仕方がない、といった表情で口を開いた。

「商品部はいつもそうおっしゃられますが、目新しさがあって、お客様は来店され、お買い物をされるわけですから。定番商品と目新しい商品のバランスをとるのは商品部でやっていただかんとねえ……」

営業本部と商品部のやりとりを、社長は腕組みをして黙って聞いていた。

議論が噛み合っていない、伊奈木は思った。そもそも、今のしきがわにおいて重要なことは、商品がどうの、営業がどうの、というレベルの議論ではない。どこの競合とも、業態としては同質化しており、かつ、ほぼどこのエリアの市場においても飽和してしまっているのは明らかだ。現状ではこのビジネスは、同業は皆、粗利率の維持には神経を使っているから、店舗立地の良さか、販売員の腕の良さ、チラシの販促コピーがちょっと気が利いているために集客した程度の差しかついていない。ここでなされるべき話は、業態の方向性、差別化できるポジショニングの話のはずだし、どの商品がお客様に支持されていて、どの商品が外れて、その要因は、という話が的確になされねばならないのだが……。

「とにかく営業部は店に入ったものを売ってください。仕入れた在庫のコントロールは商品部でやりますから」

商品部の小泉は、いらだっている表情を隠さずに言い切った。

四季川社長は眉間にしわを寄せて腕を組んでいたが、専務取締役の阿久津剛次が発言した。

「まあ、これからのことについては、今度来られた経営企画室の伊奈木室長が、社長と、どないしたらええかを、詰めてくれますわな。我々はそれが出てくるのを待ちましょうかな。ところで、ワイワイガーデン事業についてはどないなってんのや。経理から、その話をしてくれや」

阿久津に促されて経理部は、「それでは」と説明を始めた。

「昨年度にはじまりました新規事業のワイワイガーデンですが、まず前年度は、売上18億円に対して、営業利益は約2億円の赤字でした。2年目の今期は、赤字を解消し、ほぼ収支トントンになるという計画を提出してもらっていますが、第1・四半期の推移では昨年度からの売上低下トレンドはそのまま変わっていません。今の推移では、むしろ赤字幅はさらに拡大していきます」

伊奈木は、前の会社も責任の押し付け合いばかりだったが、ここは、それ以前の段階、会議の進め方そのものがなっていないと思った。議論の最中に、結論はおろか、問題点の掘り下げもしないうちに議論の対象を変えてしまったのに、皆、平然としている……。

「我々の『紳士服のしきがわ』で稼いだ利益を、こんなところで、垂れ流しにされるのはたまらんですな。しきがわの販売社員の士気にもかかわります。どないなっているんですか」

常務の大久保は、本来自分の部署への追及が続くべきところを、阿久津が矛先をワイワイガーデン事業に向けてくれたのを幸いに、ワイワイガーデンへの攻撃をはじめた。

ワイワイガーデン事業部から、たった一人で出席していた事業部長の柳田均《ひとし》は、この事業の立ち上げのためにしきがわに転職してきた一人だった。

「もともとですね、誰もやったことのない新規事業としてはじまった業態ですから。あの、せめて、1、2年は様子を見ていただかないと。それに昨年度中に、人員も大幅に減らしていますので、今の人員では事業を回すだけで精いっぱいですし」

柳田の説明は弁明だった。

「そりゃ、立ち上げ含めて1年もやってきたもんが言うことではないな。あんたは、それをなんとかするために高い給与もろうて、そこにおるんやないんかい、え？」

阿久津は、その柳田の弁明を一蹴した。

柳田は、給与のことを指摘されたことについても不愉快そうな表情を見せた。

この柳田は、ワイワイガーデン事業をやるということが決まってから採用された人物のはずだ。だから、今の段階で、この柳田に責任を問うのはおかしい、その業態を設計した人間にこそ、本来の責任があるはずだろうにと伊奈木は思った。

「伊奈木さんなあ」

突然、阿久津が伊奈木に矛先を向けた。

「あんた、経営企画やったな。こういう時には、あんたんところが、なんとかしてくれるのんと違うんかい？」

持っていく先の部署がない仕事は、全てこっちの仕事になるんかい、心の中ではそう思いながら、伊奈木は答えはじめた。

「私の部署の役廻りとしてはその通りなのですが、今の段階では、専務がおっしゃったように、社長と『しきがわ』を中心に、今後の方向性についての議論とまとめが優先課題かと思っています。それとワイワイガーデンのこととの両方に携わるのは、ちょっと時間的に難しいかと……」

「別に、あんたが自分自身でやらんでもええ。あんたの下に入った高山ちゅうのがおるやろ。あいつにやらしたったらええんや」

そうくるか、伊奈木は思った。

「彼は、ついこの間まで店舗で販売に従事していたわけですから、課題のある事業の渦中に入って、事業活性化の問題解決をできるとは、とても……」

伊奈木が口にした、課題のある事業、という表現に柳田は反応し、不愉快そうな表情を見せた。

「何を言うてるんや」阿久津は言った。

「あいつは、大したもんやで。わしゃ、あいつをあんたよりも長いこと見てきてるで。あいつは理屈も言えるし、口も立つしな。あんたが指導してやれば、ちゃんとあそこの人たちと一緒になってやれるはずやで。そうやないですかな、社長？」

伊奈木は視線を社長に向けた。

社長は一瞬、困った顔を見せ、伊奈木の視線を外したが、すぐに阿久津に向かって言った。

「それもありかもしれないですね。彼には、やれるかもしれないし」

伊奈木は、えらい無責任な決定だ、と思ったが、その場の出席者の間の力関係もまだよく読めていない自分が、今この件で反論を続けるのも得策とは思えなかった。

「あんたが、高山から報告を受けて、指示をしてやったらええんや」

人事部長の添谷野令美がここで挙手して、発言をした。

「ということは、高山さんはワイワイガーデンに異動させるのではなくて、経営企画室としてワイワイガーデン事業部に出向く、ということでよろしいのでしょうか？」

「せや、それでええ。経営企画室の伊奈木さんが指導してくれるんやから」

添谷野の問いには阿久津が答えた。

社長も追いかけて「ほう、そうですね。それでいきましょう」と言った。

伊奈木は、この会社でのポリティクスと力関係を垣間見た気がした。

会議が終わり、参加者が会議室から去ったその場の席を立たずに、阿久津は添谷野と二人で話をしていた。

大久保も持ってきた書類を片づけている間に席を立つタイミングを逸し、まだ席に座ったまま二人の話に相槌を打つ役割になっていた。

「あのワイワイガーデンはあかん。社長が言いだしてやったんや、あれを」

「ワイワイガーデンの社員の半分以上は、この事業のために中途採用された方々でしたね」

添谷野が答えた。

「せや。紳士服の事業は飽和状態やとか言うてはじめたんや。社長が海外視察で見て、あんなような事業が当たっていた、言うてな。でもそんな事業のノウハウはうちにはないから、スペシャリストをたくさん採用せにゃならんて言うて、どんどん高い給与で採用したんや」

ワイワイガーデンは、米国で当たっていたカジュアルウェア＋雑貨を複合させた店を真似た業態で、社長が海外視察に行った際に見てきたアイデアをもとに作ったものだった。しかしながら、日本の市場に合わせてアレンジするという名目のもとに、オリジナルの業態とは似て非なる店が出来上がっていた。

「わしゃ、反対やったんや、あんなもんやるのは。社内の人間が、何がええのか、どこが悪いのかもわからんような店をやってどないすんねん。ほんで、やってみたら、計画通りなんぞ、いきゃあせん。ほやから、わし、人を減らしたってん」

「確か、事業開始直後に、ワイワイガーデン事業部からかなりの方が退職されたようですね」

添谷野にとっては、まるで他人ごとだった。

「とにかく、えらい数の中途採用が入ってきたからなあ。そいつらを半分に減らしたってん」

添谷野は、阿久津の指示で自分の前任の人事部長がこの事業部の人員整理を行い、その後に人事部長の任を解かれたのを知っていた。

「この事業部の中には、しきがわ本体への反感があるそうですね」

「せやから、こんな事業部、早うにやめてしもうたらええねん。なあ、大久保よ」

大久保は、「ええ、そりゃそうですね」と愛想笑いをした。

「高山さんも、このお仕事は大変でしょうね」

「まあ、勉強してもらおうか」と言って、阿久津は席を立ちながら言った。

「あの事業部のことは、経営企画室の責任ということや。あの事業部の次の経営会議での発表を、楽しみにしとくわ」

口元に笑みを浮かべて、のそのそと出ていく阿久津を目で追いながら、添谷野もさっさと席を立った。

結局、大久保は終始ほとんど発言しないまま、会議室に一人残された。

▼伊奈木の指示

高山は、伊奈木の机の前の椅子に座っていた。

「ワイワイガーデンに行って、僕は何をすればいいのですか？」

伊奈木は口を手で覆いながら、しばし考えてから言った。

「率直に言って、私にはうちの会社があの事業をやるべき必然性が見えない」

伊奈木は、経営企画室の立場にある高山の今後の動きのためには、自分の考えを話しておいたほうがよいと考えていた。

「企業が新規事業に着手する際には、自分の会社の強みをベースに置いてはじめないと、舟の漕ぎ方も満足に知らないままに大海に漕ぎ出すようなことになる」

「僕は、紳士服のしきがわの売り場にいただけですからよくわかりませんが、そうなんでしょうね」

高山は伊奈木の話を、メモを取りながら聞いていた。

「ワイワイガーデンはカジュアルウェアに雑貨が加わった業態だ。それに対して、しきがわがこれまでやってきたのは、接客によってスーツを中心にした商品の販売を行う業態だ。同じ小売業といっても、ワイワイガーデンのほうは、お客様は自分自身で売り場で商品を選んで買うセルフ購入型の小売業だから、そのビジネスのノウハウは、しきがわがこれまで培ってきたものとは、だいぶ異なるはずだ」

「うーんと……、それはつまり、ワイワイガーデンは、むしろスーパーマーケットのような店に近いということですか？」

伊奈木は、高山の言葉に、まあ、その通りだな、と答えた。

「よってワイワイガーデンの売り場の状態を見ても、しきがわの人たちでは、何が正しいのか、何がまちがっているのかは、本質的にはわからないのだと思う。売り場での商品の回転数も違うはずだし、粗利率さえ違う。しきがわの役員がワイワイガーデンの売り場でへたに指示を出すと、かえっておかしなことになりかねない」

「僕は、どうしたらいいのですか？」

高山の質問に、伊奈木は、しばし沈黙して考えた。

本当は、外部のコンサルタント会社を使って事業分析をしてもらったほうが、いいのだが……。

しかし、その費用を出すことに社長の同意を得るのは難しそうに思える。仮にコンサルタント会社を使えたとしても、しきがわの役員が見てもわかり、納得でき、客観的で的確な報告書が出てくるものかどうか。

また、そこで費用をかけても、この事業を活性化させて、かかった費用を回収できる提案をまとめられるほどの腕のあるコンサルタントを見つけて登用できるかという点にも不安が残る。

「まずは、ワイワイガーデン事業の人たちに、しっかりと事業の現況をまとめ、しきがわの役員にもわかるような形で説明してもらうことが必要だな」

伊奈木は、間を置いてから続けた。

「高山君は、来週からワイワイガーデン事業部に行き、まず週次の営業や商品の会議に出席して状況を把握してきてくれ。事業部長の柳田さんには私から連絡をしておく。そしてその先の話としては、しきがわの経営会議の場で、彼らに現況を、よりわかりやすい資料で報告してもらうようにしたいところだ」

▼高山、二度目の地雷を踏む

ワイワイガーデン事業部の本部は、大通り沿いのしきがわの総本店の向かい側にあり、真正面から200メートルほど右にずれたところにある1号店の上階にあった。

「失礼します」

高山は、元気よくミーティングルームのドアを開けて会議に集まっていたメンバーに礼をした。

しかし高山に向けられたのは、ワイワイガーデン事業部の幹部社員たちからの冷めた視線だった。

「はじめまして。本社の経営企画室から来ました、高山昇といいます」

誰からも会釈も返事もなく、皆、すぐに視線を手元の資料に移した。

事業部長の柳田が、週次の数字が印刷された資料を手に現れた。

「じゃあ、はじめるぞ」

高山もとりあえず、会議テーブルの端の空いている席に座った。

柳田の進行のもと、商品の部門ごとに担当者の発表が続いた。

計画目標の売上には全く届いていないために、冗談も笑いもない、そして覇気もなく暗い、週次実績の報告会議だったが、それでも各人の今の苦境をなんとかしたい、数字を改善したいという執念のごとく漂っている空気は感じられた。

柳田も自身の知見の中から、これはできないか、その可能性はどうなのかと問いかけや指示を出していた。高山はそのやりとりを見ていて、ふと、出席者たちが、柳田からの指示に対して、返事をし、相槌を打ってはいるものの、ほとんどメモも取っておらず、さらに、この会議には書記役らしき者がいないことに気がついた。

「あの、すみません。いいですか」

高山の一言で、全員が高山に注目した。

「柳田さんが指摘をされている内容を、ほとんどの方がメモを取っていないようです。せっかく、事業部の数字を上げようと智恵を絞っていらっしゃる発言を書きとめないというのはもったいないと思います。超人的な記憶力でも持っていない限りは、全てを覚えることは不可能かと思いますし……」

ここまで言って、さすがの高山も、参加者たちのただならぬ空気に気がついた。

しばしの冷たい沈黙のあと、雑貨部門の発表をした一人のバイヤーが高山に向かって言った。

「……ちゃんとした仕事の仕方をしていなくて悪かったね」

この一言で、場は一層険悪な雰囲気に包まれた。

「柳田さんから指示を受けたことは、俺たちちゃんとやってるよ。あんたにどうこう言われる筋合いはないんだよ」

「何様だ。お前」

次々と罵声が飛び交いはじめた。高山は一言で、全員を敵に回してしまった。

「おい、ちょっと冷静になろうぜ。この人、あんまり、ものごとをわからずにここにいるみたいだから」

茶色がかった髪の男が言い、とりあえず罵声は止まった。

「確かに、彼の言うように会議の時は、メモは取るべきだ」

柳田が場を収めに入った。

「ただな、高山君。そこに座っていてもいいが、黙っていてくれないか。君の立場で場の空気を読まずに発言をされると、会議にならなくなる」

「すみません……」

高山は思った、またやってしまった……。

会議終了後、一人残った高山のところへ、先ほど罵声を止める発言をしてくれた茶髪の男が寄って来た。

「ちょっとこっちへ来てくれる？」

高山は、言われるままに、小さい商談ブースに入った。

「俺、シャツのバイヤーをやっている白家路男《しらいえみちお》。よろしく」

白家は、自信ありげに笑顔を見せながら自己紹介をしてきた。

「高山さんだったな。あんた何も知らないのか？」

「何がですか」

「この事業部のことだよ」

「今、収益的に大変だということは聞いています」

「はあ？　そんなことを話しているんじゃないんだよな」と言いながら白家は椅子に腰を下ろした。

「この事業部ってさ、四季川社長の肝いりのプロジェクトとしてスタートしてさ、いろいろな業界から人を集めてはじまった、ということは知っているよな」

「それは知っています」

「俺たちも、こういう事業をやりたいっていう社長の想いに賛同して、夢を抱いてここに来たんだけどな」

「白家さんもそうなんですね」

白家は、ちらりと高山を見ただけで、返事をせずに話を続けた。

「だけど、入社してみたら事業計画を作る際に、初年度からいきなり黒字化しろっていう条件をしきがわの役員さんからもらってさ。事業を立ち上げる時なんて、やってみなきゃわからないことも多いし、金がかかるだろ。そこに初年度から黒字化しろって話になるから、当然、売上計画を引き上げた。無茶な事業計画を抱えてスタートしたんだ」

高山は、今のしきがわの業態でも、新規店舗で初年度から黒字化することは、ほとんどないのに、初年度から黒字になるように無謀な売上計画を押しつけられる店が多いということは知っていた。

「そもそも、新規事業なんて、どれだけの売上がとれるのかなんて最初からわかるわけないじゃないか。でも、あの柳田さんってさ、根っからのサラリーマンだから、本社の役員会とかで言われたことを全て、はいって受けてきちまうんだよ」

高山は、今日の会議でも一所懸命な柳田の姿は見たが、しきがわの営業部長たちと比べてみても、迫力不足を感じていた。

「柳田さんだって、呼ばれて入社してやっている事業部長だろ。事業の企画段階で強い自分の意見を持っていたわけじゃないよな。で、ふたを開けてみたら売上が計画の半分もいかなかったわけだ。いきなり経費を削減しろっていう話になってな。俺の前にいた会社でも、新規ブランドの立ち上げ時に思惑通りいかずに苦戦するなんてことは何度もあったけどさ、いきなり初年度、それも事業をスタートしてすぐに利益のことを追及されるなんていうことはなかったぜ」

「そんなことがあったんですか」

「本社の阿久津専務ってのが、ここの経費削減の目標数字を出してきたって聞いているけどな」

高山なりには合点がいった。

経費削減となると、ここでも阿久津専務の出番なのか。

「そしていきなりの人員削減だぜ。それも、俺たち中途採用の人間を中心に、夢を抱いて入社した19人のうちの9人が、事業がはじまってたった2カ月で辞めさせられた」

高山は、先ほどの会議の参加者たちが見せた敵意の背景がわかった。

「いいか、あんたは本社の経営企画室の人だ。ここの社員からすれば、この納得のいかない判断を下した本社の経営側の人間だ」

「僕が決めたことではないので、わからないです」

高山に言われた白家は、しげしげと高山の顔を見た。

「あんた、ばかか。本当に自分の立場ってものがわかっていないまま、ここにいるんだな」

「え、そうなんですか？」と高山は聞き返した。

「当たり前じゃないか。ここの連中、本当は皆、気のいい奴らだぜ。アクが強いのが玉にきずだがな。まあ、あんたは悪気がなく、俺たちの手助けをするつもりで来たんだってことは、俺が皆に説明しておいてやるよ」

「そうですか、よろしくお願いします」

高山は深々と頭を下げた。

「俺さ、ウォッカインターナショナルっていうところで、ファミリー衣料の営業をやってたんだ。34歳。あの会社もいろいろ問題あったけど、この会社ほどじゃねえな。あんたもさ、この会社に使い捨てにされるぜ。そんな会社だ、ここは」

白家はそう言って、商談ブースを出ていった。

▼フレームワークは考えを整理するための箱

「君がメールで送ってきた、ワイワイガーデン事業部が黒字化に向けてまとめたという計画書だが」

安部野は、出力された書類をテーブルの上に置いた。

「君はこの資料を見てどう思う？」

高山は改めて資料を手に取り、眺めた。

そこには、冒頭にまとめとして、

- 売上の向上のために、客数を増やす必要あり
- そのために販促強化を行う
- 集客のために新聞折り込みチラシ内容の企画力を向上

と書いてあった。

その下には、これまで売上と客数が共に減ってきていることを示したグラフが添えてあり、さらに、

・上記施策によって今期は客数が増え、売上も増える

と書いて、グラフには、ホッケー・スティックの形のように回復する、今期中盤以降の売上の見込みの推移を点線で書き足してあった。

「きれいに書けていると思います。グラフもわかりやすくまとめて、スッキリときれいに並んでいます」

安部野は、高山の話が終わるまで黙って聞いていた。

「そうか。ならば、もし君の上司がこの資料を君に渡して、こう言ったらどうする？　ワイワイガーデン事業の方向性については、経営層の承認は取った、あとはここに書いてある通りに実施してくれ、と」

「まず、その上司に尋ねます。ここに書いてある『販促強化、新聞折り込みチラシ内容の企画力向上』って具体的には何をするんですかって」

「そうだろうな」

「この通りに実施しろと指示されても、具体的なことが何も書かれていませんから」

「どんなことを知りたい？」

「例えば、客数を増やすことが重要だってことはわかりますが、その客数が減っている理由

について は、この資料には何も書かれていないです。それを確認しないと」

「客数が減っている理由として、君ならばどんな可能性を考えるかな?」

「お客さんがこの店にあんまり満足していなくて、他のもっといい店に行ってしまっているということです」

安部野は、そうだな、と言った。

「他に気になることは?」

「まだあります。新聞折り込みチラシ内容の企画力を向上させたほうがいい、なんてことは僕でもわかります。でも、まず客数が減っている理由がわからないと販促の方法なんて決まらないと思います」

「そうだな。売上が下がっているのは、客数が減っているからだということはグラフからわかるが、それが、どんな理由によるのかは、この資料では全くわからない。おそらく客数減の真の理由の把握はできていないのだろうな」

「資料はきれいにまとめられているんですが……」

高山が何げなく付け加えた一言に、安部野はすかさず「それがよくないんだ」と強い口調で言った。

「え?」高山は意表を突かれて驚いたが、安部野は続けた。

「きれいな資料を作りたいなら、デザイナーとか美大生でも連れてきて、文字とグラフを美しく配置してもらえばいい。**これは『バケツと中身』の問題だ**」

「なんですか？　それ」

安部野から放たれた言葉は、高山には全く意味不明だった。

安部野は珈琲カップをゆっくりと口に運び、ゆっくり味わってから話しはじめた。

「僕はいつもこういう資料を『バケツがきれいに並んでいるだけで、中身がない資料』だと呼んでいるんだ。『バケツ』と言ったが、英語でいえば、bucket、入れ物のことだな。かっこいい抽象的、概念的な文章が並んでいても、具体的なアクションなどの内容には言及されていない。ここに書いてあることは、コンサルタントが、**フレームワーク**と呼ぶレベルのものなんだ」

「フレームワークってなんですか？」

高山は尋ねた。

「日本語で言うと『**枠組み**』だな。ものごとを上手く整理してまとめていくための、言葉や概念の入れ物といった感じのものだ。これを的確に作れると話はわかりやすくはなる。でもあくまで整理のための箱、『バケツ』の役目になるものだ」

「なるほど」と高山は言った。

「例えば、事業で営業利益をさらに上げるためにすべきことを三つ挙げるとすると……」

安部野はテーブルに置いてあった、A3の5ミリ方眼用紙を開いて、ペンで書きはじめた。

図06　ロジックツリーで書かれたフレームワーク

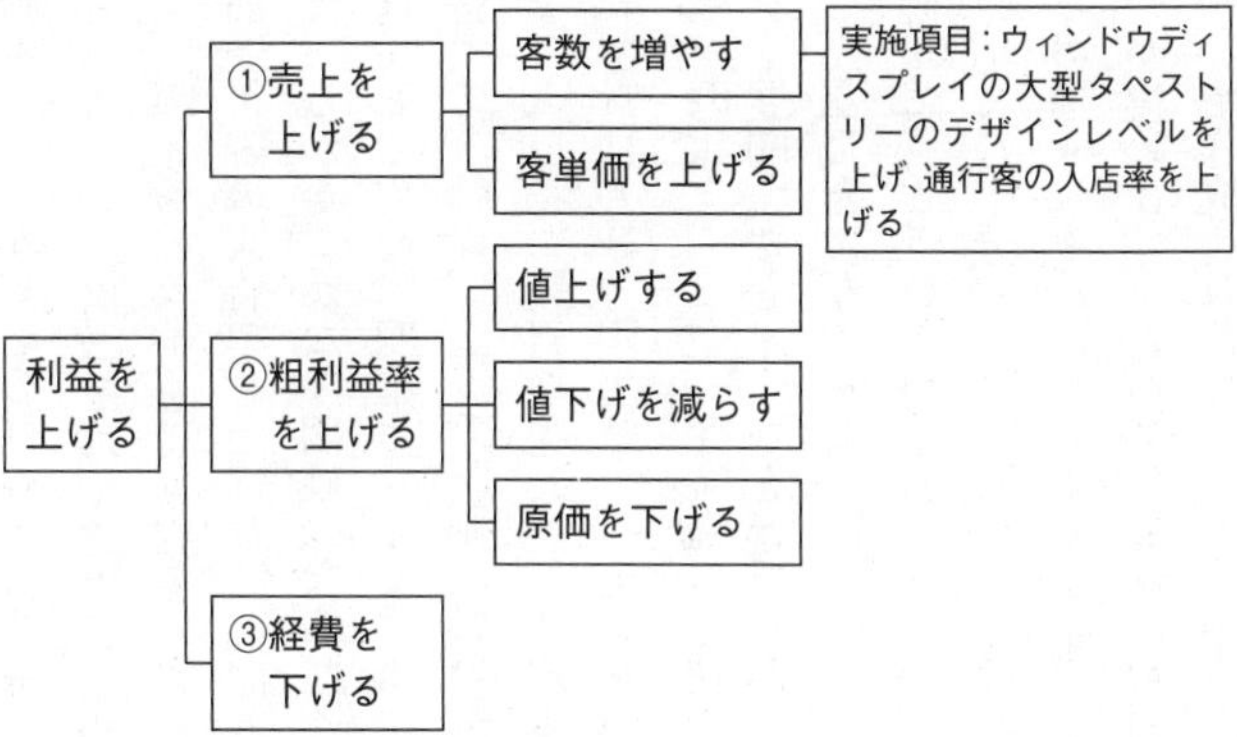

①売上を上げる
②粗利益率を上げる
③経費を下げる

「シンプルにしてしまえば、この三つだろうな。売上を上げるための様々な集客策や、仕入れ先を原価の低いメーカーに替えること、業務改善など、ほとんどの実施項目は、この三つの中に当てはまるのだが、この三つの箱を書いておいて、その右に実施事項を書いていけば、ただ実施事項を羅列するよりも、わかりやすいだろう」

「そうですね。確かに」

「さらにもう少し考えてみよう。この①の『売上を上げる』ための要素を分解して、その右横に、『客数を増やす』『客単価を上げる』と二つに分けて書けば、さらに箱は細分化される」

「確かに、より、その打ち手に期待できる効果が明確になっていきますね」

「そしてこの『客数を増やす』の右横に、『実施項目』と書いて『店舗のウィンドウディスプレイのインパクトをより強くするために、大型タペストリーのデザインのレベルを上げ、店前通行客の入店率を上げる』と記入してあれば、どんな効果を狙って施策を展開しようとしているかが、かなり明確になるだろう」

「ほんとですね。明確になりますね」

「言ってみれば、ここで左側に書いたフレームワークは実施項目を書き入れるためのバケツ、つまり入れ物の役目を果たす。枠組みとも呼ばれるものだ」

安部野はA3方眼用紙のページをめくった。

「参考までに、この『利益を上げる』から展開した三つから、実施項目記入用のフレームワークを展開すると……」と言いながら、ペンを走らせた。

「こんな具合になるかな」

「確かに、こういう書き方をすれば、それぞれの実施項目が何を目的としているかが明確ですね。まだ十分考えていないところがどこにあるのかも、わかりやすくなりますし」

「その通り。それがフレームワークを使うことの効能の一つでもあるのだが……」

「だが実際に、いろいろな会社の資料を見ると、『バケツ』だけ並べて、見た目だけきれいに繕って作成されたものが多いのも現実だ。ワイワイガーデン事業部にかぎらず、名の通った大手企業でもよくあることだ」

「どうして、そんなことになるんですか？」

「頭がまわり、学歴も伴ったＩＱ組が書き手だと、現場の実態をよく把握していなくても、それなりに、見た目のよい資料が作れてしまう。理にはかなっているが、具体的なイメージなど元《はな》から持ちあわせていない。そして、経営層がそうした資料の氾濫を放置すると、見た目重視の上っ面だけの資料が増え、それが当たり前のように社内を行き来する企業文化が出来上がってしまうことがある」

確かにワイワイガーデン事業部には、大手の小売業チェーンの出身者、マネジャークラスだった人が何人かいるな……。

「資料を用意する側もしたたかだから、要領を学習する。報告を受ける側、つまり経営層がどこを見ているかなどは、即座に察するものだ。『うちのトップは、ここだけ押さえておけばいい、あとは適当に作っておけばいい』なんていうコツはあっという間に社内に拡がる。適当に資料の体裁を整えて提出して会議をなんとかやり過ごし、あとは自分たちの好きなようにやろうという感じだな」

わかるな……、と高山は思った。自分も店では、売り場担当の上長が何を喜ぶか、店長が何をチェックしているかをよくわかっていた。

「トップの意識が向いている点が事業において本当に重要な点であればいいのだが、競合の打ち手や事業環境の変化によって市場の様相が変化してしまっているということがある。そしてトップがまだ、その事実に気がついていない。担当も怒られたり、責められたりするのがいやだ、面倒くさいと思って、それを伝えていない、なんてこともある」

なるほど……、高山は思った。

「そういう会社は、やがて成長は頭打ちになってジリ貧になっていくだろうな。伸びても他力頼りというところだ。まぁ、事業においては、例外的な局面はあるが」

「どんな場合が例外なのですか？」高山は聞いた。

「うん、何かの戦略や新製品が大きく当たって、その戦略や製品が市場に拡がっている真っ最中とか、S字曲線の真ん中、右肩上がりの成長中の場合だ。そして、そこに競争相手がいないとか、激しい競合状況にないという局面の場合だ」安部野は話を続けた。

「他社に比べて圧倒的に卓越した製品や戦略を市場に投入した場合には、左団扇《うちわ》状態で事業が拡大していくなんてことがある。今から30年くらい前、ミノルタという会社が世界で初めて一眼レフのオートフォーカスカメラ、α－7000、米国名MAXXUM7000を世に出した時、しばらくの間は、オートフォーカスといえばミノルタの独占市場だったのだ」

「僕の父親が、昔のカメラは、自分で焦点を合わせるから撮影技術が必要だったって言っていました。僕が小さいころの写真って、焦点がちゃんと合っていないのが、結構ありますよ」

「確かに今じゃ、ピンボケなんて言葉は死語になったな」安部野は笑った。

「このカメラは当時は、本当に画期的な製品だった。でもすぐに、キヤノンが君も知っているEOSという新ブランドをたてて参入してきて、シェアを取っていった」

「キヤノンのEOSは知っています。後発だったのですか？」

「そうなんだ。ミノルタは一眼レフのオートフォーカス技術を他社に先駆けて製品化するという偉業を成し遂げ、新市場をつくり上げた。しかしながら、その後に追随してくる競合に対して優位性を確保する対策までは十分な検討ができておらず、結局、三日天下で終わってしまった」

「そういう大きな会社でも、そんなことをしてしまうものなのですか？」

高山にとっては、とても不可解なことだった。

「多分、その時は引き合いも多く、増産対応などで、全社が手いっぱいだったんだろうな。でも**『忙しいから』なんて言い訳を受け入れていたら、会社は永遠に進歩なんてしやしない。PDCAが廻る体制づくりなんて、そういう言い訳を押してでも取り組まない限り、実現なんてするものなのか**」

「PDCAですか」

「今日のテーマである、この手の資料の書き方は、実は、**ある程度の規模を超えた企業が正しくPDCAを廻すために必要な技術のことなんだ。PDCAは、状況に応じた修正行動をとるための基本動作でもあり、企業にとっての学習行動だ。組織のPDCAを廻せない会社**

は学習できない、つまり企業の能力が高まっていかないと言っても過言ではない」

「そうなんですか」高山には正直なところ、ピンとこなかった。

「なんだか、不思議そうな顔をしているな。大会社には、いい学校を出て、まわりからは優秀と言われる人材が集まってくる。でも、**この話はその組織にいる個人のＩＱや学力の話とは全く関係ない。企業が優秀かどうかは、組織としてＰＤＣＡを廻す能力を、謙虚な姿勢で体得し、実践しようとしているか**どうかだけの話だ」

「謙虚な姿勢で、ですか？」

「意外に皆、これができないんだ。『自分はまちがった、できていない』っていうことを認めたくない。言ってみれば『幼稚なプライド』だな。人間なんて、どんな年になってもできていないことのほうが圧倒的に多いはずなのに。このどうでもいいプライドのせいで、適切な情報の行き来がなされなくなり、結果として必要な判断を誤り、成長が止まっていく、会社や組織は結構多いものだな」

「そんなもんですか……」高山は言った。

「結局ミノルタの圧倒的な優位性は、2年ほどしか持たなかった。せっかくのベストポジションを取ったのに、もったいない話だ。**どんなに社内が忙しくても、もし、経営層と共に参謀機能が有効に動き、状況を把握し、素早くＰＤＣＡを廻して課題やプロジェクトの優先順位づけを明確に行い、リアルタイムの競合対策の検討、対応ができていたら、また違う結果**

になっていただろう」

▼経営とは、正しい企業文化づくり

高山は、話を聞きながら考えていた。

思い付きのようなアイデアばかりが横行しているワイワイガーデン事業部は、そのもっとも初歩的な段階で、やるべきことができていないと思った。

「論理的にはありえないような経営判断をしてしまい、かえって墓穴を掘って自滅してしまう例も実際には珍しくない。現事業の成功の因果や、成立する基盤が正しく解き明かされ、共有されていないからだ」

因果だの基盤だの、ふだん使うことのない言葉にも慣れてきた高山は、安部野の話に少しずつ、ついていけるようになっている自分に気がついた。

「例えば、あれだけユニークな強みを持っていたシャープが、誰も予想していなかった経営危機に直面していることは知っているな？」

「はい」高山は答えた。

「円高要因など、いろいろな理由が言われていたが、そもそも世界中のどの企業にとっても収益化が難しいとされていた液晶テレビ事業を基幹事業として中心に据えるという判断が、どのような経緯でなされたのか、が一つのポイントだな」

「どういうことですか」

高山は、安部野の話の意味するところがよくわからなかった。

「判断というものは全て、最終的には主観で決めるものだが、それには気合いや政治的な理由だけではいけない。なんらかの理由で、液晶テレビ事業を中心に据えるという判断がなされたのだから、まずはその時の判断の前提を「理」に適った形で明確にしておくべきだ」安部野は続けた。

「そしてもし、その前提が変わったり、やはり先々の収益性に難ありとわかったら、即座に舵を切る。つまり、方向を修正、調整するというのは、経営の基本動作のはずだ。**『読み』の精度アップだけでなく、調整の機動力の高さは、企業活動の生命線を太くするものだ。**こういうことをちゃんと皆が納得できる形で共有し、進めるためには、因果と読みを文書化する能力が重要になってくる」

「もし、その読み違いをした人が、偉い人やこわい人だと、その読み違いを明確には、しにくいのではないですか」

高山の発言を聞いて安部野は、「いいポイントだ」と言った。

「あってはいけないことだが、現実的にはよく起きることだ」

なるほど、と高山は思った。

「**本来重要なのは、失敗を称賛する文化づくり**だ。失敗することがいいわけじゃない。**失敗から多くのことを学べるという事実を会社が受け入れる**ということだ。それを規模が大きくなってもちゃんとやり続けるようにしないといけないということだ。**経営というのは、正しい企業文化づくり**でもある」

安部野は、「余談だが」と言いながら、珈琲を口に運んだ。

「そもそも、新しいことに挑戦すれば、失敗の確率など高まるに決まっている。企画の精度を上げれば成功確率を上げることはできるが、それでも100%などありえない。**もし100%成功している奴がいたら、全く挑戦をしていないか、あるいは、ものすごく高速にPDCAを廻し、失敗が表面化する前に読み違いの部分を素早く修正し、帳尻を合わせて成功まで導いているすごい奴かのどちらかだ**」

「前者の人って、何も新しいことをしなくてズルい人ってことですよね」

「そうだな。さらには、失敗の責任は人に押し付ける、というスタンスのマネジャーを放置してしまっている企業もある。むしろこっちの連中のほうが本当にズルい人だな」安部野は苦笑した。

「それなりにちゃんと考えて実行した人が失敗した場合、それによって確実にその人の能力が上がることを全員が認めるべきということだ。前者の人には成長がないから、大きな成功はありえないということをもっと人は知るべきだな」

安部野は、「笑い話だが」と言った。

「ある有名な経営者が、次の社長を指名した時、その指名理由について、『彼は海外で大きな失敗をしたから』と説明し、幹部社員が皆、唖然とした、という話がある」

安部野は自分でふった話の笑いを自分でおさえようとしながら、「冗談のような本当の話はさておき」と言った。

「まとめると、**企業がずっと成長していくためには、新しいことに挑戦し続ける必要がある。そして、新しいことへの挑戦には常に失敗のリスクがつきまとう**ということだ。しかし、PDCAを精度高く、高速に廻すことができれば、素早い調整により、失敗の可能性は極小化できる。さらにいえば、あるレベル以上の人材を選んで新しいことに挑戦させた場合は、万一結果が失敗ということになっても、その本人にとっては、とても価値のある学習になっているということだ」

高山はメモを取り続けた。

「例えば世間から、もう大きく成長することはないと思われている企業があるよな。しかしながら本当は、成長しなくてもいい企業などない。**実は『企業の中の様々な問題には、成長が解決をもたらす』という当たり前のことを忘れている会社が多い。**例えば日本の銀行なども、皆が成長しなくていい、成長などありえないと思ってしまっている」

「銀行が成長産業だとは、誰も思っていないと思います」

安部野は、「そうだな」と言った。

「事業の成長が止まった状態が長く続くと、そこでの評価はどうしても選別式になる。つまり昇格候補者を誰にするかだけではなく、どうやって人を落とすかの大義名分を人事部は求めるようになる。つまり減点主義の評価が根付く原因になりやすいんだ」

「ちょっと話がそれたが」と安部野は言った。

「今日の話は、企業文化づくりの話でもある。本来、社内で最上位にいる人が意思を持って、あるべき健全な企業文化をつくろうとすべきだ。本来は『成功した創業者』が、自身が元気なうちに、この文化づくりに着手するのがベストだが、それができている例など、ほとんどない。**この文化づくりをトップと共に推進するのが、君の部署の大きな使命でもある**のだ。事業が伸びている時には、どこの企業でも挑戦を恐れない文化を持つ。成功は失敗を打ち消していくものだ。しかし一度、その文化が失われてしまうと、後からそういう前向きな文化だけをつくるのはそう簡単ではない」

「無理なんですか？」高山は尋ねた。

「そんなことはない。基本的には、企業の経営に無理なんてものはないという前提に立つべきだ。人類に不可能はない、という命題と同じようになってしまうが」

安部野は、うーん、と言って、しばらく部屋の隅を見つめていた。

「挑戦し続ける意義を理解し、使命として取り組み続ける、というところかな。人類の歴史と同じだ」

▼社長の仕事とは

安部野は珈琲カップを手にしたが、中はもう空になっていた。

「結局、経営視点での課題は、『これは、あの人が決めたことだから指摘しちゃまずい』『ひっくり返せない』とか、他人ごとにしてすませられる話じゃなくなってくるわけだ」

「でも実際は、うまくいかないと、他人のせいにする人は多いです」

高山は、店での自分の経験からも、いくつか思い当たることがあった。

「地位が上になると、問われる責任も大きく、より上のポジションも手の届くところに近づいてきているわけだから、上手くいかなかった時の理由を、他人のせいにしたくなる気持ちはわからんでもないが」

ところで、と安部野は言った。

「ここで自分の部署の位置づけをよく考えてごらん。経営企画部門は本来、何一つとして他人のせいにできない立場なのだから」

「どういうことですか？」高山は尋ねた。

「経営企画っていうのは、そもそも、『成功した創業者』が最後に分業を行う機能のはずだろう？」

「はい」高山は答えた。

「社長は、実行できなかった、あるいはうまくいかなかった、ということを他人のせいにできるかな？」

高山は考えた……。

テレビのドラマや映画で見る社長が、怒鳴って、社員や幹部をクビにしたり、降格させたりする場面を見た記憶があるが、現実にはどうなんだろうか。

そもそも社長にとって、最優先のことって何だろうか？

社長の給与が一番高いとして、給与が高いから、社長をやりたいのか？

そして、その高い給与を長くもらい続けるために社長をやるのか？

そういう社長って、なんだか違うような気がする……。

自分がたくさん給与をもらえれば、その事業の本当の発展を妨げてしまうようなことをしてもいいのか？

事業の発展が止まっても、自分の気に食わない人間は外してしまっていいのか？

社長が、他人のせいにするっていうのは、どういうことなのだろうか？

結局、会社の運営の責任を負っているのが社長なのだから、ドラマのように、感情に任せて怒鳴ったりすることはあっても、結局は、全てやったことの結果責任は自分にかかってくるのが、社長のはずだし。それが社長の評価として、お金や名声などの形でもどってくるものだ。

結局は、良いも悪いも全て自分に返ってきてしまうのが社長だよな……。

「兄さん」

安部野の妹がやってきて、妹は安部野にメモを渡した。

「そうか、次の打ち合わせの時間か」メモを見て安部野はつぶやいた。

「そろそろ出ないと間に合いません」

「高山君との話は、まだ終わっていないからな。また彼と話せる時間を押さえておいてくれ」

「わかりました」

「あの、安部野さんの妹さんですよね」

高山は二人を見ながら尋ねた。

「ああ、妹のアヤだ」

「彩と書いてアヤと読みます」

彩は、高山に微笑んでみせた。

▼木本のアドバイス

伊奈木は、数日前に社長から預かった市場調査の資料を返すため、社長室に向かっていた。

この調査資料からは、多くを語ることは無理だ、質問の設計が甘すぎる。客層のプロファイルや、何を欲しているのかがざっくりしかわからない。知りたいことが特定できる結果になっていない……。

社長室には、社長は不在で、秘書の木本愛が一人で席にいた。

伊奈木は、木本に資料を手渡した。

「伊奈木さん、いきなり大変ですね」

話しかけてきた木本に、伊奈木は笑みを返した。

「確かに、いろいろな意味で大変ですね。この会社は……」

伊奈木は、自分が社外の人間のような言い方をしてしまったことにすぐに気がついたが、木本が好意的な表情を変えることはなかった。

「今の社長のお父様、四季川会長のころは、もっと一体感がありましたわ。でも、成長の踊り場に入った時に、会長が『自分の役目はここまでだ』と言われて、息子の達志社長に代表権を譲られたんです。以来ずっと、今のような感じのままなのです」

木本は、少し寂し気な表情だった。

「そういえば、私はまだ会長にお目にかかっていないのですが、会社には来られないのですか？」

「社長の座を譲られてからは、ほとんど会社には来られないです。今を一人でなんとかしなければならない環境が、次の経営者を育てるのだと言われていました」

伊奈木は、今の状態は会長のつくった、社長のための帝王学の場であることを悟った。

「会長は経営会議にも出席されないのですか」

「まったく来られませんね」木本の表情は一瞬だけ寂しげにも見えた。

「木本さんは、ずっと社長秘書をされているのですか？」

伊奈木は聞いた。

「はい。新卒で入社して店舗勤務をしている時に、会長にお声掛けいただいて以来、ずっと秘書室勤務です」

「会長が社長の時からですか？」

「そうです、結構長いんですよ」と、木本は笑った。

「会長の時代は、規模も小さいところから会社を大きくしようとしていましたから、社員全員、必死でしたよ」

「阿久津専務も創業のころからおられたのですよね」

伊奈木はあえて聞いてみた。

「そうですよ。会長の時代は、阿久津専務が一番頻繁に、社長室にお越しでしたよ。営業で起きるややこしいことも一手に引き受けていらっしゃったんです」

伊奈木は理解した。あの阿久津専務は、会長の右腕、番頭役だったのか。

「当時は、本当に会長も阿久津専務も昼夜休みなく、店を回って問題をつぶしていってお られました」

「木本さんは今の社長に代わっても、社長秘書を続けられたのですね」

「会長が社長職を退かれる時に、私もこの仕事を辞めようと思ったのですけど。会長、社長、お二人から呼び出しがありまして。社内の事情と歴史がわかっている人がいたほうがいいというお話だったので……」

「それで現社長の秘書役を引き受けられたということですか」

木本は、「はい」と言った。

「会長は今の社長に、自分なりの社長業のやり方をつくり上げるように望まれていると思います」

と言い、木本は手にしていた資料をクリアホルダーにしまった。

「なぜ社長は、あのワイワイガーデンをはじめようと思ったのですかね」

伊奈木は、社長の近くにいる木本が、この事業をどう捉えているかを知りたかった。

「社長は郊外型の紳士服店の市場は、もう飽和しているとよく言われていました。なんとか、次の成長の柱を自分がつくらねばならない、ともよく言っていました。強い義務感があったと思います。阿久津専務は、最初は大反対でした」

「最初は、ですか？」

「ええ、そうでした。企画が進みはじめてからは、何もおっしゃられなくなったようでしたけど」

「そうですか……」

伊奈木は、なぜ、阿久津専務が反対姿勢を取ることをやめたのかが気になった。

「あの、伊奈木さん。次の経営会議でワイワイガーデン事業部の現況の発表がありますよね」

「そうなっていましたね」

伊奈木は、事務局の経理部から発信されている今後の経営会議の予定表を見ていた。そこには、今後の各会議の場での、主要な議題が毎週アップデートされて書かれていた。

「あら、ワイワイガーデン事業部の発表内容についての責任部署は、経営企画室なのですか」

「え？　責任部署……、ですか」

伊奈木は一瞬、戸惑った。高山を出向かせるという話にはなっていたが、発表内容についての責任の話は明言されていなかったはずだが。

「先ほど経理部が、社長にこれを持ってきて承認を得ていきました」

木本は、次回の経営会議の開催案内を伊奈木に見せた。

ワイワイガーデン事業部による事業概況の報告、今期の見通しと今後の対策について、と書かれ、発表者の欄に、事業部長の柳田の名前と共にカッコ付きで、責任、経営企画室と書かれていた。

やられた、と伊奈木は思った。「見てやって」という表現が、責任という言葉に変わるのか。わざわざ、事務局のところまで行って表現を訂正させても、かえって揚げ足を取られそうだし、この会議の開催案内は、社長もすでに承認印を押しているし……。

「うーん、そうですか」伊奈木はうなった。

「会議での阿久津専務からの指摘があった時には、注意されたほうがいいですよ」

木本は眉を寄せながら言った。

「どういうことですか?」

木本は、しばし、伊奈木を見つめてから言った。

「いろいろなことを考えておられますし、社内への影響力もあるので」

木本は、それ以上のことは話そうとしなかった。

▼ワイワイガーデン事業部の報告資料

高山は、ワイワイガーデン事業部にほぼ常駐状態だったが、週に何度かは本社の自分の席に戻っていた。

その日も伊奈木に、ワイワイガーデン事業部の状況を報告していた。

「そこまで、本社への反対感情が高まっているのか。士気も下がっているのだろうな。君は今時点で、ワイワイガーデンの現況をどう捉えているんだ。ちょっと話をしてみてくれ」

「毎回、会議での話の流れがよく見えないです。最初は自分が、この事業のことをわからないからと思っていたのですが、やはり話の脈絡がよく見えません。こうしよう、という結論が急に出て決まる感じに聞こえます。柳田事業部長も忙しすぎて、なんだか空回りしているように感じます」

「柳田さんはこの事業部を率いて、まとめることができているのかな……」

伊奈木は独り言のように言った。

「柳田さんは努力をしていますし、いろいろな指示は出しているように見えます。でも、たまに言っていることがよくわからなくなることもあります。うまく皆を率いているようには、ちょっと……」

「ふーむ。まず、トップとして正しくリーダーシップが発揮できていないと改革の話もはじまらない。スタート位置にも立てないということだ」

「しきがわ本社への不満がいっぱいで、かつ事業部はばらばら、という感じかと思います」

「うーん」伊奈木は天井を仰ぎ、いろいろと考えているようだった。

「よし、ワイワイガーデン事業部内の社員のヒヤリングをしてみよう。正社員は何人だ？」

「10人強でしょうか」

「そうか。では、一人ずつ正社員全員のヒヤリングを行う。柳田さんに連絡をしておくので、一人1時間ずつでスケジューリングをしてくれ。私が話を聞く」

伊奈木の携帯が鳴った。安部野彩からの連絡だった。

「高山君。彩さんが、君が安部野さんと話をする時間がつくれると言っている。都合がつくなら来ていいそうだ」

「ありがとうございます」

喜んでいる高山に、伊奈木は言った。

「ところで来月の経営会議では、ワイワイガーデン事業の現況を報告しなければならない。今期も大幅に計画を下回る売上の推移だ。何が起きているのか、問題は何か、どう挽回のシナリオが作れるのかを発表してもらうことになる。ワイワイガーデン事業部の人たちを手伝って、一緒に作業をしてその資料をまとめてくれ」

「えっ、僕がですか？　だって、僕、そんなちゃんとした報告資料なんて作ったことないですよ」

「何を言っている。この手の仕事では、はじめてだからできませんなんていうのは通用しない。必要な能力は必要に応じてつけていくしかないんだ」

「泥縄ってことですね……」

高山のぼそっと吐いた言葉を、伊奈木は鼻で笑って一蹴した。

「私が頼んでおくから、安部野さんに少し、こういう資料のまとめ方、あり方を教えてもらって、あとは自分で頭に汗をかいて考えてやってみろ。心配するな。私のほうで、ダメ出しをちゃんとしてやるから」

高山は、言わなきゃよかった、いつも自分は一言多いのだと、またもや知った。

▼経営企画の役割

安部野彩が、安部野と高山の前に珈琲を運んできた。

「高山さん。今日は、兄の時間を十分取れると思いますよ」

高山は、しめた、と思った。今日はわからないことについて、いろいろ教われるかもしれない。

熱い珈琲に口をつけ、安部野は話をはじめた。

「まず、そもそも事業というものは、とりあえず当期限りの数字を改善すればいいってもんじゃない。事業は存続させ、発展させるべきものであるということが前提になる。社員も株主も取引先もいるわけだからな。そして、社長と共に誰かが、事業の発展のために何に取り組むべきかを真剣に考えていなければいけない。それを行う部署がなければ、幹部の誰かがそれを考えていなければいけない。これが参謀機能だ」

高山は、安部野の論法に気づいていた。安部野は議論を展開する前に、必ず前提を明確にし、それに同意を取り付けておいてから話を進めていた。

「そしてその参謀機能を使って、企業、事業の未来のことを考えて、常にどういう手を打ったらいいのかを決断していくのが社長だ」

高山は、メモを取り続けた。

「言い換えると、事業をいかに発展させるか、そしてそのための戦略、方向性と組織、組織能力をいかにつけるか、これを常に考え続けているのが社長ということになる」

高山は、こういう話が理解できるようになってきていた。

「事業を発展させるために、そしてその発展に従って、社内の体制をつくっていかなければならない。事業が拡大すれば、それに応じた組織能力が必要になるということは話をしたと思う」

「会社が大きくなれば、社員も多くなりますものね」高山は答えた。

「その通り。つまり**組織論は上手な分業推進の技術論。そしてマネジメントは、その分業体制の運営技術**と考えてもいいんだ」

高山は、なるほど、と思った。

「事業規模が大きくなってくれば、組織も大きくなる。そのマネジメントの方法論も進化していく。君の会社でも、経理、財務、総務、人事などの管理部門、そして営業、商品のライン系部門に、多くの人が携わって仕事をしているだろう。結局、社長の仕事として最後に残るのが、事業の方向性を明確に示し、事業の運営状況を管理するという、俗に言われる経営管理や経営企画の本来の機能になるのだ」

「それが僕のいる部門なんですね」

高山は言った。

「社員に広い意味での安心感を与えるためのリーダーシップの発揮は、最後の最後まで社長が自身で担わなければいけない役目だが、それ以外のことは、基本的に組織による分業が可能だ。**今ある営業や商品、管理部門などの組織ではカバーできていない、会社の運営を安定化させ、発展させるために必要な機能、これを全て担わなければいけないのが経営管理も含めた経営企画、つまり戦略参謀機能ということになる**」

高山は、「はい」と答えた。

「経営企画機能が具体的に何をすべきなのかは、会社の発展段階によっても変わってくる。必要に応じて順番に話をするが、本来、社長の行うべき企画、管理、推進業務の代行業だから、他人ごとにはできず、言い訳も一切できないものである、ということを忘れないように」

「わかりました」

「この資料のことに話を戻すと、このように体裁だけ整えてある見せかけだけの資料の説明を、ふむふむと、うなずいて報告を聞いている経営陣の経営管理の態度や体制に、そもそも問題がある」

「うちの社長、厳しい指摘をするタイプじゃないと思います。穏やかな性格の人ですし」

高山は言った。

「性格の問題じゃない。本来、ある程度の事業規模になってきたら、こういうレベルの書き方を指導する役割が社内に必須なのだ。油断をするとすぐに会社の中にはびこってくる、あいまいさやごまかしの文化の蔓延、あるいは精度の低い企画の起案を防ぐためにもね」

「そうなんですか」と高山は言った。

「そうなんですか、じゃない。こういう指導の音頭取りも君の部署、つまり経営企画がやらなければいけない具体的な仕事の一つなんだ」

高山は、目の前にある自分の役割として、まずワイワイガーデン事業部で、この書き方のことを皆にしっかりと伝え、今の事業の状態についての報告書を作成しなければと思っていた。

と同時に、高山は気がついた。安部野が言った通り、しきがわの役員たちが、どれだけ真剣にこの手の資料を読んでいるのだろうか、実はほとんど頭に入っていないのではないか……。

「あの、そもそもの話ですが、しきがわ本体でも、安部野さんが言われるようなことはできていないと思います」

「そうだろうな、できていれば不振状態に陥っているわけがない」安部野は話を続けた。

「そもそも、古株の役員さんたちは、しきがわの成長期に偉くなった人たちのはずだ。自分の経験でわかっていることは、企画書などをわざわざ書いて提出されていなくても、通してしまうこともあるだろう。むしろ資料を書いて持っていくと、時間のムダだ、なんて怒る人もいたりするものだ」

安部野は笑っていたが、高山には笑えなかった。高山も、企画書らしきものを書いて持っていって一蹴されたことがあった。かつては、会長も資料を読むのを嫌ったという話を聞いたことがある。

「まあ、かつては、細かいことを追いかけなくても事業が伸びていた時期があったわけだ。君の会社であれば、その状態をつくったのは会長さんだ。そのころは、やるべきこと、やっていいこと、悪いことは、何から何まで会長さんの頭の中にあり、瞬時に全ての判断は会長さんができたわけだ。文字通りの、いけいけどんどんの時期で、早くやること、スピードの勝負だったわけだからな。会長さんにすれば、それを君たちが書いている時間の分だけ、判断が遅れたということに捉えるよな」

「そうでしょうね」高山は答えた。

「また、そんなふうにスピードが重要だと思っている時に、書類を書く訓練を受けていない人の書いた、体裁さえも整っていないものを持っていったら、読む側が腹が立つのも当たり前だ」

そりゃそうだろうな、と高山は思った。

「同時に、多くの役員さんたちの企画書、報告書を読み取って考える力も十分鍛えられていないわけだ」

「余分な話だが」と安部野は言った。

「発展途上の状態にある会社の社長さんって、とんでもなくひどい資料や文章を読み解き、理解する能力を持っている場合があるんだ」

「どういうことですか」

「そもそも、ちゃんと筋の通った資料を作成するためには、書き方の作法の訓練が必要なのだが」

安部野は腕を組みながら、楽しそうに話をした。

「そういう能力は、ちゃんと訓練する者がいてはじめて、社内で鍛えられる。論理性があり、誰でもわかる、因果がつながっている、仮説の立案根拠が明確になっているような、そういう資料を作成する能力は、企業の成長のために本来は必須なんだ。**マネジメント層がちゃんと部下に、『こう書くのだ』という常識を教えていく文化をつくらなければいけない**のだが」

安部野は、笑いながら話を続けた。

「ただ、発展途上の会社では、それを教える手間や教育費用をかけないこともある。結果、社内には、主旨や因果の不明瞭な、何を言っているのかわけのわからない資料、ただ数字が羅列してあるだけの資料が蔓延するわけだ」安部野は間を空けた。

「でも、意思決定をしなければいけない社長は、なんとかそれを一所懸命に読み解く。かくして悪文を読み解き、その資料の中にある因果を類推する能力が異様に鍛えられるわけだ。必要に迫られると人はそれに対応する能力をつける。おもしろいものだ」

安部野は皮肉げに言った。

「今のしきがわの役員さんたちが、しきがわ本体の事業である『紳士服のしきがわ』で起きていることの因果を理解できているのか、というのは結構、微妙なところだと思うが……」

▼問題解決の思考ステップ

安部野は続けた。

「そもそも企画のための資料というものは、意思決定につながる思考の流れを書面に表現したものだ。そのためには、この五つのステップが必要だ」

安部野はA3の方眼用紙に書きはじめた。

正しい問題解決のための思考ステップ

①現状把握
②真因の追究
③解の方向性
④具体策の比較検討
⑤実行計画の明示

「簡単に言うとだな」

A3の用紙に書かれた一番上の項目の「現状把握」を指した。

「企画ごとっていうのは、言ってみれば新しいことへの挑戦だ。そこには、その挑戦を行わなければいけない必然性があるわけだ。そこでまず、今が、どうなっているかを明確にするのがこの**現状把握**だ」

安部野は順番に項目を指しながら話を進めた。

「そして、そこでの問題点の本質的なものを明確にするステップが、**真因の追究**。真因が腹に落ちれば、**解の方向性**は決まってくる。実行に当たっては、いくつかのやり方が考えられるものだ。どれがいちばん最適と考えられるか**具体策の比較検討**をし、評価することが必要だ。ここまでを、皆が納得できるように記述するのだ」

安部野は高山を見ながら、「わかるか」と言った。

「最後に、有言実行。どういうスケジュールで進めるのか**実行計画の明示**をする。実行計画の中には、進捗状況の確認のタイミングも明示しておく」

高山は、一つずつの話をしっかり聞きたいと思った。

「企画資料や報告資料が提出されたり、発表された時に、なんとなく不備がある感じがすることがあるのだが、それは、この五つのステップの作法が守られていないからだ」

「それは、どういうことですか？」

「例えば、意味合いを明確にする踏み込みが甘い、つまり真因の追究が甘い。あるいは、具体策を検討して明示していない、などいろいろある。ちゃんと踏み込まずに、手を抜いている部分があるということだな。この五つのステップの作法がちゃんと踏まえられていない資料は、たとえきれいにつくってあっても、なんとなく説得力がなく、不足を感じさせることになる」

高山は、話を聞きながら自分の手にしているワイワイガーデン事業部の資料を眺めていた。

「本来、企画ごとにおいては、この五つの手順に沿って書く作法を守らねばならない。『成功した創業者』が自分の頭で全て考え、自分の手を使って実行し、自分の目で確かめて検証して、やり方を修正して事業を伸ばしているような、そんな時ならいざ知らず、2代目以降の社長の会社、あるいはある程度の規模を超えて企業が成長していくためには、こういう作法にのっとった思考を「見える化」する手順が必須だ」

「質問です。会社の中での企画ごとは、全てこの枠組みにのっとって作成するといいのですか？」

「この枠組みは、商品企画だろうが、価格設定だろうが、販促企画だろうが、経費低減だろうが、全ての企画において同じだ」

「思いつきや、アイデアを書き留めたものは、企画とは言わないのですか？」

「いい質問だ。今、言っている企画とは、ＰＤＣＡのＰに当たるもので、企業の中でＰＤＣＡを廻す突端に当たる部分の企画だ。確かに企画ごとにおいてはアイデアというものが必須で、それだけを綴った資料というのも世の中には存在する。でも、それは、『このアイデア、共感できるでしょう？』とあくまで読み手の感性に訴えるためのものだ。今説明した企画の作法は、可能な限り言語化を進めたうえで、企業の中で実際に事業として実施する際のものだ」

「なるほど。そういうことですか」

「PDCAを精度高く、高速で廻すためには最初のPの精度をできるだけ高めておかないと、その後のDCは、ぐずぐずになってしまうものだ」

「そういうものですか」

「『うちは、PDばっかり繰り返しているんです』という会社の話をよく聞く。C、つまり検証をしていない、あるいは検証が不十分なままに、次を考えるということらしい」

「やりっぱなし、っていうことですか？」

「思いつきで実行するばかり、ということもあるし、プライドが高い人たちが集まった組織や減点主義が蔓延している場合は、非を認めない、ということが起きる。硬直化し、機能不全を起こしている企業や、役所の官僚的な仕事などはそうなりやすい傾向がある」

「そういうのって、ややこしいですね」

「そうなんだ。Cは検証、振り返りともいう。言葉として反省も同じだが、これは、自分が悪いと認めることとは異なる。自分が行ったことのどこを読み違えていたのかを、正確に因果をつなげていくことであり、人格の話ではないということをよく理解しなければいけない」

高山は、少し考えている様子を見せた後、安部野に質問をした。

「安部野さん、ちょっと聞きたいんですが」

「なんだ？」

「今、僕、このワイワイガーデン事業部で、皆から無視されているんです」

「ほう、そうか」

安部野は、興味を惹かれたような反応をみせた。

「経営企画室の人間は、気に食わないしきがわの本社の象徴だそうです」

「そりゃそうだろう」

「このままでは、資料のまとめ方の話を伺っても、実際にワイワイガーデン事業部の人たちと共に作業ができるかどうか不安なのですが」

「ふーん」安部野は言った。

「言いたいのはそれだけか」安部野はまたもや皮肉げな笑みを浮かべ、話を続けた。

「今のワイワイガーデン事業部には、保身とか、誰かへの怨恨など、事業運営とは別の動機を持っている人がいるのか？」

「いえ、そうは思えません。昨年、人員整理はありましたが、今在籍している人で恨みを引きずっている人はいないと思います」

「そっちの根っこがなければ、たぶん大きな『おばけ』はいないだろう」

「『おばけ』ってなんですか？」

高山の問いには、安部野は笑っているだけで何も答えなかった。

「ならばあとは、『思惑』だけだな。各人の思っていることの把握はすんでいるのか？」

「来週、伊奈木室長と事業部の社員のヒヤリングを行います」

安部野は、「彼がやるなら大丈夫だろう」と言った。

「たぶんそこで、手を打つべきことは明らかになるだろう。あとは、君が一所懸命取り組んでいる姿勢を見れば、おそらく彼らには十分なはずだ」

安部野は、さして心配する必要はないさ、と言った。

まずはその言葉を信じるしかないかと高山は不安を抱きながらも思った。

▼事業部ヒヤリング

伊奈木は高山を同席させ、ワイワイガーデン事業部の小会議室で社員のヒヤリングを進めていた。

1日に3人程度をそれぞれ1時間弱かけて、伊奈木がほぼ全ての質問とやりとりを行い、その3日目が終了したところだった。

伊奈木からの質問は、

「今のワイワイガーデンの問題点ってどういうことだと思いますか？」

からはじまり、

「なぜ、その問題が起きていると思いますか？」

「なぜ、そんなことになるんだろうか？」

「君と同じ意見の人は多いのだろうか？」

「よく、その人と話をするの？」

そして、時には、

「へー、その人たちとよく飲みにも行くんだ。楽しく飲めてる？」などと横道に逸れた話もはさみながら進めて、最後は、

「他に気になることは？」

「今、私が聞いておいたほうがいいことで、言い忘れていることはない？」という具合に結んでいった。

質問される側は、中途採用の社員、しきがわのプロパー社員の両方であった。経営企画の室長による直接のヒヤリングということもあり、まず例外なく、緊張した状態でのスタート

になった。

しかし、さすがに人事部長としての経験の長い伊奈木は、場を和ませ、リラックスした雰囲気をつくることには長けていて、ほとんどの社員はすぐに笑顔で、笑いを交えて自分の想いや問題意識を話していくのだった。

高山はずっと書記役だったが、伊奈木自身も話をしながら相当な量のメモ書きをしていた。

この日の最後のヒヤリングが終わったあと、伊奈木は言った。

「大体、全体像が見えてきたと思う。高山君、気がついたか？」

「何がでしょうか？」

「まず全員が、自分は一所懸命仕事に取り組んでいるというスタンスで話をしているわけだが」

伊奈木は、自身のヒヤリングメモを見ながら話をした。

「よく内容を聞いていると、事業運営の仕方の問題を意識した上で、自分の持ち場の範囲で、できることから解決に取り組もうという意思で話をしている人たちがいる。一方、本社の方針が見えない、人を減らしたのが悪い、目標が高すぎると、全て問題が自分たちにはどうしようもないところにあるという人たち。この二つのタイプがいる」

高山も、自分のヒヤリングメモを見直した。確かに、伊奈木の言う通り、この事業の混沌状態の中で、自分ができる範囲のことを定めて、そこに取り組もうとしている社員が何人かいる。

一方で、日々、一所懸命やっているが、根本的には悪いのは自分たちではないという立ち位置での発言をしている社員たちがいた。

「その後者に、共通点があることに気がついたか？」

高山は、自分のメモを何度も見たが、伊奈木の言う共通点は見当たらなかった。

「明日は、誰のヒヤリングだったかな」

「明日は最終日ですので、残りのリーダー格の方のヒヤリング、最後が柳田事業部長という順番になっています」

高山は、明日のヒヤリングの進行予定を伊奈木に見せた。明日のメンバーには、リーダー格の一人の白家路男が含まれていた。

「そうか……」メンバーリストを見ながら伊奈木は言った。

「明日で、全て明確になるだろうな」

▼会社組織のガン

最終日のヒヤリングも、伊奈木はこれまでと同じように、リラックスした雰囲気ではじまった。

白家路男とのヒヤリングも、伊奈木は同じように進めていた。

ヒヤリングがそろそろ終了という時に、白家が伊奈木に言った。

「伊奈木さん。俺ね、今はこの事業部で一所懸命にがんばろうって、皆に言っているんですよ。それが、この会社へのメッセージになるってね」

「ふむ。確かに、それは今できる最善の行動だよな」

「とにかく、しきがわの本社は、この事業のことがわからないんだから、俺たちがわからせるしかないってことなんですよ」

伊奈木は微笑んだ。

「そうか。白家さんが今、そういう話を議論できる相手は誰なのかな？」

白家は何名かの中途採用の社員の名前を挙げた。

「俺、こいつらと、仕事のあとに、結構遅くまで議論しているんですよ。飲みながらですけどね」

白家は、無邪気に笑った。

伊奈木は、「毎日あまり遅くまでだと、体にこたえるから、ほどほどがいいよな」と言って、白家のヒヤリングを終わらせた。

最後に、事業部長の柳田が小会議室に現れた。

疲れがまともに顔に出ている柳田は、無理をしてつくった笑顔で伊奈木に言った。

「伊奈木さん、疲れましたでしょう。ご苦労さまでした」

「いえ、柳田さんこそ本当にご苦労さまです。大変でしょう、この事業部をまとめて率いていくのは」

「いやまあ、そうですね。私はしきがわ本社の意向も受けて動かなければいけませんから。どうしても、自事業部サイドの立場をちゃんと代弁できているのか、という声が事業部内から出るんですよ」

柳田は、すでにメンバーへのヒヤリングの中で自身への批判も出ていることを見越しているようだった。

「お立場上、そういうことも起きますよね」

「お前は本社側の人間か、と思っている者もいるでしょうからね」

「そうでしょうね」と言い、伊奈木は、ヒヤリングの内容から出た課題を順番に柳田に伝えはじめた。滞留在庫が増えていること、商品の売れ筋、死に筋の分析のための時間がとれていないことなど、社員が気がついている点を説明した。柳田は、伊奈木の話を全てメモを取りながら聞いていた。

「このヒヤリングメモは全てお渡しします。まとめとして、柳田さんから見た、この事業の運営上の問題も聞かせていただけますか」

伊奈木は聞いた。

「そうですね。本当に大変ですよ。誰もやったことのない業態を急ごしらえの混成チームでやっているわけですから」

柳田は、難しい仕事を押しつけられた我が身の不幸を前提に、それでも自分は努力しているという話を、言い訳も含めながら数分間続けた。

柳田の話が終わったところで伊奈木は、

「ところで、柳田さん。今の状況では、事業部内の細かいところまで、とても見ていられないですよね」

「毎日起きる問題への対応だけで精いっぱいなのが現実です。何か、気になることでもありましたか」

柳田は媚びるような笑いで尋ねた。

「柳田さんは、事業部内の人心は掌握できていますか？」

「まあ、日々顔を突き合わせているわけですから、顔色を見ればある程度考えていることはわかりますが……。何人かは、私のために情報を上げてくれるメンバーもいますので。彼らが私の目や耳の役目もしてくれていますのでね」

「それは、本当ですかね？」

伊奈木の一言で、柳田の表情から笑みが消えた。

「伊奈木さん、何が言いたいのですか。こうやってご自身でヒヤリングした情報を手に、それを見ながら、人の発言の揚げ足を取るつもりですか？」

場は一転して、険悪なムードになった。しかし伊奈木はそんなことには構わずに、

「柳田さん、部下の方たちは賢いですよ。彼らは顔を使い分けるものですしね」

と言って、自身で記録したメモの束を柳田の前に置いた。

「今回ヒヤリングした方々をよく見ると、おおむね二つのタイプのグループに分けることができます」

伊奈木のメモではレポート用紙1枚に一人分の発言がまとめてあった。伊奈木は、そのメモを二つの束に分けた。

「まずこちらのグループ」

と言って、一つ目の束を柳田に渡した。

柳田は、そこに書かれている名前と発言内容に目を通していった。

「このグループのメンバーは、言いたいことを言っていても、やるべきことはちゃんとやる連中ですね。イレギュラーな突発事項などが起きた時に、頼りになるのはこのメンバーです」

「なるほど」と言って、伊奈木は続けた。

「柳田さんのおっしゃる通り、こちらは、いろいろな課題を自分のできる範囲で片づけていっているグループに見えますね」

伊奈木は、二つ目のメモの束を渡した。

柳田は、そのメモの束にあるメンバーの名前を順に見た。

「彼らもがんばっていますが、先ほどのグループと比べると、やらされ感が強いです。仕事を任せるには少し不安を感じるタイプが多いかな。能力というよりは、立ち位置、姿勢の問題ですかね」

伊奈木は、「柳田さん」と言った。

「今のワイワイガーデン事業部は、事業の方向性を見出すために、一丸となる必要がありますよね」

「その通りですが」と柳田は返した。

「でも、今回のヒヤリングの結果からも、この事業部の社員の向いている方向は、皆バラバラです」

伊奈木の指摘で柳田は表情を曇らせた。

「ここはなんとか、まず柳田さんが、この事業部を完全にまとめるところにもっていかないと、何もはじまらない。まずスタート地点に立たないと」

「私が悪いと言われるのですか？　今のこの状況を招いているのは、私のせいだということですか」

柳田は伊奈木に指摘をされ、激昂気味に言った。

高山には、日々ストレスいっぱいの柳田が、伊奈木の一言で切れてしまったように見えた。

「別にそんなことは言っていませんし、言うつもりも全くありません」

伊奈木は冷静だった。

「昨年、しきがわ本社が指示した人員削減については、私は適切だったとは思っていません。ただ、今の時点で、やってしまったことの議論を蒸し返しても仕方がない。その影響を最小限にして、柳田さんが皆を率いて、事を前に進めることが最優先ですよね……」

伊奈木は、柳田の手にしているメモの束を指さして言った。

「メモの各ページの下側を見てください」

柳田は、手に持っていたメモを改めて見た。

「ここに、それぞれの人が、誰とよく話をしているか、どんなメンバーと飲みに行ったりしているか、どんな話をしているかも記しておきました」

高山は、伊奈木のヒヤリングの中の飲み会などの話は、関係ない話だと思い、一切、自分は記録をしていなかったことに気がついた。

「二つ目のグループはこの束のグループ内の人たちだけで飲みに行くことが多いようですね」

柳田は、二つ目の束のメモの名前を1枚ずつ確認していった。

「ちょっと、メモの束を貸していただけますか」

伊奈木は、柳田に渡してあったメモを再び手にした。

「こういうヒヤリングを行うと、皆、自分はがんばっている、『いい子』の側面を見せます。

でも自分以外、他人のことは比較的あからさまに話してくれるものです。どんな話をしているのかも。差しさわりのないと思える話では特にそうですね」

伊奈木はメモをめくりながら、何カ所かにペンでマークをしはじめた。

「今回のヒヤリングで直接的に柳田さんを批判した人はいません。当たり前ですよね？　だって、全てのヒヤリングのあとに、私がその結果を柳田さんと共有することは皆わかっていますから」

伊奈木は、ちらりと柳田の顔を見た。

「でも、全員のメモをよく見ていくと、誰と誰が近しいか、自分は誰と近しいか、そしてそれを隠そうとしているのか、さらに、誰がどんなことを話しているのを聞いたのかがわかるでしょう？」

伊奈木は、マークを付け終えたメモの束を柳田に渡した。

柳田はメモをめくっていった。

「2番目のグループの集まりに、しょっちゅう名前が出てくる人がいますね。その方は柳田さんの側近幹部の一人ですね」

伊奈木の指摘を、柳田は黙って聞いていた。

「その『彼』はかなり頻繁に、2番目の束のグループのメンバーと飲みに行っているようですね」

「伊奈木さん、『彼』は、私に、そのグループのメンバーの動きを報告してくれて、彼らの後ろ向きな気持ちを正そうとしていると言っているのですが」

「でも、柳田さん。その『彼』は、その飲み会の場では、しきがわ本社が悪の権化であるということを強調しているだけではなく、柳田さんのリーダーシップのなさを強く主張して、自分についてくるように煽っていますよね」

柳田は無言で、伊奈木がマークをつけた部分を指で追っていた。

「『彼』が、しきがわが悪であるというイメージ、そして、そのしきがわに盲従している柳田さんというイメージを事業部内でつくり上げ、浸透させています」

柳田は顔を上げて、伊奈木を見た。

「『彼』が……その2番目のグループの中心なのですか」

「そうです」

柳田は、ヒヤリングメモの中の一人の名前を指さした。

「この人は、柳田さんの片腕役ですね」

伊奈木が言うと、柳田はうなずいた。

「『彼』はリーダー格の人材であり、柳田さんと共に動いていることも多い。でも、彼の発言は、その自信ありげな発言のスタイルと相まって、これらのメモを見てもそれなりに影響力があることがわかります。そして『彼』が、反しきがわ感情を煽《あお》る発言を発して回っている」

柳田は、ため息をつきながら言った。

「白家ですか……」

はい、と伊奈木は答えた。

「白家さん本人は、さほど悪気もないのかもしれない。自分は器用に立ち回っているという程度の認識で、得意になっているのでしょう、彼自身エネルギーレベルが高いのだが、いかんせん方向感覚が乏しい、ビジネスマンとしてはまだ『幼い』タイプの人材だと思います」

「彼は、私のために情報を集めてくれていると言っていたのですが」

「白家さんは顔を使い分けています。しかし、全ての悪の根源はしきがわ本社の経営のあり方だと彼は何人もの人に言ってしまっている。そしてその代理人とされているのが柳田さん、あなたです。つまり、柳田さんがリーダーシップを正しく発揮できない原因になっているのが、実は……」

柳田は、疲弊しきったように肩を落としていた。

「事業部がまとまらないのは、白家のせいなんですかね。いや、彼を信用していた私のせいなんですね」

「とかくトップという立場にあると、気をつけているつもりでも、気づかぬうちに特定の人間の意見ばかりを聞いてしまうものですよ」

伊奈木は柳田を見た。

「そういう特定の人間は自分の頭の中で上手に完結させた話をしますから、聞くほうにとっては聞きやすい話になります……現実の因果とは違っていたとしてもね。そして、その人に情報を操作された場合、トップは判断を誤ります。結果として事業運営に影響が出るのですよ」

柳田は、「さすがは、人事出身の方ですね」と苦笑した。

「マネジメントが弱いとよく起こることです。でも、このワイワイガーデン事業部では、不可抗力みたいなものだから。まあ、今、気づいたので良しということですよ」

伊奈木は笑った。

「全て白家さんのせいとは言いませんが、今は、反しきがわエネルギーの核となってしまっている存在です。彼の自信ありげな話しぶりで言われたら、そのまわりの人間には影響が出るでしょうね。それも、毎日毎日、仕事の後に飲みに行っているようですから」

柳田は、ミーティングメモの各ページの下側を何度も見た。

「繰り返しますが、私も、しきがわの経営判断が良かったとは思いません。ただし、しきがわを批判しても、何ものごとは進まない。結局自分たちにとっても良いこともない」

「その通りですね」柳田は言った。

「柳田さん、私は、企業というものは人間の体と本質的にはよく似ていると思っています。

人間の体にも、元気がよすぎる細胞が、体全体のバランスを考えずに暴走してしまい、結局、その人間を死に至らせてしまう病気がありますよね？」

柳田は言葉を選ぶように考えてから言った。

「ガン……ですか」

伊奈木はうなずいた。

「人のことをガン呼ばわりすることは、決して好ましいことではありません。でも、その作用は似ているのです。そして中核のガン幹細胞は放置すると、そのまわりの細胞もガン化させてしまいます。そしてややこしいことに、この手の会社組織のガンは、事業のトップである意思決定者の側に、はびこりやすいのですよ……」

「伊奈木さん、私はどうしたらいいのですか」柳田は尋ねた。

「やるべきことは二つです。まず人事対応は必要だと思います。彼を辞めさせるのは、得策ではないでしょう。ただ、飲んでいる場以外に社内でも、いろいろ人と話をしているようです。他のメンバーと業務上の連携の少ない仕事に替えるのがいいのではないですか？」

「ちょっと考えてみます」柳田は言った。

「そしてもう一つは、彼を抑えたうえで、柳田さんがそういう事業部内の反対感情を抑えて、前向きなリーダーシップを発揮する状態をつくることです。人間の体も、免疫力が下がってきた時にガンが発症することが多くなるのではないですか？」

柳田は黙っていたが、その意味は伝わっているようだった。

「柳田さん、来月の経営会議に向けて、現況をまとめて、ワイワイガーデンの方向性を明確にする作業を行いましょう。その共同作業を、柳田さんの幹部メンバーと一緒に行うのです。これが、柳田さんを中心とする体制に改めて一体感を持たせる、いい機会になると思います。まとめ方については、高山が一緒に作業をしてお手伝いします。私も内容を確認させていただきます。よろしくお願いします」

高山は、自分には見えていないが、他の人には見えているものがあるのだということを改めて知った。

▼報告会

翌月の経営会議の朝だった。

この日は、ワイワイガーデン事業部の今期見通しの報告が行われることになっていた。

ワイワイガーデン事業部からは事業部長の柳田を含め、数人のメンバーが出席することになっていたが、会議開始の5分前になっても誰も現れなかった。伊奈木、高山も、まだ会議の場に現れていなかった。

「どないなってんのや。5分前集合はうちでは常識のはずや。経営企画室も何をやっている

た。

そこに、会議室の入口につながる階段をバタバタと駆け上がってくる数人の足音が聞こえ

阿久津に言われ、事務局の経理部の人間は、ワイワイガーデン事業部に電話をいれた。

んや」

「すみません、時間ぎりぎりになりまして」

脂ぎった髪が乱れたままの伊奈木が現れ、続いて柳田が配布資料の束を持って会議室に入り、そして事業部のメンバーたちに続き、最後に、高山がPCを手に入室してきた。

「お前ら、何やってんのや！」

怒鳴る阿久津に対し、柳田は「どうもすみません」を繰り返しながら資料を配布し、高山は持参したPCを急いでプロジェクターにつないだ。

伊奈木、高山、そして柳田をはじめとするワイワイガーデン事業部全員の髪は脂っぽく、シャツはしわだらけで、近くに寄ると、全員が汗臭かった。

「なんや、あんたら、徹夜明けかい？」大久保が言った。

柳田は、ニヤッと笑い「いえいえ、ちゃんと寝てますよ、少しだけでしたけど」と答えた。

誰の目にも昨夜は全員、事務所内で一夜を過ごし、今日の発表資料と格闘してきたことは明らかだった。

「開始時間が押してしまい、大変失礼しました。では、ワイワイガーデン事業部の発表を、

はじめさせていただいてよろしいですか」

それまで全員の脂ぎって乱れた髪と、部屋に漂う汗臭さに圧倒されていた四季川社長だったが、柳田の言葉で気を取り直したように「はい、どうぞ」と言った。

「ではまず、ワイワイガーデン事業について改めて、現状の把握ということで、これまでの推移と、その売上が上下してきた変動要因についてお話させていただきます」

柳田がプレゼンテーションをはじめた。

柳田のパワーポイントを使った発表は、ワイワイガーデンの事業の現況について、誰の目にも明瞭に分析したものであった。今の売上の低下傾向は、顧客にとって買い物がしにくい売り場になっていること、商品面では欠品が多発していること等、「バケツの中身」の話に踏み込んでいた。

「引き続き、バイヤーからも各アイテムについての課題と対応の方向性について発表させていただきます」

柳田の言葉に続いて、幹部である主要バイヤーたちが順番に、どこに問題があるか、どう直すかを説明していった。白家の姿はそこにはなかった。

最後に柳田が再度、前に立った。

「これまでは、この事業については、私自身もやらされ感を持っていました。自分自身も被害者だと。言い訳ありきで、やれるだけのことをやっているから、これ以上はどうしようもないと思っていました。でも今回は、正しい作法というものにのっとって、資料をまとめる作業を行い、議論を行ってみました」

柳田の発表の最中、すでに自分の発表が終わって安心したバイヤーの中には、首の骨が折れるのではないかと思えるほどに、舟を漕いでいる者もいた。

柳田は続けた。

「事実を正しく見ていくと、まだやっていないことが、いくつも見えてきました。ぜひ、これらのことについて、我々にやらせていただきたいと思います。責任を持ってやります。本日の発表は、我々の宣言と捉えてください。よろしくお願いします」

柳田は、深々と頭を下げた。

柳田たちの発表の迫力に圧倒され、経営会議の場はしばし、水を打ったようにしーん、としてしまった。

四季川社長が、口火を切った。

「これはよくわかる。とってもわかりやすい。今期の赤字解消ができるかどうかについては、100%の確信を持てるプランになっているのかはわかりませんが、少なくとも、やれることがまだいくつもあり、時間をかければ、ある程度の推移までは回復できそうなことはわかりました」

社長の発言を受けて、柳田は言った。

「まだ、今期の黒字化は見えているとは思いませんが、今日ご説明した実施計画に沿って、手を打ってみます。2〜3カ月後にもう一度、この場で振り返りと見通しを発表させていただきます」

柳田の言葉のあと、出席者からパラパラとまばらではあるが、拍手が起きた。そしていくつか細かい点についての質問が出たあとに、最後に社長は言った。

「今の時点では、ここまでやってくれれば充分です。ありがとう」

社長はそう言ったあとに、伊奈木をちらりと見た。

ワイワイガーデン事業部の出席者からは、とにかく全身全霊を懸けて、やり切った感が伝わっていた。リーダー格の何人かは目に涙を浮かべているようだった。伊奈木も脂ぎった顔のままだが、とりあえず安堵の表情を見せていた。

一方、阿久津は終始不機嫌そうな表情で、最後まで一言も発言しなかった。

そしてこの時、高山はすでにPCの前に突っ伏して、よだれを垂らして爆睡していた。

解説　PDCAを廻すということ

世の中、当初のプラン通りに物事が進むことなど、まずありえません。

事業においても、どんなに精度を高くプランを作っても、想定していなかったことが起きます。社内や取引先の事情が変わるだけではなく、市場への浸透スピードも昔に比べれば格段に速くなっています。加えて、競合状況も一瞬で大きく変化する現実の事業の世界では、新しいことを進める場合や、新規事業の立ち上げ、その実行段階には、毎日のように軌道修正のための再考が必須になります。

かつて2000年代前半、自民党の小泉純一郎が総理大臣の時に、一般市民を対象としたシティフォーラムを開催していました。ある時、カルロス・ゴーン、奥田碩、御手洗冨士夫という、そうそうたる経営者の方々が昭和女子大学の人見記念講堂でパネルディスカッションをする場がありました。この場で、当時のトヨタ自動車の奥田碩会長が「私はどこの会社でも経営できます。それは、私はPDCAを廻すことができるからです」と言われました。

PDCAにおいて重要なのは、まさに「ちゃんとやる」ということです。

この章のまとめでは、名実共に日本のトップレベルの経営者の方が、事業経営そのものであると表現するPDCAをちゃんと廻すということについて解説していきたいと思います。

⬇PDCAを廻すということ

第1章に引き続き、「成功した創業者」を例にして話を進めます。

漠とした問いですが、「成功した創業者」はどのように頭を使っていたのでしょうか？

「成功した創業者」は、何かをやる時に、自分が納得いくまで徹底的に情報を集め、どうすれば成功するかをとことん考えていたはずです。考えたうえで、自分でやるか、あるいは部下にやらせてみます。

そして、その結果の検証を行い、よりよい結果を求め、そしてより成功確率が高いと思われる方向に改善していったはずです。何事も100％読み通りうまくいくなどということは、まずありません。

「成功した創業者」は、多くの場合、他の人や大企業がやっていないことに挑戦しているわけですから、読み切れていない部分も多い中で、成功に向かって絶え間ない修正を行っていたはずです。創業時は時間もお金も十分あるわけではないので、**スピードと実行精度の高さ**

を追求していたはず。この一連の流れを通じて、やっていいこと、やるべきこと、やってはいけないことを学習し、その事業で勝つため、成功するために必要なノウハウを誰よりも深くたくさん蓄積していきました。

つまり、**真剣にPDCAを廻すことに取り組み、事業に関しての学習をし、成功法則を見出していったのです。**

かつて私がいたアオキインターナショナル（現AOKI HD）の青木擴憲会長も、「自分のやってきたことは51勝49敗だ」とよく言っていました。ユニクロを擁するファーストリテイリングの柳井正会長はさらにその上をいって、『一勝九敗』というタイトルの本を書きました。どんな経営者も、成功を収めている方ほど、実に数多くの失敗をしています。しかしながら、人間誰でも、好んで自分の失敗を開帳などしません。ほとんどの場合は、知らん顔して、失敗については多くを語らないものです。

「人は失敗からしか学べない」と言われます。

確かに、自分が考えた通りに物事がうまくいけば「自分の読みは正しかったのだ」で終わります。しかし、もし読み違えが起きれば、うまくいかなかった理由を解きほぐし、原因を追い求め、成功のための因果を必死で考えます。

こう考えると、**費用と手間をかけたせっかくの失敗を、失敗したという事実だけを残して**

放置してしまうことほど、もったいないことはないということがわかります。

この大小たくさんの失敗を通してわかった因果を言葉で説明できるならば、それは企業の貴重なノウハウです。**創業者の場合は自分で考え、自分を中心に廻したＰＤＣＡによって、言葉では上手に説明できないが、体で覚えているがゆえに的確に判断できる経験則**というものにしていきます。そういう学習をして、属人的であるか、それとも言語化されて組織の力になっているかの差はあれ、企業は事業運営の能力を上げています。

極論すれば、**企業は学習するために存在しています。そして、学習から得たその能力を通してのみ、企業を成長軌道に入れて発展させることができるのです。**企業の規模が小さかろうが、大きかろうが、**いかに上手に、精度高く高速にＰＤＣＡを廻す能力をつけていくかが、企業や事業を長期的な成長軌道に入れることができるか否かを決めてしまう**といえます。

もっとも、ワンマントップが自分自身でＰＤＣＡを廻すことが楽しくて、結果として社内をかき回して、組織としてのＰＤＣＡによる学習を阻害している事例も見かけます。

このケースは、特に創業社長に多く見られるように思いますが、いずれにせよＰＤＣＡを廻すしくみを正しく定着させないと、創業社長が生涯、自分のつくった土俵を楽しんだだけで、その後の企業の発展に重要な組織能力が備わっていなかったということになりかねません。この全社でＰＤＣＡを廻す文化づくりは、創業者が行うべき大課題と捉えておくべきです。

さて、このPDCAが会社の中で適切に廻っているならば、その企業・事業は成長し続けているはずなのですが、現実を見ると、そうではない企業のほうが多いです。なぜでしょうか？

仮にトップが「いいか、みんな。PDCAをちゃんと廻そう！」と言ったとして、それだけでPDCAが廻るようになるでしょうか？

PDCAが廻らない理由は、いくつも挙げられますが、その根にあるのは、**「人、性善なれど、性怠惰なり」**なのです。これは私がマッキンゼー時代、当時オフィスマネジャーだった横山禎徳氏がよく使っていた言葉です。

人というものは、別に悪気もなく、つい、楽をしたいという安易な方向に走りがちです。そもそも人類の進歩の歴史は、我々の先達が前向きな努力をしてきた結果なのですが、その一方で他人の足を引っ張ったりという謀略も、常に伴ってきた歴史でもあります。PDCAを精度高く、高速で廻すためには、自分たちを律していく真摯な姿勢が必須になります。

よって、**その実施に当たっての方法論もさることながら、その真摯な努力を育む環境づくりが重要です。**これはトップが、自らPDCAを廻すのだ、廻させるのだという強い想い、意思を持つことからはじまります。

つまりここで重要なのは、そのPDCAを廻している上位の職位の方の姿勢、つまり事業部長や社長がしっかりとあるべき姿をイメージして目を光らせ、「PDCAを廻して達成感を

図07 成功した創業者がやっていたPDCA

成功した(創業)社長は、自分の力、イニシアティブで、
周辺の人材を振り回しながらも、PDCAを廻し、市場の突破口を探した。

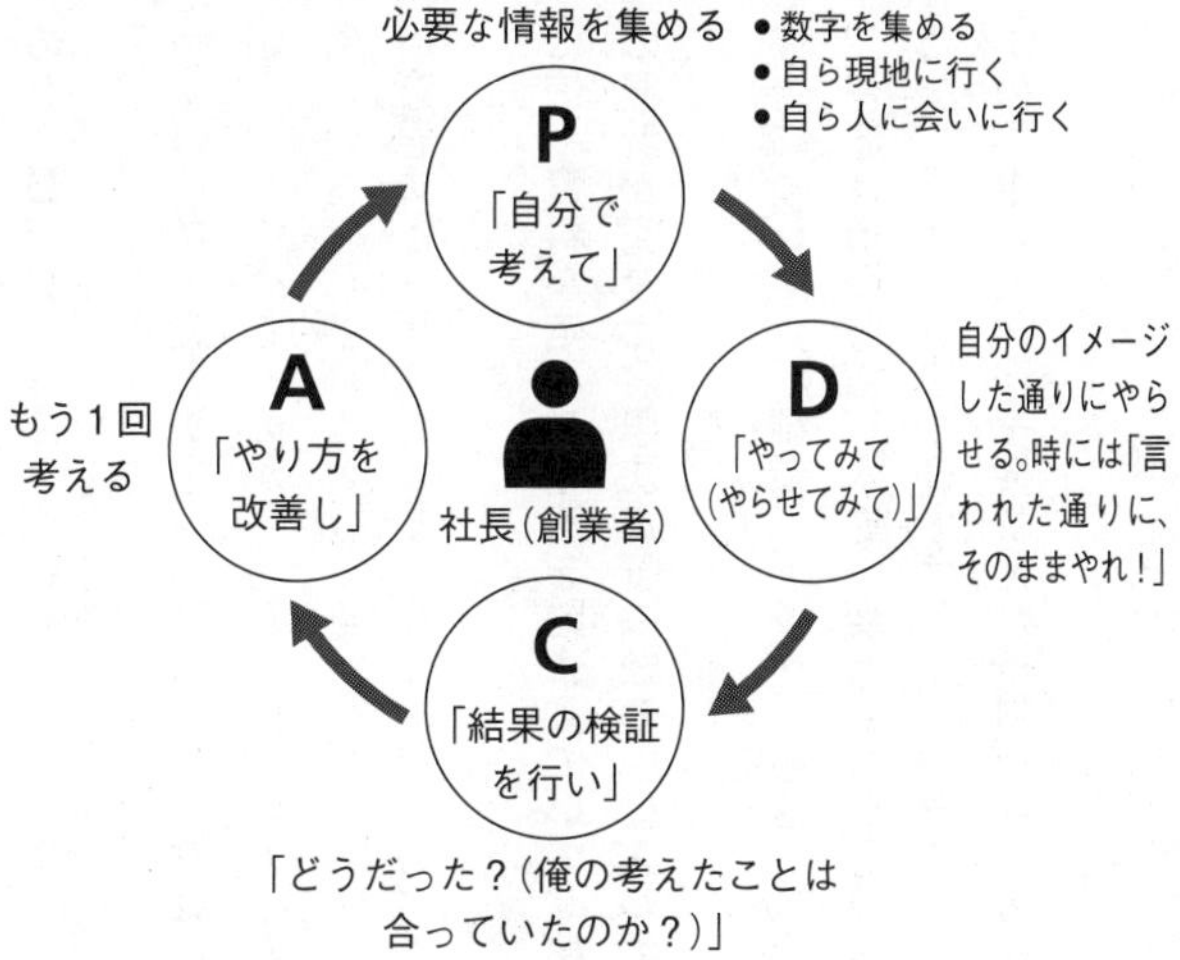

得ることに喜びを感じる」ようになるまで習慣づけと文化づくりの努力をすることです。そして組織に、よりレベルの高いPDCAを廻させる手助けをする機能を、参謀としてトップの側近に設けることも必要になります。

もし自分たちでは、その指摘や指導の仕方が心もとないということであれば、例えば、そういうことが得意な人材を外部から招へいするとか、一時的にコンサルタントを使うなど、手はいくつもあります。いずれにせよ、まず自身の会社のPDCAが廻っていないのはどこに問題があるのかを考えることからはじめるべきです。

↓PDCAのP、D、C、Aそれぞれ

これまで多くの社長の意思決定の場に同席し、それに至るまでの苦悩や葛藤の場も共にしてきましたが、概して感じるのが、乏しい情報しか上がってこない状況での意思決定を強いられるケースがあまりに多いということです。

精度の高い意思決定を行えている企業は、以下の二つのどちらかが当てはまります。

①会議などに使う資料が定石の作法を踏まえていて、核心に踏みこめている

②今の事業の概況が完全に意思決定者の頭の中に入っている

この②の場合については、創業者トップ、あるいは実績のあるカリスマトップの会社に見られますが、普通は市場環境が永遠に変わらないということはなく、アップデイトが不充分になりがちになり、②の方法だけではリスクがあるということになります。

よって、①の、定石の作法を押さえた資料を作れる状態を目指すことが必須事項になります。

「アートとサイエンス」、直訳すると「芸術と科学」という言葉があります。

ここでは芸術を「言葉にできないもの」、科学を「言葉にできるもの」と定義してみます。言葉にできると、法則化ができるようになり、他の人と共有化できるようになり、再現性が出てきます。

結局、この世の中は人類が言語化への挑戦、これが一般的に科学と言われますが、これを行い続けていると言っていいのです。

経営にも同じような側面があります。

より大きな規模の事業を行うためには、より多くの人が同じ目的に向かって問題解決に取り組む必要があります。規模の小さい時によくある、「ほれ、あれだ。あれ、やっといてくれ」「あ、あれですね」で話が成立している状態では、「あれ」が何を示すのかを、話の文脈から推察できる背景が共有されていないといけません。

このやり方は、何百人、何千人を越える企業規模ではほぼ不可能です。また推測に依存していますので、まちがって多くの人に伝わってしまう可能性が高まります。

事業を成長、発展させるためには、言語化、チャート化し、資料に落としたりしながら的確に、トップ、部下、関連部署に情報を伝えていく能力を社内につけていくことは欠かせません。

そういう意味で、ＰＤＣＡの第１ステップであるＰを言語化して表現し、その精度を高める努力は必須事項の一つになります。

「うちのトップの思いつきだからさ。やれって言われるからやるだけだ」という発言を聞くことがありますが、それをそのまま実行し、もし失敗した場合、何が残るのでしょうか？「俺はやめといたほうがいいと思った」という担当者による「後付けの正当化」が残るだけでは、組織としては何も得るものはありません。もしトップの思いつきであればなおさら、Pを言語化して、企画としての体裁を整える必要があるのです。

PDCAの各ステップで行うべきことを、ざっくり記述すると、以下の四つです。

- 目的達成のための、もっとも費用対効果の上がる実施プラン（P）
- 企画意図を踏まえた実施。そして現状の進捗状況を報告（D）
- 結果の分析を行い意味合いを抽出する（C）
- そして、より良い方法論を検討し、その改善事項を実践する（A）

事業規模が大きくなると、これらは本来全て、書面化して報告、共有すべきことです。

PDCAを廻すため、会議の運営、報告の仕方の精度向上は、もっとも重要な事項です。

「うちの会社は、Cがない」という話をよく聞きます。確かに成長期の企業、歴史の浅い企業はCが甘いままに、思いつきのPDを繰り返している場合が多いように思います。

Cの検証が大事なのはまちがいありません。

ただし、一番最初のステップの**Pの精度を高めることです。これによって目的が明確になるので、Dの実行精度も上がり、かつCが容易になり、結果、成功確率が高まるというのも事実です。**

さて、PDCAのPのやり方ですが、作法としてはいろいろありますが、ここではかつてTQC（Total Quality Control＝総合的品質管理）が普及した際に拡がった方針管理の方法論をベースにして簡略化したものをご紹介します。

それぞれの項目については、教科書的な説明は世に多く出回っていますので、押さえどころのみ述べておきます。

①現状把握

そもそも、全ての企画にはその必然性があります。現状把握は、その前提として意思決定に関わる人たちが知っておくべき情報であり、いわばこれから戦う土俵を明確にする部分です。

一般的には、事実をもとに、わかりやすくグラフやチャートを使って表現し、どこに対応すべきギャップが存在しているかを「見える化」します。

②真因の追究

解決すべき問題の明確化です。問題発見（Issue Finding）から課題定義（Issue Definition）につなげる流れです。

例えば、ある製品が売れないのはなぜか、そこでの問題点を挙げ、どこが一番の問題になっているのかを特定する必要があります。ここは、市場や現場における五感を通して得られたものも含めた全てから、仮説としてどういうことが考えられるか、そして、どの仮説がもっとも的確だと考えられるかを、事実をもって裏付けを行います。そして多くの場合、何度も仮説とその事実を伴った検証を繰り返す「仮説思考」が必要になります。

③解の方向性

問題の定義が的確にできれば、解の方向は明確になります。

例えば、「一品当たりの単価が高い」のが最近の売れ行き鈍化の理由ならば、「小分けにする」「コストを下げて値下げする」などの方向性が出るという感じです。②の真因の追究がしっかり「見える化」されていれば、この解の方向性は必然的に見えてきます。

④具体案の比較検討

方向性が決まっても、実際のやり方についてはいくつもの案が出てきます。

例えば、もしお菓子を小分けにして売ると決まったとしても、1パッケージを何グラムにして販売価格をいくらに設定するのかについては、いくつもの代替案があります。複数の案を挙げて、それぞれのメリット、デメリットを記述して評価したうえで、どれでいくのがいいかを決定しなければいけません。

さてここで、これらの①から④を、企画のたびにいちいち記述するなんて面倒くさいことはやっていられるか、と感じる方もおられると思いますが、ちょっと思い起こしてください。

一見面倒くさく思えるこの手順ですが、これらのステップの一つ一つは、それぞれ、この企画が、生まれる背景を明確にし、企画の必然性を明確にし、解の方向性はこっちでいいですね、やり方はこれだけありますが、その中のこれでいきたいのですがいいですね？　ということを、意思決定者や実施する人たちにとって納得できて、組織で共有するためのものです。うまくいかなかった時は、その手順のどこかに読みまちがいがあったがために、想定していた結果が得られなかったのです。この読みまちがった箇所を特定できれば修正を行うことができ、そしてこの繰り返しこそが、成功への確実な道のりとなるのです。

かつて、「成功した創業者」はこれをほとんど自分の頭の中だけで行い、自分を中心にPDCAを廻して、事業を伸ばしてきたのです。そしてもし今、事業が低迷状態にあるならば、そのPDCAの連鎖から得られた知恵が組織となった時に継承されずに、市場の機微との「乖離《かいり》」が起きているのです。

組織において、情報を共有して動くためには、まず言語化が必須です。そして、わかりやすいチャートやグラフなどのビジュアル化による、ファクト（事実）や必然性の共有が必須となります。

これなしでは、気づかぬ間に、「同床異夢」状態になっていることもあり、事業規模が大きくなってきた時に事業の運営精度を落とさないためには、このPの作法の習得は必須となるのです。

すでに皆が、何から何まで100％理解できているような定例業務であれば、一つ一つ、これらの手順を全て踏む必要もないでしょうが、事業再活性化、新規事業や始めての挑戦の場合は、これらを明らかにするステップはとても大切になります。

これらの①から④ができれば、あとは、それを誰がどの部分をいつまでに実行するかをガント・チャート等を利用して作成し、有言実行のプランにします。途中で進捗状況の確認も組み込みます。

また、この中には、効果の検証をいかに行うかということが明らかにされているべきです。

以前、ある大手のファッションビジネスの会社の仕事をしていた時に、集客を増やすためにある施策の導入可否の検討をしていました。その時に、そのブランドの総責任者が、「**効**

果検証のできない施策はやめておきましょう」と発言し、その言い切りに感動を覚えたことがあります。

異論も出そうな話ですが、確かにその通りなのです。やったらやりっぱなしで、振り返りのできない施策はそもそも、費用対効果の検証ができず、それではＰＤＣＡのサイクルが廻らないことになります。

事業環境が変化してしまっているのに、相変わらず同じ打ち手を繰り返す企業が多いのも、ここを押さえていないのが原因なのです。

第3章

経費削減と経費低減は違う

——経費の効果最大化のためのノウハウを蓄積せよ

▼悪化する営業利益

壁の時計は21時50分を指していた。

伊奈木は一人、経営企画室でノートPCに向かい作業をしていた。翌日の四季川社長とのミーティングのために、今期の収支見通しの収益シミュレーションを作成しようと、エクセルシートと格闘していた。

「うーん、よくないなあ……」

伊奈木は、ストレッチを兼ねた伸びをしながら、つぶやいた。

そこへ高山がワイワイガーデン事業部から戻ってきた。

「あれ、伊奈木さん、まだおられたのですか。お疲れさまです」

「おう、お疲れさん。ワイワイガーデンのほうはどうだ」

高山は鞄をデスクの上に置き、PCを出しながら答えた。

「前よりは、明るい雰囲気になりました」

「説明は、もっと具体的に行うこと」

伊奈木は椅子にもたれ掛かって、天井を仰ぎながら言った。

「そうですね、すみません。会議の進め方が変わりました。この間の経営会議向けの資料を作成したことで、柳田さん、この事業のことがイメージできはじめたように思います」

「そうか」

伊奈木は姿勢を戻して、高山のほうを向いた。

「伊奈木さんが言われたように、正しいリーダーシップが実現されていると思います。皆、柳田さんを中心にちゃんと動いていますから」

伊奈木は、「よかったな、それは」と言った。

「まずやってみるべき施策が明確ですから。ここからは、やってみて検証ですね」

「白家さんは、どうしてる？」

「柳田さんは、白家さんをバイヤーから外して、店頭のプレゼンテーションの企画をしてもらおうとしたようですが。結局、白家さんは辞表を出されました」

「そうか……。それはそれでしょうがないな」

「反しきがわ色のあった方々も、今は普通に前向きにやっています。以前とはだいぶ、雰囲気が違います」

高山の顔に疲れは見えたが、一方で、ひと山越えた、はつらつ感は感じられていた。

「で、伊奈木さん。何をやっているんですか？」

伊奈木は、「うん」と言って、画面上のエクセルシートを見ていた。

「今期の収益のシミュレーションをしているんだが」

「収益のシミュレーションって経理部がやるのではないですか？　それとは別に、ご自身でやっているんですか？」

「ああ、経理部は実績ベースから、そのまま延長線を引いた先読みをしている。私は要因別の傾向を細かく入れたシミュレーションをしているんだ。相澤さんにも手伝ってもらって、既存店舗の推移や、新店の収益性の低下、アイテム別の商品単価の下落などの要素を入れて作成してみたんだが……」

と言って伊奈木はノートPCを回し、高山に折れ線グラフを見せた。

高山が覗き込むように見ると、売上と営業利益の推移を示す、計画と実績予測のそれぞれ2本の折れ線が、右に進むほど大きく離れていくグラフになっていた。

「今期の計画と、このままで進んだ場合の累積予想推移だ」

伊奈木は、下側のグラフの右端を指さした。

「これ、営業利益の推移ですか？　ゼロに近いところで終わっているじゃないですか」

高山は伊奈木を見た。

「そうなんだ。上下の振れ幅をある程度は読んで入れてはいるのだが。今期の収益見込みは、経理部が読んだ推移よりも、今のままではさらにまずくなる」

「どうすればいいんですか？」

「全社でできること、つまり、売上を上げる手段、粗利率を上げる手段、そして経費を下げる手段の中で、今期に効果の出る手を早急に考える必要があるな」

高山なりに、具体的にどうしたらいいかを考えようとしたが、うまくイメージできなかった。

「今言われた三つの中で、比較的簡単にできることってなんですか？」

「普通に考えれば、売上を上げる手段は営業部と販促部、そして商品開発をする商品部で考えてもらい、粗利率は商品部、ということになる。ただ、それくらいのことは、これまでもやってきていると思うな」

伊奈木は、壁を向いてフーッと深呼吸のようなため息をついた。

「今、それを言っても、多分この会社では年中行事みたいになっているだろうから、やっつけ仕事みたいなものしか出てこないだろうな。この間ワイワイガーデン事業部でやったようなことを、『紳士服のしきがわ』本体でやる必要があるのだがな」

「伊奈木さんが三つ目に言った、経費を下げることはどうなんですか？」

伊奈木は、横目で高山を見た。

「そこは、阿久津専務の持ち場だ。彼がしきっている聖域のようなところに踏み込むのか？」

高山は目をキラキラ光らせて言った。

「やり方を考えてみていいですか？『聖域なき改革』って、どこかで言ってましたよね」

「やるなら気を配って、そして正しい手順を踏まないといけないぞ」

伊奈木は目を丸くしていた。

「僕、思うところがあるので、まとめて持ってきます」

「まあ、いいが……」

高山は思っていた。ワイワイガーデンの資料作成の作業をして、こういう資料をまとめる際の考え方はわかったので、今度は自分の考えをまとめてみたいと……。

高山は、机の上に置いたばかりのPCをふたたび鞄の中に入れ、経営企画室を出ていった。

∨高山、経費低減プランを考える

「伊奈木さん、おはようございます」

翌日、伊奈木が出勤し入室してくると、高山はちょうど印刷したての資料をプリンターから取り出していた。

「伊奈木さん、見ていただけますか？」

伊奈木が席につき顔を上げると、目の下に隈《くま》のできた高山の顔があった。

「経費低減についての僕の考え方をまとめてみました」

「昨夜の話の資料か？　もう、作ってきたのか。えらく早いな」

高山は、伊奈木に資料を差しだした。

伊奈木が資料を眺めはじめると、高山は、「そもそもの話なのですが」と話しはじめた。

「今、経費を使うなってすごく言われます。店舗でもバックスペースの電気を消せ、エアコンの温度は何度に設定しろとか、店舗に指示が来ています」

「それ自体は悪いことではないが」伊奈木は資料を見ながら言った。

「そこまではまだいいのですが、収益性の悪い店では、フロアのワックスがけの回数が減って、床の汚い店が出てきています。店舗の営繕や、傷んだ箇所の修復も先延ばしになって床のタイルがはがれたまま放置されることも起きてきていますので、見た目の悪くなった店が増えています」

伊奈木は、資料ではなく高山の顔を見た。

「それは、今使うべきお金を使わずに、ただ先延ばしにしているだけだと思うんです」

「そりゃ、そうだな」

伊奈木は言った。

「本来使うべきお金を使うのをやめてしまうと、いいことは何もないと思います」

「使うべき経費と、使わなくてもいい経費の区別はどうつけるんだ？」

「経費低減のプランを自分たちで作って、実行したらどうかと思うんです」

「どういうことだ？」

「結局、この間のワイワイガーデン事業部の発表がリアリティがあってよかったのは、当事者である担当者たちがそれぞれ、考えて作ったからだと思うんです」

「まあ、そうだな」と伊奈木は相槌を打った。

「この間は、伊奈木さんが皆の資料作成の指導をしてくれたのもよかったとは思います。実行する本人たちが、今までみたいに、ただ入れ物みたいな『バケツ』言葉できれいに書く作文ではなく、『中身』を自分たちの言葉で書いたから、リアルにおいしそうな中身ができたと思うんです。経費は、いろいろな部署で使っているわけですから、その人たちに経費を下げ、もっと有効に使うための智恵を絞ってもらったらいいと思います」

「なるほどな」と伊奈木は言った。

「ただ、ワイワイガーデンの時は、書き手が売上を取るための実務を行っている本人たちだったし、事業部内に切迫感もあったから、枠組みとか中身を書こうという話で進められた。だけど、今度はしきがわ本社の経費を使っている部署や、経費を管轄している部門だろう？彼らは、経費低減とはどういうことか、そしてその正しい方法論はわかっていないのではないかな」

伊奈木は、この手の活動が多くの会社で安易に行われ、結局はただのケチケチ、節約と節減活動になっていることを知っていた。

「そうなんですが……。僕、本社に来てから聞く、今のしきがわの経費のけちり方には疑問を感じているんです」

「ほう、そうか。話を続けてみてくれ」

「単に、使うな、使いたかったら、自分の金でも出しとけ、って言われたりするのって、違うと思うんです。お客さんに来てもらって喜んでもらって、売上と粗利益を上げるために使うべき費用とか、商品部の出張のための経費とかがない、なんていうのは、何か変だと思うんです」

「かけるべきところに費用をかけないと、売上を伸ばす機会を逃してしまうことがあるのは事実だがな。ただ、どこにどう費用をかけたらいいのか、かけないほうがいいのかはどれかが不明瞭なままに、前年行ったことを踏襲して、惰性で経費を使ってしまっている傾向があるだろうな」

「安部野さんが言っていました。PDCAが廻っていないと企業は学習しないって」

「確かにその通りだな」伊奈木は言った。

「経費を低減するPDCAか……」

伊奈木は少し考えた。

「わかった。ならば、安部野さんの話を聞いて進め方を組み立ててみてくれ」

「はい。わかりました」

▼安部野のオフィス、三度目の訪問

「そもそも、経費削減と経費低減は全く違うものだ」はじめに安部野は言った。

「年度の売上計画が現実的な線より高すぎて、期末が近くなると計画していた利益が達成できそうにないという見通しが発表されて、急に皆あたふたして、営業利益の帳尻合わせのために経費削減の指示が出る、なんてことは、多くの会社で多かれ少なかれ起きていることだが」

安部野は、いつもの皮肉げな顔をして笑った。

「そもそも、こういうことが起こる前提として、計画の立て方、運用の仕方がなってないという会社が多い。大手でもそういう会社は多いと思う」

「えっ、今日は計画の話になるのですか？」

安部野は高山の質問を無視し、話を続けた。

「例えば、本社から事業部に、売上予算を押しつけたりする。あるいは、外資系企業なんかだと、有無を言わせず本国から前年比プラス15%くらいの予算を与えられたりすることもある。でも、そもそも売上を取ろうと思ったら、それまでにどれだけの仕込みが事前にできていたかが重要だろう？　人材をしっかり育てて、組織の能力を高めておくことはもちろん、商品開発力を強化するとか、販路を開拓・開発しておくとか。今年のしかけで取れる売上と、2〜3年しっかりかけて仕込んで取る売上とがある。ビジネスそのものの爆発力が弱くなってきていれば、当然、中長期的な視点での仕込みのほうが重要になる」

「わかります。うちの会社でも、店長がお客さんに心底満足していただける商売をやっている店は、競合店が近所に新店舗をオープンしてきても、影響はほとんどないです」

「この間、PDCAの話をしたが、PDCAのサイクルは必ずしも全てが1年以内の長さで廻るものばかりじゃない。例えば、よく百貨店の1階フロアで展開しているような化粧品販売のような販売職ならば、週単位で廻すことも可能だろうが、商品開発、販売力強化、チャネル開発なんていうのは、なかなか1年で廻るものじゃない」

「今言われたものはどれも、やってみた結果を見て方向性を修正しますものね……」

安部野は「少しずつわかってきているようだな」と言った。

「毎年、単年度の数値責任ばかりを追及される会社だと、将来への仕込みは二の次にして、なんのためらいもなく当期の利益の確保に走る『英断』をしてしまうようになる。そういう先々のことはとりあえず何も考えず、与えられた当期の数値責任だけを全うしようとする事業責任者も世の中にはたくさんいる。ここでのポイントは、単年度の収益を追求していくことだけを続けていくと、その上に位置する立場の者がよほどしっかり見ていないと事業責任者が仕込みをせずに、安易な刈り取りばかりを行うことになりかねない、ということだ。そこでは帳尻合わせの経費削減が行われ、ますます、企業の力を損ねることになりかねないということだ」

「そういうことなんですね」高山は言った。

「例えば、ファッションビジネスが当たった時などは、急激な成長曲線を描くので、組織で正しくPDCAを廻すマネジメントが、二の次にされてしまう場合がある。本当は社長が、これに最優先に考えて取り組まないと、その後の安定的な発展ができなくなるのだが、出店の依頼が増えたりと、どうしても外向きな対応に意識と人手が向けられてしまうものだ。ここで、多くの会社が陥るのが、勢いに任せて、売れ筋、死に筋商品の精査をせず、何が当たっているのか、何が受けなかったのかという検証を行うという基本動作の精度向上に、意識がいかなくなることだ」

「今、安部野さんが言われたことは、小売業の、基本中の基本じゃないのですか?」

「君の言う通りなのだが、ファッションビジネスというものは勢いを伴うので、ドーンと当たった時は、勢いであまり大したことのない商品まで売れてしまうこともある」

高山は、セールの時の、何を店に出しても売れてしまう時の経験を思い出した。

「単に、単品が売れた、売れなかっただけじゃなく、売れた単品の中には必ず、共通のキーワードがある。そのキーワードを取り出す分析のためのマーチャンダイジングシステムも必要になる。こういうものは、単にパッケージソフトを買ってきて、そのまま商品部に渡しても、有効な運用なんてできるものか。使い方の教育をすればいい、なんて安易な話でもない。ちゃんとマネジャーをはじめ、マネジメントがそれを理解して、指示、確認できる状態をつくっていかないと、そういう基本的な考え方の浸透なんてできるわけがない」

「なるほど」高山は言った。

「結局、出来合いの分析用のパッケージソフトを買ってきて、現場に丸投げしたって、はじめの品数が少ないころに丁寧に一品ずつ見ながらやっていた時ほど精度の高いやり方までには戻らない。商品部の現場だってむしろ以前より忙しくなっているのだから。かくして、商品の品揃えの精度は落ちる。そうすると市場の熱も沈静化し、目の前の商品を冷静に捉えるようになる。当然、売上は下がりはじめる」

「その感じ、わかります」高山は答えた。

「問題は、ここでのマネジメントの対応なのだ。緩やかな下降基調のなかで、それでもなんとか、前年度実績並みの利益だけでも確保をしたいとマネジメントが考えるとどうなる？」

「製品原価の見直し、そして経費の見直しでしょうか」高山は即答できた。

「その通り。たいがいの場合、この二つの見直しの指示が出るものだ。確かに、勢いに乗って、製品の仕入れをしていると原価の詰めが甘くなることがある。それを丁寧に見直していくことは、確かにやるべきことの一つなのだが」

安部野は、高山が来る前からテーブルの上にあった冷めきった珈琲を口に運んだ。

「ところが、粗利率を上げようという指示をむやみに出すと、もし、精度の高い、正しい原価低減の仕方を理解していない者が商品を担当している場合、安易に素材や縫製の質を下げてしまったり、要尺、つまり使用する生地をけちった服を作ってしまうこともあり、結果、お客さんの期待を損なう商品が売り場に出てしまう」

高山は思った。販売員の間では、確かに一時期よりも、うちの店の商品の品質が落ちてきているという話はよく出る。そういうことなのか……。

「そうなると、せっかく店についているお客さんが、徐々に離れ、さらに売上は下がる。そしてマネジメントはさらにいきり立つ」

「なんだか、ことわざの『風が吹けば桶屋が儲かる』みたいな話ですね」

高山は笑った。

「こんな因果の連鎖は、どこの会社でも大体同じようなことが起きている。そして売上がますます落ちて困ったマネジメントが、『それでも前年並みの利益は出すように』と指示を出すと……どうなる？」

「もう一つのほう、経費ですね？」

「そう。そっちにいくだろうな、一般的には」

「そうかあ」高山は言った。

「かくして、『経費を見直せ』あるいは『下げろ』という指示が出る」

「そういう状態だと、短期間で下げるのでしょうから無茶な下げ方をしちゃいそうですね」

「そのとおり。マーチャンダイジングの企画や管理精度の低い会社って、管理系だけがレベルが高いっていうのは考えにくいだろう？　そして、本来やるべき経費低減ではなくて、経費の削り込み、経費削減をやってしまうのだ」

安部野は、珈琲カップを手に、話を一段落させた。

▼BPRとは業務の最適化を目指すこと

「そもそも号令をかけると、使う経費が減るなんて、おかしいと思わないか？　本当にそれで下がるならば、単にマネジメントが会社の管理レベルが甘いままで放置していたという話だ」

「そういうことですかね……」

高山は、まだピンときていなかった。

「そこで、経費が下がるというのは、効能があいまいな、使わなくてもいい経費を使うのをやめたか、『来期に回しておけ』などと先延ばしにしたか、あるいは、行かなければいけない出張をやめるなどの、本来必要な経費を節減したなんてところだろう。この最後の節減は、業務上の支障が出る可能性があるな。こういう味噌くそ一緒にしたように経費を下げるのが、低迷中の多くの企業で行われている経費削減だ」

高山は、ああ、そうか、と思った。

「使わなくてもいい経費だったかどうか、あるいはそのかけた経費の効果や効能の精査をする、なんてことは、そもそもふだんからしっかりとやっておくべきことだ」

そうですね、と高山は言った。

「本来使わなければならない経費について、ただ、スパッと出を止めてしまうのは、まさにやってはいけないことの代表格の行為だな。業務のムダを省くには、やり方、手順をちゃんと分析し、BPRのような手順をしっかり踏んだうえでやり方を変える、ということを本来やらなければならないのだが……」

「すみません、BPRってなんですか?」

安部野は、「そりゃそうだ、君は知らないよな」と言って説明をはじめた。

「ビジネス・プロセス・リエンジニアリング(Business Process Re-engineering)の頭文字をとって、BPRという。BPRとは、例えば、製品開発から製造、販売のような、自社の事業の業務の流れ、つまり業務フローをちゃんと描き落として『見える化』し、ムダな迂回業務を排し、業務の流れの再構築を行うのだ。強い企業は、BPRなんて呼び方がされる前から、これに取り組んできている」

高山は、メモを取りながら聞いていた。

「今から30年ほど前、GMやフォードの新車の企画から量産開始までの期間が6〜7年くらいかかっていた時に、トヨタ自動車は3年以内でそれができた。しかも毎年それを短縮する業務改善に取り組み、期間の短縮と品質の向上とコストの低減という業務精度の向上を図っていった。つまりBPRの権化といっていい会社だったわけだ」

高山は、製造業のことについての土地勘は全くなかったが、「そうなんだ」と小さく言って、メモを取り続けていた。

「そして、このBPRの徹底が、本当の強みを発揮したのは、市場の変化時だったのだ」

「どういうことですか」

高山は尋ねた。

「今でこそ、トヨタ自動車は圧倒的な強さを誇る企業だが、さらに昔にさかのぼれば、かつては、労働争議などで危機的な時期もあったのだ」

「そうなんですか。今からでは想像できませんけどね」

「当時、米国のやり方に学ぼうと、GM、フォードを訪問したが、T型フォードにはじまる大量生産方式は当時の日本の市場規模では、そのままでは導入できず、失意の視察団がたまたま、米国のスーパーマーケットに入った。そこでは、うまそうなものが並べられ、店で売れた分だけ補充されるしくみになっているのを見て、スーパーマーケット方式、後にカンバン方式と呼ばれるノウハウを含む、トヨタ生産方式がつくられていったのだ」

「カンバン方式は、僕も聞いたことがあります。でもなぜ看板っていうのですか?」

「これはカタカナで『カンバン』と書く。僕が聞いている説は、この方法論があまりに強烈なので、このノウハウが外部に漏れないように、わかりにくい呼称をつけようということで、『カンバン』になったというものだ」安部野は話を続けた。

「もともと、繊維機械で儲かった資金で今の豊田自動織機製作所が新規にはじめた一事業部門だったのが、今のトヨタ自動車だ。かつて最先端だった繊維機械の生産のノウハウとして、ラインのトラブル発生を知らせる、アンドン、カンバンなどの工夫があり、そのアイデアが、自動車づくりに流用された。様々なノウハウが製造原価の引き下げにとどまらず、仕掛品在庫の工程内での低減や、品質の作り込みなどが盛り込まれ、かつ、社内の皆が常に生産に関わる絶えざる改善活動に従事し、毎年その業務フローが改善されていくという理想的な状況、つまり自らがBPRを行い続けるという企業文化が出来上がった。この強さがもっとも効果を発揮したのが、1970年代にあったオイルショックの時だ。当時、日本の市場は一変して、燃費の良い小型車が求められるようになった。トヨタは中間在庫を極限まで減らした生産を行っていたので、その年の新車として燃費の良い小型車をすぐさま市場に投入できた。一方、それまではトップを走っていた日産は中間在庫が大量にあったために、燃費の良い小型車の市場への移行が1年半以上遅れた。ここでトヨタと日産の差が大きく開いたんだ」

「トヨタ自動車が市場の変化に対応できる能力を持っていたということですね」

「そうだ。今でいうBPRの成果として、コストの削減だけではなく、この市場変化への対応が柔軟にできる能力を育んだことが、今のトヨタ自動車の強さにつながっているということだ」

安部野は、珈琲カップを手にとり一息入れた。

「さて話を戻すと、そもそも、金がどう使われ、人がどう動いているかを把握して、それらの与えられた経営資源を有効に活用して最大の効果をあげるようにするのはマネジャーの仕事じゃないのか？」

「そうです」

高山は言った。

「号令をかけてにらみを利かせたら、経費が下がり利益が出たなんて喜んでいるマネジメントなんて愚の骨頂だな。管理が甘いから、いろいろなものが駄々モレ状態だったというだけの話じゃないか」

安部野は静かに吐き捨てるように言った。

「だいたい、悪循環にはまるパターンというのは、ただ、押しつけられた高い売上と利益計画があって、それが達成されずに経費が締めつけられる。それによって様々な社内の業務の硬直化がはじまり、現場に意味のないストレスがかかりはじめる。そしてそれが毎年毎年繰り返され、本来打つべき中長期的な打ち手が全て先送りになっていく。最も重要であり磨き続けられるべき会社の真の競争力がどんどん弱体化する。こうして、せっかくの世界的にも素晴らしかった企業がおかしくなっていく。こういう事例が世の中にどれだけあったことか……」

▼「経費削減の鬼」はいらない

安部野はすでに冷めている珈琲にまた口をつけた。

「一般に言われている経費削減というのは、『とにかく利益の帳尻合わせを目的として、経費について有無を言わせず、切りやすい経費から、切ってしまう』ことと理解したらいい。**これに対して、経費低減は本来、企業が定常的に行っていかなければいけないもので、費用対効果を考えて、経費を上手に使う、安定的な利益確保のための経費率を下げる活動のことだ。決して、号令をかけて、経費をばさっと切るようなものではない**」

「そういうものですか」高山は言った。

「ところが経費低減のノウハウって、案外皆、わかっているようでわかっていないもんだ。経費削減の鬼みたいな人がいる会社もあるが、だいたいそういう人は、使うなって脅して、皆を委縮させているだけだ。もともと管理の甘い会社だったら、無駄遣いはしなくなるから、駄々モレ状態は防げるがね……。でも、そんな会社は、結局その人のせいで皆が挑戦もしなくなっていくから、ますます成長が鈍化していくものさ」

「恥ずかしながら……うちの会社もそうだと思います」

安部野は、「あっはっは」と珍しく声を出して笑った。

「また、経費管理がしやすいからとERPを導入して、この経費低減が進まなくなってしまった例もある」

「すみません、何度も質問しますが、ERPってなんですか？」

「Enterprise Resource Planning の略だ。企業の経営資源を統合的に管理して有効活用しようという統合パッケージソフトなのだがね。コンセプトとして、一つの完成された世界観でできているものなのだが。君からの見え方で言うと……そうだな、経費精算をシステムで承認している会社だと、ERPが導入されている場合が多いかな」

「うちも経費精算はシステム上での承認です」

「そうか。ERPは、ただ単純に導入してしまうと、例えば、都度の出張が期待成果や理由の説明なしに簡単に承認されてしまったりして、悪《あ》しき予算主義の文化がはびこることがある。本来、そういう問題は運用で克服すべきものであり、ERPそのものが悪いという話ではないのだが、計画の立案精度が低い会社の場合、つまり計画の立案根拠がいい加減なままで、計画主義での運用がなされると……何が起こるか、わかるかな？」

「んー」高山は考え込んだ。

「例えば、前年実績踏襲型の計画立案がなされる。つまり、前年に使った実績があれば、翌年はほぼ何も言われずに、その同額の経費計画が承認されやすくなる。要は、経費の使い方の中身をきちっと見るのではなくて、単に数字だけを見て、前年対比、予算対比で多いか少ないかをチェックする、という運用になりやすいのだ」

「ひょっとして、毎年3月になると道路工事が増えるという、あれですか？」

「その通り。今期中に使っておかないと来期予算が減らされるから残らず使っておこう、というあれだ」

「そんな予算の使い方をしているわけですね」高山は言った。

「ある会社の事例だが、この会社は歴史は浅いが、急成長の上場企業だ。売上高300億円程度の規模なのだが、社長が会社のレベルアップのためにマネジメントがわかる人を入れて、社内でいろいろな指導をしてもらおうと、兆円規模の大企業から部長クラスの方々を迎え入れたのだ」

「はい」高山は答えた。

「当然その会社はまだ、いろいろなしくみも手順もよくできていない未熟な状態だった。やってきた部長さんたちは面食らってしまい、とりあえず自分のかつていた大企業で採用していたＥＲＰを導入させた」

「伺っている分には、正しそうな判断に聞こえますが」

「ところが、もともと計画立案や、この経費低減の手順やノウハウも未熟なままにERPを導入してしまったために、立案精度の低い計画をそのまま入力し、それをベースに皆が計画を順守するという、おかしなことが起き始めた。結果、日々、予算に計上していませんからやりません、予算計上していますからやります、という話が横行することになった」

「それって、なんだか変ですね」

「そしてその予算は、いわゆる『鉛筆をなめて』、立案根拠もあやしいままに作られているだけではなく結局、声の大きな人が予算を持っていけるという、なんとも不細工なことになってしまっている。言ってみれば、極めて未熟なレベルのままに、システムを導入して業務を固定化したために、お粗末な官僚主義が定着してしまったという事例だ」

「伺っていると、こわい話ですね。そんなことが起きるものなのですか？」高山が聞くと、安部野は、ふっと笑い、「このような事例はとても多いのだよ」と答えた。

「ここで重要なことは、ERPのような道具の導入に当たり、それを正しく機能させるためには、その道具の有効性の前提を明確にしておくということ、そして導入後の素早い調整が必要になるということだ」

「どういうことですか？」

「このERPも、本来は経営のための一つの有効な道具立てである。ただし、これを正しく機能させるためには計画立案、運用精度が高いという前提が必要だ。もし、導入をしたあとに不具合が発覚した場合は、素早く対応するのは、当たり前だろう?」

「言われていることはわかります」

「ただ現実的には、導入した責任者が、自分が責任を問われたくないので、あたかも何も問題が起きていないかのように取り繕っている残念な例を見かけることもよくあるな」

安部野は珈琲カップに口をつけたが、すでに空になっていた。

「話を戻すと、全ての経費支出というものは効果、効能を期待して行うものだ。つまり費用対効果についての読みがある、ということだ。企業であれば、人と金という経営資源を使って、短期、長期の収益に貢献する活動を行うというのが基本動作なのだが、トップが運用に気をつけないと、この、都度の効果、効能のチェックをしないままに放置する輩《やから》が出やすいということなのだ」

安部野は、椅子に深く座り直した。

「私の知っている範囲では、例えばトヨタ系の会社は、その歴史に培われ、蓄積された、経費の効果、効能を最大化していくためのノウハウを持っている。ただし、これをノウハウとして理解していない者たちからは、ただのケチケチ会社と同一視されている」

その時、安部野の携帯が鳴り、話がはじまった。

しばらく話をして通話を終わったあとに、安部野は言った。

「急用ができた。悪いが僕はすぐに出かけなくてはならない」

「そうですか……」

話がまだ途中であり、具体的な話はまさにこれからであった。

「明日の同じ時間であれば、僕の時間は大丈夫なはずだから、その時間にもう一度来るか？」

「来ます。お願いします」

「じゃあ、明日に続きを」

安部野は、立ち上がり、部屋を出ていった。


帰りの道々、歩きながら高山は今日の話を振り返っていた。

経費を下げるという話だったのに、だいぶ印象が違ったな。

むしろ売上と利益を上げるために、経費をいかに正しく使うかという話だった。

正しく使う、つまり効率的に使う、効果的に使うということに意識を集中すべきであり、それができるような体制にしなければいけない、こんな話だったように思う。

ただのケチケチとは全く違う。

経費は、売上と利益を最大化していくためにかけるものだ。

高山は、急に立ち止まった。

……ということは、経費計画って、本当に精度高く立案することができなければ、単に「使ってもいいお金を手に入れた」っていうことになってしまう。

「今年の予算は、余さずに使っておけ。余すと来期の予算が減らされるから」っていうのは、経営として考えた場合だけではなくて、国レベルで考えてもすごくおかしい。予算を承認する側が、その予算を使った効果やその中身を全く把握しようとしていないっていう証明みたいなものじゃないか。

高山は、考えながら再度歩き出した。

本当のあるべき経費低減については、明日、続きを安部野さんから聞こう。

高山はＪＲ荻窪駅の改札を通り、ホームに向かった。

•

▼経費を分類して考える

高山は、翌日も安部野のオフィスを訪れた。

「昨日の話の続きをしよう。それぞれの経費が必要なのかどうか、という見方の話だ」

安部野は続けた。

「企業において必要なのは、経費の使い方についての考え方を社内で合わせておくこと。そして、皆で事業のために、もっとも有効になるように会社のお金を使おうという価値観、文化をつくることだ。これは、年度の予算として確保したからいい、これを減らしに来る奴は敵だ、裏で予算を守ってくれるから味方などという話ではない。まあ、これも分業の仕方の設計、つまり組織の運営設計がおかしいから起きることの一つでもあるがな」

なるほどな、と高山は思った。

「基本的に経費の低減活動の進め方は二つある。一つ目は、トップの意志のもと、各経費担当部門に自律的に考えさせるプロジェクト活動、二つ目は、社内にコスト低減チームをつくって全てを洗っていくやり方だ」

「どちらがいいのですか？」

「それぞれだが、後者は各部門から見れば、自分たちの確保している予算を持っていってしまうので、そのチームは『敵』と見られるだろうな」

「まさしく『事業仕分け』ですね。それだと敵対関係になってしまいます」

「それに対して前者のやり方は、各部門に経費低減のミッション、使命を与えるというやり方だ。当然、何をどう下げたかを評価の対象に入れるわけだから、本人たちも一所懸命に取り組む。経費をより有効に使うことを会社の文化にしていくのであれば、明らかにこちらのほうがいいだろうな」

「そうですね」

「ただし文化にするためには、単に低減した数字のみの評価だけでなく、その経費低減のアイデアやノウハウを磨き合うような活動が必要だ。ここにおいても、『ちゃんとやる』ことが求められるわけだ」

高山は、「なるほど」と言った。


「そこで、経費という概念を考えてみよう。経費には、いくつかの分類の仕方がある」

高山はつい、聞き入ってしまい休めていた手を動かしはじめ、メモを取ることを再開した。

「最初の分類の仕方は、使ったことによる効果を知るべき経費、減らしてはいけない経費、そして、例外的な『ポリシーコスト』とも呼ばれる聖域かな」

「まずは、その分類で考えておけばいいですか」と高山は言った。

「最後に言った『ポリシーコスト』については、短期的な効能をうまく言葉では説明できないが、事業オーナー、あるいは事業責任者の意思や勘として、未来のことを考えて使っておきたいというコストだな。この議論はここではひとまずおいておく。『成功した創業者』の起業も、事業の創造者としての勘に基づく先行投資のようなものだからな」

「わかりました」高山は言った。

「よく売上が落ちてくると真っ先にカットされる経費が、広告費、教育費と言われる。出張を控えろ、なんていう話もよく飛び交うものだ。これらの経費について、まず考えてみよう」

「はい」と高山は言った。

「まず広告費だが、利益が十二分に出て、金が余っているから、広告費を使おうという話ならば、そもそも、そこがおかしい。企業のイメージや露出を高めて、知名度を上げ、ブランド価値を高めるという目的は正しいと思うが、それは金が余っているからといって行うべきものなのか？　基本的には目的ありき、そしてなんらかの形で効果検証ができるところに費用をかけるべきだろう？　費用対効果が十分読めない企画ならば、『今期はたまたま金に余裕があるから、その実験をやってみよう』あるいは『今期は利益幅が少なくなるから期待効果がよくわからない実験としての出費は見送ろう』という話であれば、まだわかるが」

　高山はメモとりに、ペンを走らせていた。

「教育費用は、さらに真剣に考える必要がある。会社の能力を高めるということを考えると、本来、削ってはいけない費用だが、景気が悪くなるとつい、この予算を削る場合がある。費目分類としての教育費として見る以外に、中長期的な企業の能力や事業価値を高めるところに金をかけるという見方を、管理会計として行うべきだと思うな」

「あの、**管理会計**っていうものがわかりません……」高山が聞いた。

「うーん」と安部野はうなり、「その説明だけで、ちゃんと話をすると結構な時間がかかるな……」とつぶやいた。

「会社の決算書にして公示するためには、商法にのっとった基準がある。企業のパフォーマンスをある一定の基準にのっとって見せ、比較ができるようにする。さらにこれが、フェアな徴税を行うための基準になる。とても簡単に言ってしまえば、これが**財務会計**だと思っておけばいい。でも、企業経営の視点からいえば、会社としての経営判断を目的にした会計数値の見方が必要になってくる。これを財務会計に対して管理会計という……のだが」

と安部野はつけ加えた。

「とりあえず、今はそれだけ覚えておけばいい。君は、経費の話だけ聞きに来たはずなのだが、えらく話が拡がると思っているだろう？」

「はい。正直思っています」

「結局、企業活動というのは手持ちの金を有効に使って利益を増やしていくことだから、経費の話は全ての企業活動に関係すると思ったらいい。この視点からも、気軽にばさっと切っていいものじゃないということはわかるだろう？」

「なんとなく、わかります」と高山は答えた。

「教育費の話に戻ると、本質的には、僕のような、外部から来て指導を行う立場のもの、コンサルタントやタレント、才能という意味だが、これを使う費用は、管理会計として捉えれば、この教育費と同じカテゴリーとして考えるべきものと思う。1回使って、どれだけ儲かった、それで終わり、というものじゃないからね。問題を解決して、その後事業を永続的な発展、成長軌道に入れるための仕事をするわけだから。そもそも、これを単年度の収支評価の対象となる経費として扱ったらおかしいはずだ」

安部野の話は、高山には考えたこともなかったことだった。

「そしてここで重要なことは、**企業のPDCAサイクル、つまり因果をつなげるサイクルは、必ずしも単年度会計のサイクルにはあてはまらない**、ということだ」

「なるほど」高山は言った。

「最後の出張費の削減についても、本来は必要があるから出張をしているはずなのだ。君の会社ならば、営業のマネジャーが、実際に店舗も回らずに店の運営管理ができるほど、業務精度のレベルはまだ高くないはずだが、どうだ？」

「今は、あまり交通費を使って移動するな、社用車で動くならいいが、って言われています」

「ということは、電車賃を使って行かねばならないところは、あまり行かないか、あるいは遠方まで社用車を使って行くということも考えられるな。営業のマネジャーは、PCを持ち歩いて、売上分析とかもしているんじゃないか？」

「PCは持ち歩いていますね」

「電車移動であれば、車中でPCを使ったりして仕事ができるが、運転しているとその間は運転に専念することになるな。このように会社としては、どちらのほうが人材と経費という

2大重要資源を有効に使う目的にはいいのかということを考えなければならない」

「なるほど……」高山は話を漏らさずにノートに書き続けていた。

少し間を空けて、安部野は言った。

「このように、広告費、教育費、出張費というのは、帳尻合わせ目的で減らされやすい経費なのだが、本来は中長期的視点から考えて、使い方も含めて慎重に判断しなければいけない経費だ。君の会社の場合は、競合の店舗や他の関連する店を常に見ていることが必要なはずだ。幹部になれば、欧米などの海外の店も見ておくべきだ。むしろ、有効に使うためにはどうしたらいいのかを真剣に考えなければいけない経費項目だ」

「中長期の視点で考えるべきなのですね」高山は言った。

「この間、『成功した創業者』の話をしたと思うが、その方は単年の成績もさることながら、中長期的視点での企業の発展のことを常に優先させて考えていたと思うな」

高山は四季川会長のことを思い出して聞いていた。

安部野は話を続けた。

「つまり今の話のポイントは、『削っても、売上にはすぐに影響は出ないだろう』と思われる経費項目の多くは、中長期的な視点で使うべき経費というわけだ。これは、成果を期待できるのが必ずしも今期中ではないというだけの話で、それをカットしてしまえば、その影響は来期以降に必ず出てくるということだ」

「そういうことなんですね」高山は言った。

▼求められる品質と機能を明確にする

「次は、どのくらいかけていいのか、わかりにくい経費の捉え方だ」

高山もノートのページをめくった。

「経費の話ではないが、自動車の原価の話を例に挙げる。自動車会社は、あるモデルの自動車の生産がはじまると、大体2～3年、そのモデルの車をつくり続けるのだが、その間、全く同じ仕様の自動車をつくり続けているわけではない」

「どういうことですか？」

「その製品の仕様の改善は絶えず行われているのだ。ここの部位の強度はもっと上げようとか、このレバーはもっと使いやすい形に変えよう、などという小改善を常に続けている」

「僕は、ずっと同じ車がつくり続けられているのだと思っていました」

「例えば、自動車の内装のインナールーフの取り付け作業がある。生産がはじまった初期の車はネジで留めていたとする。ところが量産がはじまったあとの評価で、今回のモデルのインナールーフの重量では、ネジを使わねばならないほどの強度は必要ないという話になったとする。ホチキスの親玉みたいなもので留めてしまったほうが原価も0・2円下がるし、作業も3秒少なくてすむということになれば仕様変更が起きる」

「そんなにわずかな金額の原価低減でも行うのですか？」

「そりゃそうさ。その積み重ねで、あれだけの機能が集積されている自動車という製品が、数十万円くらいの値段から入手できているんだ。一度、暇な時に、冷静に自動車というものが提供している価値を考えてみるといい」

高山は、「なるほどなあ」と言いながら、小さくうなった。

「そしてさらに、生産の後期になると、強力な両面テープが開発されて、これを使って接着することにしよう、というように、その仕様を変化させていくものなのだ」

「その話って、原価を低減して、会社がもっと儲かるようにしているということですか？」

「必ずしも、そういう側面だけではない。こういう努力を積み重ねていけば、ディーラーが自動車を買いに行った際に、当初設定した表示価格からの値引き幅も大きくすることができるだろう」

「そういうことですか」高山は言った。

「今話をしたのは、**求められる機能を明確にする**ということだ。かつて70年代に、『品質機能展開』という手法が日本の製造業で随分拡がったのだが、要は、その設計に求められている品質や機能は一体どのレベルなのか、オーバースペック、過剰品質や過剰仕様になって原価を引き上げていないか、などを追究していく考え方だ」

高山には、安部野の言わんとしていることが少しわかったような気がした。

「今は原価の事例を話したが、今度は経費で話をしてみよう。君の会社で言えば、例えば、大通り沿いの店舗の壁面に大きな広告を出し、クルマを運転している人にわかるようにして集客につなげようと考えたとする。大きいほうが目立つが、その分、かかる経費は上がってしまうな」

「そうですね」

「そこで考えてみる。もしその広告を出さなかった場合、つまり今のままにしておいた場合に対して、その広告を出すと一体集客が何%増えるのか。それによって、売上は何%上がるのか。これを想定してみる。当然、想定だから外れることもあるだろうが、やってみればその広告を出す前と後で、例えば対前年比の数字を比較すると効果の有無は、一目瞭然だろう?」

「そうか……なるほど」

「さらに、もし同条件の店が2店舗あったとして、もう一つの店では、面積が50%ほど大きい広告を出したら、より目につくだろうから、集客向上率、売上向上率にどのくらいの差があるか、ということを見ればいい」

「あの……なかなか、条件が全て同じなんていう店はないと思うのですが」

「ならば、双方の条件で、ある程度の数の店で同時に試してみて、個々の事情を精査のうえ、平均値を取ってみればいいじゃないか。ざっくりだが、差異があるのかないのか、は見えてくるはずだ」

安部野の口調は冷ややかだった。

「こういうことをやっていくことによって、何％の集客率をアップするという効果、効能を目的とした場合に、どの大きさの広告を出せばいいかということが経験則としてわかってくるだろう？　今、言った効果、効能を品質機能と考えたらいい」

「原価でも経費でも考え方は同じということですか？」高山は聞いた。

「そういうことなんだ。つまり、求める効果、効能を得るために、やるべきことは何で、そこに金がいくらかかるか、ということを明確にしていけばいいということになる」

「安部野さんが言われることはよくわかりました」

▼三つの管理

「それではだな」と言って、安部野は用紙を拡げた。

「管理という側面からの、考え方の話をする」

高山はノートをめくった。

「**売上管理、経費管理、利益管理**、この三つはそれぞれ具体的にどう行うのかわかるかな？」

と言って、安部野は用紙にこれらの三つの言葉を書いた。

「まず一つ目の**売上管理**だが、これについては、君は販売の現場にいたからそのイメージはわかるだろう。本年の売上計画、あるいは前年実績に対して現在の売上がどういう推移できているかを見ていけばいい。本年の計画に対しては、今の推移でいくと、売上の着地はどの辺になるかを見るわけだ。対前年比については、前年の実績に対して、どういう推移をしているかを見る。必要に応じて、アクセルとなる販促費を投入して集客を増やし、売上を取りにいくということもあるだろう。製造業、小売業は、普通は在庫を抱えているので、在庫消化状況の管理や換金というアクションも必要になってくるからな」

「そして」と安部野は言った。

「二つ目の**経費管理**。これは、本来、年度ごとに、月単位などで、積み上げ式の計画を、担当者や経費の使い方をわかっている者が作る。そのあとは、実際に、それまでの効果・効能を基準として、これまでよりも、どれだけ効果を高めることができるのか、あるいはより安くできるかを、都度検討しながら、経費を上手に、できればむしろ余らせるように心がけて、使っていくということだな。これをきちっと『見える化』することが、管理の精度を上げるポイントだろうな」

「今言われた二つはよくわかります」

「さて、三つ目の**利益管理**だが、今、話をした売上で決まる粗利益、そしてそこからの経費の引き算になるわけだが、具体的に利益の管理というのは、どう行うべきかをイメージできるかな」

「えーと、売上、経費、それぞれ、管理としては独立していますよね。そこで利益をさらに独立して管理するというのは……、ん？　どうしたらいいのでしょうか？」

「売上管理、経費管理、それぞれ、利益の確保、拡大を目的としてするわけだが、結局、利益は引き算になるので、どういう単位で管理するか、ということになる」

「ただの引き算だと、『どんぶり』の管理になってしまいますね」

「いい言葉が出たな。じゃ、『どんぶり』ではない管理をするには、どうしたらいい？」

「うーん」高山は詰まった。

「全ての支出には、期待する効果・効能があると言ったな。事業経営においては、これは、投下した費用に対する経済的効果、つまり、売上か利益のアップだな。例えば販促であれば、かけた費用分の効能として、かけなかった場合に比べてどれだけ売上を押し上げることができたか、という話になる。もっと平たく言うと、その個々の販促を行った場合とやらない場合の差、つまりだ、かけた販促費に対して、どれだけ、売上高、あるいは粗利益高を増やせたのか、という計算だ」

「かけた費用に対して、どれくらいの効果があったか、ということですね」

「そうだ」安部野は言った。

「正確に言えば、販促部の人件費も直接の経費となるのだが、それをかけた時間あたりで細かく把握しにいくのが現実的かという点では疑問がある。まず、今話をした粗利益高の増分から販促費用を引く、あるいは、粗利益高の増分を販促費用で割る、という計算をする。すると、何がわかる？」

「かけた費用による、利益の押し上げ効果がどのくらいあったのか、ですか？」

「よろしい。このことを示す経営で大事な概念があるのは知っているか？」

「この話の流れでいくと、投入した費用によって、増えた儲け分ですよね……」

安部野は笑った。

「まあいい。その割り算をしたものは、ＲＯＩ（Return On Investment）、投資利益率と同じ考え方になるのだ」

「すみません。聞いたことはありますが、意味はよく知りません」

「つまり販促でもなんでも、その費用を使うことによって、得られるはずの期待効果を読んだうえで経費を使う。そしてその結果との差を検証することでＰＤＣＡを廻す。それによって、どういう経費の使い方がもっともその目的には適切なのかを明確にして、学習するということだ。案件一つずつについてこれを行い、繰り返していくと、結局、長い目で見れば経費の利用効率が高まっていることになるし、一つ一つの経費をかけたことによる効果がある程度読めるようになる。売上向上ならば、そこでの粗利益のアップ分はわかるから、その費用をかけてどのくらい儲かったかはわかるだろう？」

「はい」

「それを積み上げていくのが、結果として利益管理に結びつくことになるな。案件一つ一つでとらえれば、これはいわばプロジェクト管理だな」

そうか、一つ一つの案件をプロジェクトとして捉えればいいんだ、と高山は思った。

「ではここで、君に一つ質問だ。年間の販促費計画が決まっているものとする。期末に、当初の計画よりももう1回多く、チラシとかDMで販促をしかけると、売上の伸びが見込め、粗利益高が増えるとする。しかし、期のはじめに定めた販促の予算は底を突いてしまっている状態であったとする。この場合は、その期末の最後の追加の1回の販促は仕掛けるべきか否か、どう判断するべきだと思う？」

高山は一瞬、不思議そうな表情をした。

「そんなの考えるような話じゃないでしょ。その1回の販促は絶対やるべきです」

「しかし、予算主義でガチガチの会社だと、もう使える今期の予算はなくなりましたから、その販促はできません、と言うだろうな」

「でも、商売ってことを考えたら、それっておかしいと思いませんか？」

「もちろん、僕はおかしいと思う。だが、そんなことがまかり通る会社も結構あるんだ」

「どうしてそんな判断が起きるのですか？」

「ここで言いたいことは、分業の仕方の巧拙によって、商売の本質からずれていくことがあるということなんだ」

「そういうことなんですか？」

「今の話は一つのモデルとなる側として話をしたが、前提次第では判断が難しくなってくるものだ。もし、限られた数のお客さんを相手にしている場合や、お客さんの年間購買着数が限られている商売の場合は、そこで販促を仕掛けて今期中に売り込んだとしても、その需要の先食いをし、来期に影響が出ることがありうる」

「うーん、確かにそうですねえ」

「郊外でスーツを売っている君の会社の店の場合は、その懸念がある。商圏内のお客さんの数つまり需要がある程度限られているからな。だがもし、不特定多数のお客さんがいる立地で商売をしている場合は、仕掛けた分はまともに、プラスオンの売上になる可能性が十分ある」

安部野は少し間を置いた。

「ある人が経費を管理することが使命と考え、自身の評価項目にされている人がいるとしよう。その人にとっては、経費計画の上限に達したら、それで終わり。それを超えて経費を使うと自身の評価はマイナスになってしまうからな」

「でも会社としたら、もっと稼げるならば、稼いだほうがいいわけですよね」

「そうだな。結局この話は、この手の人事の評価指標の設計に偏りや不備があると、このように経営としてはおかしな判断が社内で大手を振ってまかり通るということなんだ」

「そういう場合はどうしたらいいのですか？」

「制度設計に問題があれば、すぐにその制度を修正すべきだ。国の場合は、思惑も錯綜しているし、手続きもいろいろあって面倒だが、会社の場合は、代表者の意思の下に素早く直すことができる。ただ、社内でそういうことが起きているならば、その事実をまずトップに知らしめる機能が必要だ」

「誰がやればいいのですか？」

「そんなこと決まっているだろ、参謀役たる君だ」

「あっ、経営企画室ですか」

結局、今の組織の中の役割ではどうしようもないこと、社長がとるべきアクションの起案については、全て、自分の部署の仕事になるのか……。高山は、一つずつ理解していった。

「僕は、いつも思っているんだ。そもそも、商売っていうのは、さっき言ったように財布の中にある金をいかに増やすか、という単純な話からはじまっているのだ。ところがこれが、損益計算書と貸借対照表、つまり、P／LとB／Sに管理上分けて見ていくという画期的な発明があったところから、その副作用として、錯覚を起こす場合が出てきたのだと思う。P／Lにばかり意識がいき、B／Sは放ったらかして見ていなくて、現金の残高の管理がおろそかになり、会社を倒産させてしまう危険なケースも出てくる。要は、利益が出ていればいいとB／Sを軽視してしまう連中が、特に事業系に従事している人たちに増えてくるのだ」

高山は、ここでこれ以上の会計に関する質問は控えることにした。もし、ここの話についての質問をはじめた場合、一晩かかっても話は終わりそうもなく思えた。

「今回の経費低減の話に戻ると、次は、単価、発注量の適正化の話だ」

安部野は続けた。

「小売業でよくあるのが……、そうだな。例えばショッピングバッグの過剰在庫の問題だ。君の会社の店でも、いろいろなサイズのショッピングバッグを使っているだろう？」

「かなりバリエーションがあります」

「ほとんど使われずに店に置いてあるサイズや形状のものはないか？」

高山は現場の状況を思い出そうとした。

「ありますね。何年も店にいましたが、中途半端なサイズ、特殊な形状のもので、一度も使ったことのないものが、確かにありましたね」

「それに、レジのカウンタースペースではなく、バックルームのどこかの隅っこに包装材に包まれたまま放置されているショッピングバッグの在庫なんてなかったか？」

高山は、店のバックルーム、そしてあまり立ち入ることのない倉庫利用されているバックスペースのことも考えた。あまり立ち入ることのないバックスペースには、包装材の束のようなものを見かけたことがあった。

「小売業は、業態が確立するまでは、どうしてもイレギュラーな対応業務が増え、人海戦術での対応になりがちだ。なので、細かいところに気が回らず、例えばオープン時に発注したまま使われずに忘れられ、デザインも変わったのに放置されたままの古いショッピングバッグの在庫があったり、使われないままの什器があったりする。こういうことが起きないように、管理の仕方を上手に標準化していくだけで、案外大きな効果が出てくるものだ」

「なるほど」高山は言った。

「この、ショッピングバッグを含めた包装資材の絞り込みと発注量の適正化だけでも、君の会社くらいの規模なら、結構な低減効果が得られるはずだ」

高山は、「経費低減のアイデアをありがとうございます」と言った。

「本来、本格的な効率化を行うためには、余分な意味のない在庫や備品の置き場をなくしていく、などということも必要になってくるのだが……まあ、今の段階では、そこまではいいだろう」

安部野は、話を続けた。

▼経費低減は会社の文化に

「あとは、相見積もりの話だな」

「見積もりの取り方のことですか」

「うん。以前、あるファッションビジネスをしている会社でブランドごとにデザインされた同サイズのショッピングバッグを40種類くらい現物を並べて、仕様と単価、ロットサイズ、1回の生産当たりの必要量だな、これを比べたことがある。そこでは専任の優秀な担当の方が発注の管理をしていたが、手が回らず全部を見きれていなかった。僕は、まず発注量の大きさで、三つのグループに分けた。経済ロットが同じくらいのものを集めてね。そして、今度はそれぞれのグループの中で単価の順にショッピングバッグを並べていったんだ。広いスペースを使ってだ」

「ショッピングバッグをそれだけの数並べると、結構な広さが必要ですね」

「まあな。それで、並べてみると、そこにいた人は全員驚いたわけだ」

「何にですか？」

「普通に考えれば、単価の低いもののほうが安い紙を使ったり仕様も簡単で、単価の高いものは高い材料を使って高級感も表現されている、と考えるだろう？」

「はい」

「ところが実際に並べてみると、ショッピングバッグの紙質、色数などの仕様と、単価との間には全く相関が見られなかった。その担当の人も本当に驚いていた」

「そうなんですか」

「色使いも紙質も素晴らしい出来上がりのショッピングバッグがあった。これが全体で1、2位を争う安い単価だったが、それが特別奉仕価格ということでもなかった。反対に、安い紙、簡単な仕様、印刷の色数も多くないものが大量に発注されていたが、むしろ全体で見れば、単価はかなり高いほうだった」

「なぜ、そんなことが起きるのですか?」

「ひとことで言うと、相見積もりが徹底されていなかった。そして、単価と仕様、必要発注ロットサイズに関する情報が、整理されたノウハウになっていなかった。それだけの理由だ」

「そういうことなんですか……」高山は驚いていた。ちょっとした当たり前のちょっとしたことをしていないだけで、そんなことが起きるなんて。

「これを正すだけで、すぐに数千万円の削減効果が出た。嘘のような話だが」

「そんなに出るのですか。と、いいますか、そんなに差があるものなのですか」

「この話のポイントは、実は、僕が言ったその優秀な担当の方なんだ」

「忙しくて、ちゃんと管理できていなかった人ですか?」

「うん。この人が、自分がちゃんとできていなかったことについて、自分の非を隠すことなく、改善に一緒に取り組んでくれたんだ。経費が下がったほうがいいからと」

安部野は笑いながら言った。

「こう話すと、この人は普通のことをやっているように聞こえるだろうが、現実には、『自分はずっと、ちゃんとやっていた、自分は悪くなかった』と、『幼稚なプライド』で、こういう改善プロジェクトの邪魔をしたり、自分の非となる事実を隠したりする者がいたりする。上が正しく社内を見ておらず、思惑が氾濫している会社では、よくそんなことが起こるもんだ。この人は、全てさらけ出して、まっとうに改善の成果を出しにいったのさ。とても立派だと思う」

なるほど、高山はメモにしっかりと書きとめた。

「つまりだ、**皆が智恵を使って進める経費低減活動は、基本的には会社の文化にすべき**なのだ。誰も意識せず、気づかぬうちに経費が駄々モレになっていて、利益が圧迫されている、こんな状態は、結果的に社員の給与水準を押し下げる圧力にもなってしまう」

「では、全体の経費が下がれば、僕たちの給与が上がるのですか？」

「一般的に、そう思っていい。判断は経営者次第ではあるが、普通は、経費率の低減活動をちゃんとやっている会社の給与水準は、安定的に高くなる」

「そうかあ、そうなんだ」高山は嬉しそうな声を上げた。

「経費計画を盾に、持ち予算を囲い込むようなことはやはりおかしいです。経費を使った時の効果を一つ一つ完全に把握している全社の経費管理のエキスパートなんて、社内にはいないのですから、全員で効果的な使い方を考えるようにすればいいわけですね。結果として、それで給与水準が上がっていくサイクルが実現するならば、皆で経費低減活動に取り組むのが、前向きになりますよね」

「はじめに言ったように、経費を下げるということが、ただのケチケチ徹底作戦と同義語のように扱われ、あれも使うな、これも使うなという活動だと思われていることも多い。しかし、これは大きな間違いだ。智恵の出し合い、当初の経費低減のための仮説にもとづく実施の進捗状況の発表、つまりPDCAだな、これを行う会議を毎月やって、安定的に経費を下げている会社もある。こういう会社は、経費を下げる、というか、むしろ経費を有効に使う智恵を培っていて、それが会社の底力の基盤になっている」

「全社的な活動なのですね」

「そうだ。君の会社ならば、まず本社部門から中心にはじめるんだろうな」

「経費を見るのが本部。売上を見るのが営業、という感じですかね？」

「そうだな。あと、市場からの支持という意味での売上と、粗利益の伸びを見ているのが、商品部というところかな。経費の低減活動を熱心に行うと、給与にもプラスの影響があるということがわかってくると、皆も熱心になるさ」

「そうでしょうね」

「売上を1000万円上げるということ、そして経費を1000万円下げるということ。それぞれ、智恵と実行力は必要だが、経費を下げた1000万円はそのまま、利益の増加となる」

「なるほど、その通りですね」

「売上を上げるための努力と同様に経費を下げる、というか、より有効に使う努力をしてみると、思っている以上の増益につながるものさ。経費削減などをしているところならば、なおさらだ」

「僕、経費というものの捉え方が変わったように思います。経費の内容と使い方に智恵を使うということですね。結局、今日の話は経費というよりも、むしろ利益を意識するということだったと思います。そして、ここでもPDCAを廻して、いろいろな意味でも経費の、より有効な使い方を会社として習得するべきだと」

「その理解でよろしい」安部野は言った。

「要は、社内に『経費削減の鬼』をつくらずに、『経費低減のヒーロー』たちをつくるのだ」

高山は、「よくわかりました」と満面の笑顔で言った。

▼伊奈木、阿久津専務に経費低減プロジェクトを説明する

伊奈木は高山を脇に座らせ、しきがわの小会議室で専務の阿久津と向かい合っていた。

「阿久津専務。今回、今期の収益のシミュレーションを行ってみたのですが」

伊奈木は、資料を拡げて見せた。

「なんであんたが、そんな計算をするんや、ええ？　そんなもん、経理に任せておいたらええやないか」

阿久津は露骨に不愉快さを顔に表した。

「まあ、そうですが。私も勉強のためにやらせていただきました」

伊奈木は極めて冷静に笑顔で答えた。

「まあ、そりゃ、ご苦労なこっちゃな」

阿久津は不機嫌そうに言った。

「今期の収益の読みを行いますと、今の売上推移では、以前の経営会議で経理部から発表された数字よりも、下振れする可能性があります」

阿久津は、伊奈木に見せられたパワーポイントにまとめた売上と営業利益の推移グラフを見て、小さく、「うっ」と、うなった。

「今まで経理部は、月次の読みを数字で出されていましたが、このように折れ線グラフで示し、今の傾向をそのまま反映させると現状の傾向はもっと明確になり、売上の落ち方は激しくなります」

従来、経理部は損益予想をエクセルシートで計算して数字が並んだ状態で提出していたが、伊奈木の作った資料では、数字を折れ線グラフにして、月次で累積させた売上、営業利益の推移について、

①当初の計画、
②経理部による推移の読み
③今回の伊奈木による推移の読み

の3本の線が描かれていた。

推移の角度を見ると経理部の読みには願望が反映されていることが一目瞭然で、伊奈木の描いた線のほうが明らかに妥当であった。

「毎年、経理部の読みよりも下振れして着地をする、ということも聞きました。このくらいの下振れには備えておいたほうがいいと思うのですが、いかがでしょうか？」

阿久津は、小さな声で、「社長は、弱気な予想なんぞ、見たないやろからな」と言い、そのあとは伊奈木に対するいらだちを隠すことができない表情のまま黙っていた。

「専務、この対策として、明日の経営会議で、経費低減のプロジェクト発足を提案しようと

思うのですが、いかがでしょうか」

「何を言うてんのや。経費低減なんて、今までもやってきとるやないか。その結果で今があるんや。これ以上、どうやって下げたらええんや。そんな魔法みたいな手があるなら、教えてもらいたいもんやな」

経費削減の鬼が興奮気味に言った。

「前回の経営会議で、ワイワイガーデン事業部のメンバーが、自分たちで考えた案を発表しました。自分たちで考えさせるということを、この経費低減プロジェクトでやらせてみたいので、本日は、事前にご説明に上がった次第です」

阿久津は、不機嫌を絵に描いたような表情のままだった。

「ふん、そんなもん、うまくいったらええけどな」

それだけ言って、阿久津はさっさと席を立ち、会議室を出ていった。

「伊奈木さん、いいんですか？　これで」高山が聞いた。

「さあな」

伊奈木の答えは一言だけだった。

しばしの沈黙ののち、伊奈木は書類を片づけはじめた。

「とりあえず、社長にこの案の事前説明をしに行ってくる」

伊奈木は席を立って、出ていった。

▼プロジェクトの発足

翌日の経営会議では、伊奈木がパワーポイントを使って、売上、営業利益の推移のグラフをプロジェクターで映し出しながら話をしていた。伊奈木が説明をしている横で、高山はPCの操作を行っていた。

「今の時点では、従来の見通しに対する下振れも視野に入れておく必要があります」

そして、経費低減プロジェクトのスライドに切り替えた。

「今期の収益確保に向けて、全社的に意識を高めるために経費低減プロジェクトを発足させたいと思います」

伊奈木は、高山と共に作成したスライド数枚を使って展開の仕方を説明した。

発表後に、まず四季川から質問があった。

「今まで経費削減は、阿久津専務が管理本部長としてしっかり指導してくれてきましたが、今回のやり方は、どう違うのですか？」

腕組みをして黙っている阿久津をちらりと見てから、伊奈木は、「今回のやり方のポイントは節約というよりは、費用対効果を検証しながら経費効率を上げる、つまり売上の上がるやり方を検証して見いだすことが一つです」と言った。

四季川は、「ほう、なるほど」と言った。

「もう一つは、経費率の上手な下げ方を皆で智恵を絞って考える、というやり方をとるということです。つまり、経費低減の方法論を議論する場をつくるということです」

「誰が、その場を仕切るのですか？」四季川は尋ねた。

「高山と私で行います」

四季川の質問に対して伊奈木は、出席者の誰かから、推進責任者に阿久津の名前が出ることを恐れ、つい、自分たちの名前を言ってしまったが、多くの経費管理担当者が出席しているこの場での発言としては適切とは言えないことも分かっていた。

「まあ、それも新鮮なやり方が導入されるからいいのでしょうが」

四季川は言った。

「ほんで、このプロジェクトのメンバー選定はどないするんですか？」

営業本部長の大久保が質問した。

四季川は、参加者の顔ぶれを見渡してから阿久津のほうに向かって言った。

「このプロジェクトへの参加者は管理本部の人たちが多いと思いますから、阿久津専務、メンバーを選んでください」

ここまでいっさい発言をしていなかった阿久津が、はじめて口を開いた。

「このプロジェクトの事務局は経営企画室にやっていただくとしてですな、中心にくるのは、管理経費費目の多い総務部になりますわな。総務部長の樋上を中心にして進めてもろたらええと思いますわ」

会議に出席していた総務部長の樋上共作《ひがみきょうさく》は、無表情で「わかりました」と答えた。

「じゃ、早速立ち上げをお願いします。進捗状況はこの経営会議の場での発表を頼みます」

四季川が締めくくった。

会議終了後、伊奈木は高山に言った。

「安部野さんのところに行って、経費低減のネタを仕入れておけよ。連絡はしておくから」

高山は、会議終了後に総務部を訪れ、総務部長の樋上共作と話をしていた。

「樋上さん、第1回のプロジェクトミーティングをよろしくお願いします」

「で、何をやればいいの？」

樋上は、しきがわのプロパー社員、46歳。入社直後から管理部門一筋で、しきがわでは珍しい内勤タイプだった。しきがわのプロパー社員の多くは販売現場出身であり、話の上手なタイプが多かったが、樋上は寡黙でいつもしかめ面をしている、しきがわでは例外的な存在だった。

「あの、出張旅費とか、電気代、水道代とか、樋上さんのところは、管理経費費目が多いじゃないですか。その低減プランを考えて発表していただきたいのですが」

「考えるっていってもさ、私は、君みたいに頭がいいわけじゃないからね」

樋上は感情を表さずに言い放ち、総務部の管理経費費目の一覧を差し出した。

「今までも、かなり努力はしているからね。阿久津専務もずっとうるさく言われていたから」

高山は、その一覧表を受け取って眺めた。

「これ以上、何を考えればいいのかね」

高山は少し考えた。

「これ、預っていていいですか。僕も少し、考えてきます」

「別にいいよ」と樋上は言った。

「じゃ、もう戻っていいかな？　忙しいし」

樋上は、さっさと自分の席に戻っていった。

▼キックオフミーティング

経費低減プロジェクト会議の第1回の開催日であった。

高山は、安部野に教わった、経費の考え方をまとめたスライドを用意し、皆で智恵を出して進める今回の展開プランを説明する用意をしていた。

参加人数分の25名プラスアルファの席を用意していた。

開始時刻の10分前から、ぱらぱらと出席者が現れはじめたが、5分前になっても、商品部バイヤーの沼口照一を含めて、まだ6名ほどしか来ていなかった。

直前になって、総務部の樋上が、せわしそうに入ってきた。

「あれ、今日は会議をやるんじゃなかったの？」

「はい。そうなのですが、まだ皆さん集まっていなくて……」

高山が答えると、樋上は時計を確認した。

「まだ来てなくてって、もう開始時刻じゃない。どうなってるの？」

伊奈木は相澤に指示し、参加予定者に連絡をいれさせていた。

「皆、忙しい中、来ているんだからさ、ちゃんと連絡をして、時間通りに集まるようにしてくれなきゃ困るよ」樋上は言った。

相澤は、内線で参加予定者に順番に連絡を続けていた。

「相澤さん、皆に何かあったのかな？」

伊奈木が聞くと、相澤は、

「多くの方が、急用で本日は急きょ欠席だそうです」

と答え、さらに電話をかけ続けた。

伊奈木はすぐに気がついた。やられた……。

樋上は、眉間にしわを寄せて腕を組んでいた。

「高山君、どうするの？　今日は」

相澤は伊奈木のほうを向いて、あきらめたように首を振った。

伊奈木は、前の席に移動した。

「皆さん、すみません。本日は、事務局側からの連絡と出席の確認が不十分だったようです。せっかく集まっていただいたのですが、この参加者数では、キックオフになりませんので、今日の会議はいったん仕切り直しにさせていただきたいのですが」

伊奈木が言うと、参加者からは、えー、なんだよそれ、せっかく来たのに——という声が上がった。

沼口は腕組みをして、口をへの字に結んでいた。

「ちょっと待ってください」高山が立ち上がった。

「あの、本日、せっかくお越しいただいたので、どういう考え方で、今回のプロジェクトをやりたいと思っているかについてまとめてきたので、聞いてもらえないでしょうか？」

高山は、懇願するように参加者に向けて言った。

しばしの沈黙のあと、樋上が口を開いた。

「まあいいよ、時間は空けてあるから。話したいんだったら、話したらいいさ」

「ありがとうございます」

高山は伊奈木がうなずくのを確認し、前の席に移った。

「本日は、お忙しいところありがとうございます。今日、お越しいただいた方の数は少なかったのですが、僕なりに、今回の経費低減プロジェクトの進め方をまとめてきました。今日来られなかった方々には、個別にお話に回ろうと思っています。どうぞよろしくお願いします」

高山はプレゼンテーションをはじめた。

基本は、安部野から聞いた話をまとめたものだった。

そしてそこに、この場を定期的に使って、経費低減案も皆で検討をして経費低減の実行計画を作成して、順次実行していきたいという、自分の考えも入れて説明をした。

「経費計画って押しつけられるものでもなく、適当に作って入力しておくようなものでもないと思うんです」

高山は、スライドを進めながら話を続けた。

「智恵を使って、経費をこれだけ下げました。そして、これだけ売上アップに貢献し、会社の粗利益向上に貢献しましたというのを発表していくべきだと思っているんです」

高山の熱弁は続いた。

「今、僕らの昇給ってだんだん頭打ちにもなってきています。でも、経費をちゃんと管理して、それによって利益が出てくれれば、話は変わってくると思っているんです」

伊奈木はうなずきながら、高山の話を聞いていた。

高山の話が終わると、樋上が発言した。

「話はよくわかるけどね。我々には、肝心の経費低減のアイデアはないよ。どうやれば、経費が下がるのかっていう事例だって知らないよ。そこはどうするつもりなの？」

「僕が事例を集めてきます。他社の事例を皆さんに説明できるように、次回までに用意しておきます」

「自分も手伝いますよ。そういうノウハウっていろいろと役に立つと思いますから」

沼口が発言した。

樋上は、「わかった」と言った。

「今日のキックオフは、参加された方の数が少なかったので、近日中に再度仕切り直して、このプロジェクト会議を開催します。その時は、高山が皆さんに事例をお話しできる資料の用意をしておきます。よろしくお願いします」

伊奈木の締めの言葉で、空席だらけの会議は終わった。

∨報奨金を出そう

伊奈木は、高山、相澤と共に経営企画室のミーティングテーブルに座っていた。

「どうも会議開催の2～3日前から、阿久津専務が、各部署を回っていたようです」

相澤が社内で収集してきた情報を話しはじめた。

「阿久津専務が、のそっと来て、『お前ら忙しいんとちゃうんかい、自分の仕事が最優先やで、忙しいやろからなあ』って言って回っていたそうです」

「そうか、そういう動き方をしていたのか」

伊奈木が言った。

「阿久津専務にそれを言われたら、いくら伊奈木さんの招集でも、まずは様子見をしておこうということになります。多分、次回もそういうことが起きると思います」

「僕、阿久津専務に話をしに行ってきます。経営会議で承認されたプロジェクトですって」

高山は立ち上がりながら言った。

「別に、阿久津専務は、行くなとは言っていないんだ。今の相澤君の話を聞いても、阿久津専務は『忙しいやろからなあ』としか言っていない。言質をとられないように発言している。さすがだ」

「伊奈木さん、さすがだ、なんて言っていられる状況じゃないですよ。どうするんですか？」

相澤がいきり立って言った。

「うーん、じゃあこうしよう。まず、次回の会議には、社長に出てきてもらって、一言、話をしてもらうようにする。それで、もし、今回のように出席者が少ないなんてことがあれば、何があったんだという話になる。阿久津専務も、お前らも忙しいやろ、なんて言って回ることはしないだろう……」

相澤は、伊奈木の考えを聞いて少しだけほっとしたが、まだ心配を隠せず、

「それでも、この後もいろんな形で、邪魔をしてくると思うんです」と言った。

「伊奈木さん。社長に頼んで、成果をあげた部署に社長賞の名目で、報奨金を出すようにしてもらえないでしょうか？」

高山は言った。

「経費低減の競争をするわけか」

「競争というよりも、努力が報われる形がいいんです。ほんの金一封でいいと思うんです。そうすると、皆の意識がそちらに向くと思うんです。社長が出てくる。そしてその場で、社長の口から報奨金の話も出る。そうすると、阿久津専務の影はだいぶ薄くなると思います」

「それはいいかもな。少額ならば、社長も別に反対する理由はないはずだ」

「表彰者を決める際に、阿久津専務がいろいろと口出しをしそうに思うのですけど」

相澤が言った。

「それは別途、評価委員会をつくったらいいと思う。役員たちを入れてそこで審議をして決めてもらう。そこで審議をしてもらう経費低減の成果の評価資料は、こちらでフェアに作れば大丈夫だろう」

高山は、「それはいいですね」と言った。

「明日、社長に話をしに行ってくる。社長に出席してもらう次のプロジェクト会議は、社長の予定が合えば来週あたりにやる。それまでに、高山君、報奨金の計算の仕方の素案を作っておいてくれ」

▼電気代が削減できる

高山は樋上と共に総務部にいた。

「樋上さん、次の経費低減プロジェクトの場で、樋上さんから何か、いい経費低減策の発表ができないでしょうか」

高山は、安部野に紹介された企業を訪問して取材し、経費低減ネタを一覧表にまとめていた。

ただし、訪問した先が製造業ということもあり、見学してきた内容を自分の頭の中で十分消化できていないことにもいらだっていた。

「せっかく、社長からも社長賞として、報奨金を出してくれるっていう発表もありましたから。なんとか、大きい成果を出したいですよね」

「高山君、そんなこと言ってもさ。まず具体的なアイデアが欲しいんだよ」

そこに沼口が通りかかり、さえない表情をしている高山に気づいた。

「あ、経費低減の打ち合わせしているんですか。自分もプロジェクトのメンバーなので座っていいですか」

と言って、高山の隣の席に腰を掛けた。

樋上は、相変わらず無表情に、

「本社の水道光熱費なんかが下がると大きいけどね。でも、もともと阿久津専務にも言われているので、私らは片っ端からスイッチを消して回っているから。本社でも真っ暗な場所が多いのは知っているだろう？」

と言った。

「そうですよね。この間、僕が見てきた工場なんかは、作業している人は、休憩の時とか、場を離れる時は、自分の作業している工作機械の上の電灯はヒモを引っ張って消しているけど。ここの事務所は、壁のスイッチで全部いっぺんに消す方式だしな」

「そういえば、この間、共同仕入れの話があってさ。芝にあるスーパーマーケットチェーンの本社に行ったんだけどね。あそこ、全ての蛍光灯にヒモがぶら下がっていたんだよ。見た目はよくないんだけど、昼休みになると一斉に皆、ヒモを引っ張って自分の上の蛍光灯を消すんだ。残業の時も、仕事をする人だけ、自分の机の上の蛍光灯を点けておくんだ」

高山は、沼口の話を聞きながら、何かが閃いたようだった。

「樋上さん、ちょっと来てもらえます？」

高山は、二人を連れて休憩室に向かった。

休憩室に入ると、高山は自動販売機を指さしながら言った。

「そこに自動販売機があるんですけど、その上にも蛍光灯がありますよね。自動販売機って、それ自体が光っていますから、上から蛍光灯で照らしておく必要はないですよね」

「そりゃそうだな。あそこは蛍光灯の管自体を外してしまっていいな」

「そうですよね」と言って、高山は二人を伴って今度は事務所に向かった。

「樋上さん、今昼間なので、窓際は十分明るいです。蛍光灯が点いている必要ないですよね」

「そうだな」

「でも、窓から遠い席は、少し暗いから電灯は点いていたほうがいいですよね」

「うん」

「でも、このフロアの電灯のスイッチは一括で入れるので、全部の蛍光灯が点灯してしまいます。もし一人だけ残業で遅くなっても、全部の蛍光灯を点けなければいけないですよね」

「そうか……、蛍光灯で照らす必要のないところは管を外してしまい、そして、残りも蛍光灯に一つずつスイッチをつけることができると、不必要なところは点灯しなくてよくなるな」

「樋上さん、蛍光灯に一つずつつけるスイッチって、工事費込みでいくらくらいするのでしとつぶやいた。

一緒について歩いて回っていた沼口は、「これって、経費低減策の第1号になるかもな」

い。ひょっとしたら、結構な効果が出るかもしれないです」

「僕、電気代がどれだけ安くなるかシミュレーションしてみます。電気代のデータをくださ

「ちょっと見積もりを取ってみようか」天井の蛍光灯を見上げながら樋上が言った。

ょうか？」

電気代の低減効果が大きいと見込んだ後の、樋上の動きは早かった。

管理部門であっても、小売業に求められる敏速さが樋上にはしみついていた。

高山は、通年の本社照明用の電気代を計算し、実際に天井のすべての蛍光灯をひとつずつ確認しながら、管を外してしまっていいもの、勤務時間中はずっと点灯しておくべきもの、個人の退社後は順次消灯してもいいもの、そして、窓際など、晴れの日の昼間は点灯の必要がないものを、確認、区別していき、点灯時間を入れ込み、部屋やゾーン単位の点灯、消灯をする場合に対して、蛍光灯一つ一つを点灯、消灯した場合を比較した資料をまとめた。

一方、樋上は、管を外す蛍光灯以外は全て、ヒモつきのスイッチをつけた場合の工事費の見積もりを業者に依頼し、二人はそれぞれの資料を持ち寄った。

「現段階では、まだ見積もりは1社からしか取り寄せていないが」

と、樋上は見積書を出した。

「工事費込みで、ヒモタイプのスイッチは1カ所当たり6500円。まだ交渉の余地があるし、複数の見積もりを取ればさらに大幅に安くなるはずだ」

「僕が現場を見たところ、スイッチの設置が必要な数は、思っていたほどは多くありませんでした。蛍光灯の管を外してしまっても問題ないと思われるものが結構多かったので」

高山はPC上のシミュレーションを見せた。

「今、樋上さんが言われた金額で計算しますと」

高山はシミュレーション用エクセルシートに数字を入れた。

「1年と少しで、かけた費用の回収ができますね。元がとれることになります」

「え、ほんと?」

高山は樋上に算式を説明した。

「こりゃ本当だな。おそらく一つ当たりのスイッチの価格はもっと安くなるだろうしな」

「僕、実際は、電気のつけっぱなしがもっと減って、効果は増える可能性もあると思っています」

「これなら、今期の収益にもマイナスの影響はほとんどないし、来期以降もずっとその経費低減効果が持続することになるな」

「その通りです」

樋上は、今期の経費低減効果を増やすためには、実施は1日でも早いほうがいいに決まっていると、複数社に見積もりを依頼し、一番安い業者を明確にした。

一方、高山も精度を上げたシミュレーションを再度行い、工事の発注にまで進めた。

工事の当日、様子を見に来た高山に、相変わらず無表情のままで樋上は言った。

「高山君、こんなふうに検討段階でも、すでに結果が明らかなものは、どんどん進めてしまおう。止めておく理由、やらない理由は何もない。利益幅が増えることは社員にとってもいいことだから」

▼成功事例の発表

第4回の経費低減プロジェクトのミーティングは、参加予定者全員が出席していた。

「今回は、いくつかの事例を発表させていただきます」

高山の進行で、まず、樋上が発表をはじめた。

「皆さんご存じのように、本社で使用している蛍光灯の全てに一つずつヒモ式のスイッチを設置しました。設置1カ月の実績数値も出ましたので結果を発表させていただきます」

樋上は、高山の用意したスライドを見せた。

「まず個別スイッチの設置により、当初想定していたよりも、離席時など、こまめに電灯を消していただけています」

さらに、いくつかの写真をスライドとして映しながら話を続けた。

「また、想定外だったのですが、スイッチを設置した蛍光灯の中には、全く点灯されないものも出てきました。要は、事務作業上には不要な場所にも蛍光灯が設置されていたということになります」

樋上は、数字がまとめてある次のスライドを映した。

「結果として、当初の想定成果よりも、大幅に本社の照明費を下げることができました。当初は、本年分のこの照明費低減効果では、工事も含めてかかった費用分のカバーはできないだろうとの予想をしていましたが、この費用分の回収は約8カ月ででき、その後は経費低減効果として今期の収益に貢献できるということがわかりました」

参加者たちから、「おお」という歓声が上がった。

普段は無表情な樋上も、珍しく笑顔を見せた。

第2回からこの会議に参加している、人事部長の添谷野令美は、樋上の発表を聞きながら、黙々と何かメモを取っていた。

会議が終わり、片づけをしている高山のところに、沼口がやってきた。

「高山、なんとか動きだしたな」

「ああ、よかった」

「一時はどうなるかと思ったが、皆、いい感じで参加してくれているようだよな」

「そんな感じだよな」高山は言った。

「店舗企画部が発表した、各店の店内で流す有線放送を、店ごとの個別契約から本社での一括契約に変えて経費低減をはかるという案もよかったな」

二人が話をしていると、そこに、専務の阿久津がいつもの『あの』笑顔で現れ、猫背でのそのそと向かってきた。

沼口の顔は一瞬こわばったが、阿久津はそんなことにはかまわず、高山に向かって歩いてきた。

「おお、高山君、あんた、ええことやっとるなあ。ええでぇ」

「あ、ありがとうございます」

「わしも、応援したるさかい、がんばりや。なあ」

阿久津は「ええで。うん、ええでぇ」と言いながら、その場を去った。

阿久津が去ったあと、沼口が先に口を開いた。

「なんだ、今のは？　お前がうまくやっているから、お前を取り込もうっていう算段か？」

「よくわからんなあ。不気味だなあ」

高山には何が起きているのか、さっぱりわからなかった。

「うーん、俺にはさっぱりわからん。とりあえず用心しといたほうがいいと思うが」

沼口が言い、二人は当惑のまま、片づけの手を止めてつっ立っていた。

解説

本当の経費低減って？

経営課題として、経費低減あるいは経費管理の話が出ない会社はないでしょう。しきがわの阿久津専務は、典型的な「経費削減の鬼」のようです。

私がこれまで見てきた会社でも、阿久津専務のように極めて属人的なやり方でケチケチを行っている会社がいくつもありました。社内はその「経費削減の鬼」のような人を恐れ、何か言われるのが嫌だから、その人が指摘してきそうな経費に神経をとがらせるようになります。トップもそういう人に経費の監視役を任せておくと、社内の無駄遣いを取り締ってくれているように思えるので、ついその人に経費管理を任せっぱなしということが起きます。ところが、ただのケチケチの徹底の場合は、どこの会社でも共通して起きている問題があります。

1. 見積額への上乗せ、あるいは製品、サービス品質の劣化

見積書、あるいは請求書に対して、単純に値引きばかりを要求する場合があります。相手の原価や利益幅をある程度把握して行うならまだしも、むやみやたらに、値引きを迫るとどうなるか？

まず起きるのが、その値引き要請を見越して上乗せされた見積もり金額が出されるようになります。そしてその次には、製品原価、つまり品質を下げてくるということです。取引先が十分高い粗利率を確保できていれば、まだ問題は起きにくいでしょう。

しかしながら取引先が原価低減のノウハウを持っている、あるいは例えば自社が取引先に出向いて工程改善等の指導を行い、現実的なコストを下げるような手段を行っているならばまだしも、ただ、値引き要求ばかりで相手の利益幅を圧迫しにいってしまうと、取引先は自社の利益幅確保のために防衛的な手を打ちます。

納入品の品質を十分に精査せずに値引きを重視する会社では、かえって「高値掴み」が起き、品質の問題が出やすいといえます。

たとえば、米国にはコモディティ価格で商品を販売する業態の2大チェーンとして、「ウォルマート」「ターゲット」があります。サプライヤー（取引先）側からの視点では、この2社のバイヤーのスタイルは大きく異なると言われてきました。「ターゲット」のバイヤーは、サプライヤーとの商談の際には、値引き交渉に多くの時間を使うと言われます。押したり引いたりの商談が、バイヤー業務のもっとも多くの時間を占めるわけです。

これに対して、世界一の小売業である「ウォルマート」のバイヤーは、「うちは、これだけ売るから、ボリュームリベートも事前に反映させて、この仕入れ価格にしてほしい」と言い、さっさと商談を終わらせるそうです。バイヤーは残りの時間を使って、自分の担当カテゴリー（部門）の分析を徹底的に行います。結果として、「ターゲット」ではある特定の期間には、集客目的で常識外れの安い価格で商品が展開されることがありますが、それ以外の期間は、エブリデイ・セイム・ロープライスの「ウォルマート」よりも高めの価格で展開される場合が多い、といわれていました。

また以前、フランスの「カルフール」の日本国内1号店がオープンした直後、そこにいた従業員が退職時に持ち出したとされる「カルフール」のバイヤーマニュアルのコピーが出回ったことがあります。そこには、「サプライヤーは売りたいのだ。じらせること」「ばかを装え。理屈が通らないというふうを装え」というようなサプライヤーとの駆け引きの仕方のノウハウが数ページにわたってつづられていました。

この内容は上記の「ターゲット」の商談スタイルに一脈通じます。ご存じのように、「ウォルマート」は売上規模が世界一となった小売業です。この会社の思想は常に、WIN－WINの関係をつくるということです。

例えばメーカーが製品を勢いで作りすぎ、在庫を抱えすぎることがあります。早急に在庫換金が必要な場合の買い付け、つまり「バッタ買い」あたりが例外的WIN－WINと言えるでしょう。新聞の折り込みチラシを大量発注していた郊外のロードサイド店舗が、厳しい価格交渉を続けた結果、多くの印刷会社が廃業し、別の事業に乗り換えていった現実もあります。

業者との厳しい価格交渉をする際にも、低価格での安定供給を考えると、その根底には、理にかなったWIN－WINの関係づくりの考え方が必要といえます。

2. 攻めの経費が使われなくなる。あるいは使い方のバランスが崩れる

企業の成長を阻むという点では、これが企業にとっては一番危険です。事業成長の本質は、差別化です。他社よりも優れた手を打ち、それがお客様からより支持されるから、競合に勝てるわけです。よって、競合他社よりも優れた状態をつくるためのさまざまな出費について、よくプランニングしたうえで実施し、しっかり結果を検証するということが基本動作です。

しかし、ケチケチの徹底で硬直化してしまった会社では、前向きな経費の使われ方のノウハウが蓄積されなくなります。本来、前年よりもより効果的な使い方をプラニングし、その結果を検証し、何の効果が上がったのか、上がらなかったのかを事実ベースで共有できるようにする。この積み重ねで、組織のパフォーマンスは上がります。

これをせずに出費を下げることだけを徹底してしまうと、経費の有効な使い方のノウハウだけではなく、勘所も働かなくなります。結果、思い切った使い方をしようとすると今度はなんともバランスの悪い使い方になりがちです。経費は、事業を発展させ、売上を拡大させて利益を得るために使うものという文化を徹底して浸透させるべきです。

3.「経費削減の鬼」の偏った動き

トップにとっては、一見便利な存在に見える「経費削減の鬼」も、経営の全体観からとらえると、理想的に動いてくれている場合は、あまりないように思います。属人的な動きをされる場合が多いので、まず、偏りが出ますし、判断も自分の裁量で行うことがありますので、時として個人的な好き嫌いを反映させた行動をとることもないとはいえません。

「トップの信任を得て汚れ役を受け持っている」というと聞こえはいいのですが、実際は、「虎の威を借る」状態になっていて、結局、自身の社内での影響力を強くすることにしかならず、社内の硬直化の大きな原因になってしまっている例が多いと思います。

経費低減活動は、本来、企業の体質強化活動です。**企業の活動は、仕入れ費用と事業発展のための経費を有効に使うことによって、よりお客様に喜んでもらう製品やサービスを開発、提供して事業を発展させることです。そして、その効果を検証しながら、より上のレベルへの挑戦を行うことが基本です。**

経費低減活動は言い換えれば、理をもって経費を有効に使う能力をつけていくということ。よって一部の「ポリシーコスト」を除いて、基本的には、経費低減のアイデアを皆で議論できるようにして、誰が見ても、有効に、かつ適切にその経費を使っていると思える状態をつくり、効果の検証も行っていくことが望ましいと思います。

商売における利益の源泉は、売上から生まれる粗利益です。

そして費用対効果を最大化するのですから、経費の絶対金額を下げるよりもむしろ、稼げる粗利益に対する経費率を下げるという視点が重要です。

例えば出張旅費も含めて、そこにかかった経費と効果をきちっと書面化して検証する企業文化をつくることに他ならず、**社内に「経費低減のヒーロー」たちが生まれるようにして、経費低減の効果を最大化するためのノウハウを蓄積していくこと**が求められます。

そのためには、**コストカットのプロジェクトチームが、社内で嫌われ者役になってバサバサやっていくよりは、「経費低減という名の経営参加」を各部署が行うように持っていき、評価にも反映されるようにして、その活動そのものを前向きなものにするほうが、よっぽど上手く進みます。**

もし、その活動を阻害するようなシステム、言い換えれば決まりごとが社内にある場合は、それに対しても、早急に対応が必要になります。

第4章

社員がやる気になる人事制度とは

——一人一人が前向きなエネルギーを発揮できているか

▼白家の告発

「先日、ワイワイガーデン事業部を退社された白家さんが人事部に来られました」

人事部長の添谷野令美が説明をはじめた。社長の四季川に招集され、社長室に集まった、阿久津、伊奈木、そしてワイワイガーデン事業部長の柳田が聞いていた。

「退社された白家さんは、ご自身の勤退実績の記録をコピーしていました。今回は、それを持参され、当社で支払っていたみなし残業と実際の残業実績の差分について、支払いを要求してこられました」

「なんや、そんなことかい。おう、柳田さん、だいたいコンプライアンスっちゅうもんがあるやろ。なんで会社の書類が、そんな簡単に退職者に持ち出されとるんや。あんた、どんな管理をやっとるんや」

柳田はこもった声で、「申し訳ありません」と言って下を向いたままだった。

「それで、添谷野さん、本件についての対応はどうしたらいいのですか？」

社長の四季川が尋ねた。

「白家さんが請求してきている未払い分の残業代、つまり、みなし残業と実際の残業との差額は、事を荒立てないようにお支払いしたほうがいいかと思います。いかがでしょうか？」

阿久津も、「まあ、そうしたほうがええやろな」と言った。

四季川は、出席者の顔を見渡して、

「この件は、その対応でいいでしょうね」と言い、添谷野は小さく「そうします」と言って、柳田をちらりと見た。

伊奈木はこのやりとりを見ながら、この件が全て柳田の社内情報の管理責任の話になってしまっていて、現状のみなし残業のあり方などの是非については、完全に論点から外されていると思った。

四季川は話を続けた。

「それでですね、皆さんに集まっていただいた理由は、これだけではなくてもう一つあります。ちょっと、添谷野さん、話をして」

「はい」と、添谷野が話しはじめた。

「白家さんは、本件で来社される前に、労働基準監督署に行かれたそうです」

「あいつ、そんなとこに行ったんかい」阿久津は、声を荒げ気味に言った。

「はい。そしてそこで、『紳士服のしきがわ』業態の販売インセンティブ制度についても話をしてきたと、言っているのです」

「何を余分なことをするんや、あいつは。柳田さん、あんた一体何を見てたんや」

阿久津が吠えたが、伊奈木は、今の話で柳田のみを責めるのも少し筋が違うな、と思って聞いていた。

「白家さんいわく、販売インセンティブ制度を導入して、給与が実質下がった者が多くいるという話をしてきた、とのことです」

「すみません。あいつまた、一人で正義の味方のつもりです。全く……」

柳田が小声で言った。

「それに関してですが、まさか、当社の制度に関する社内資料や給与の支給実績のデータなどを持ち出して労基署に持っていってはいないのでしょうね」

四季川は、添谷野に尋ねた。

「本人はある程度、詳細に話したが、口頭で指摘してきただけだと言っています。まあ、我々に向かって、社内の資料を持ち出したとは言えないでしょうけど」

添谷野の答えに、四季川は無言のままだった。

「ちょっといいですか」伊奈木が発言した。

「私も、紳士服のしきがわの販売インセンティブの導入で、支給される給与の差が広がり、手取り額が減った者も多く、制度に対して不満の声が出ているという話は聞いています」

「ほんなもん、給与制度をさわれば、そりゃ不満の声なんぞ出るのは当たり前や。そんなこと、いちいち取り上げとったら、なんもでけへんわ」

阿久津はそれだけ言って、椅子を回し伊奈木に背を向けたが、伊奈木は話を続けた。

「白家さんが、社内の文書や記録を持ち出して、労基署に持ち込んだのかどうかについては、ここで話をしていてもらちが明きませんが、ただ労基署が、しきがわで問題が起きている可能性がある、と認識したと思います」

「このあと、どういうことが起きますかね」

四季川が聞いた。

「もし、問題ありといえるような書類やデータが労基署の手に渡っていれば、立ち入りがあるかもしれないですね。提出されていなくても、一応、しきがわの退職者からの報告があったことは記録されているでしょう。対策は講じておいたほうがいいと思います」

伊奈木の発言を、添谷野は、全く無表情のまま、まるで他人ごとのような顔をして聞いていた。

「その対策というのは、具体的にどうしたらいいですか」

四季川が伊奈木に尋ねた。

「今の制度が、本当に問題があるのかは、一度、実態の把握、確認と制度の検証をする必要があると思います。そして、必要に応じて改善策の立案は進めておいたほうがいいと思います」

「いずれにせよ、導入した制度を検証しておいたほうがいいですね。人事制度の企画のことでもあるので、これは、伊奈木さんにやってもらえますか？」

四季川の指示を受け、伊奈木は思わず添谷野をちらりと見た。口の両角を上げて目いっぱいのつくり笑顔を返されたが、必要以上にパチパチと瞬きしているその目は、まるでロボットのそれのようだった。

「添谷野さんも、伊奈木さんに協力をお願いします」

「かしこまりました」

添谷野は、先ほどと全く同じ笑顔を四季川にも返した。

▼販売インセンティブ制度を検証せよ

「伊奈木さん、販売インセンティブ制度の検証は僕にやらせてください」

経営企画室に戻ってきた伊奈木の話を聞くなり、高山は話に飛びついた。

「僕、このインセンティブ制度については、経営企画室の仕事としてぜひやりたかったんです。やらせてください」

「そういえば、君がはじめてここに来た日にも、この制度のことを言っていたな。やってみたらいい」

「ありがとうございます」高山は言った。

「わかっていると思うが、まず現状把握だ。データなどの分析に取り掛かる前に、偏りの少ない、前向きな意見を言ってくれそうな人たちに声を掛けて、意見を出してもらう場をつくったらいい。その意見から仮説を組み立てることからはじめることだ」

「わかりました。今やっている経費低減のプロジェクトのメンバーにも、良い意見を言ってくれそうなメンバーがいますから、彼らの意見を聞いてみます」

「じゃあ、そのメンバーのリストを作ってくれ。私の名前で招集をかける。それから、その経費低減プロジェクトのほうも、君が事務局役をやっているわけだろう？　仕事の負荷は大丈夫か？」

伊奈木は聞いた。

「大丈夫です。経費低減プロジェクトも動きだしていますし、この間、阿久津専務も、応援してくれるって言いに来てくれましたから」

「え、阿久津専務が？」

伊奈木は思わず聞き返した。

「はい。お前はがんばってるから、ええでって言ってくれました」

「そうか。まあ、それはいいことだが……」

伊奈木は、なんとなく、嫌なにおいを感じた。

「おう、高山君、高山君。ここにおったか」

本社の休憩室の自動販売機で飲料を買っていた高山のところに、阿久津がのそのそと寄ってきた。

「あ、阿久津専務。お疲れさまです」

高山は、思わずペットボトルを右手に掲げたままで礼をした。

「やあ、いつもご苦労さん。がんばっとるな。ええで」

「ありがとうございます」

「高山君、あのな、わしの知っている人から紹介された、評判がええっちゅう、販促コンサルタントがおるんや。わしはまだ会うてへんのやけど、腕がええて聞いとる。経費低減のいいネタを持っているかもしれんから、あんた、会ってみたらどうや」

「あの、でしたら、僕じゃなくて、販促部の人のほうがよくないですか？」

阿久津は、「いやいや」と軽く手を振った。

「高山君のほうが、経営的視点っちゅうやつを持ってるからな。あんたが会って、それで良ければ、販促のもんにつなげたらええ」

阿久津に言われ、高山はまんざら悪い気はしなかった。

「あの、僕がお目にかかって、話をしてわかるんでしょうか？」

「わかる、わかる。心配せんでええ。何事も経験や。今日の夕方の都合はどや？」

「大丈夫ですが」

「ほなええ。夕方、本社に来さすか、この近くで会うたらええわ。また知らせるからな」

阿久津は、「ほなな」と言って、休憩室から、のたのたと出ていった。

「さっき、阿久津専務に、コンサルタントを紹介するって言われた」

高山は経営企画室に戻り、相澤に話をした。

「コンサルタントって、安部野さんがいるじゃないの」

相澤はあきれたように言った。

「いや、腕のいい販促コンサルタントなんだって」

「なんで、高山さんなのかしら？　販促部じゃなくて？」

「僕のほうがいいんだって」

高山は、自分が指名されたことが少しだけ嬉しかった。

「ふーん。伊奈木さんに一言、言ってから会ったほうがいいんじゃない？」

「今日、伊奈木さんはもう出先から帰ってこないよね。大丈夫だよ。明日にでも伊奈木さんに報告するから」

「まあ、いいけど。気をつけてね。特に言動には」

相澤は、不安げな顔をした。

▼高山、販促コンサルタントに会う

高山は、本社の近くのコーヒーショップで一人で待っていた。

「こんにちは、高山さんですね」

高山が見上げると、珈琲を持った笑顔の40歳くらいの男が立っていた。

「はじめまして、小山卓郎といいます」

と男は言いながら、高山の前の席に座り、名刺を出した。

「あ、はじめまして。しきがわの高山といいます」

高山が経営企画室の名刺を出すと、

「へー、経営企画室ですか。エリートなんですね」

小山は、少し白髪の交じった短髪に、赤みがかったセルロイドの眼鏡をかけ、両胸にポケットのついたジャケットを着て、いかにも自由な仕事をしている出で立ちだった。

「いえ、エリートなんてとんでもない。まだ、勉強中の身ですから」

「とんでもない。随分活躍されている方だと伺いましたよ」

小山は笑顔で話を続けた。

「私は、チラシやDM企画のコンサルティングをやっています。これまでにも郊外型チェーン店はいくつもやってきています」

と言って、鞄から黒い表紙のクリアファイルを出し、自身で企画したチラシの現物を見せて一つずつ説明していった。

高山は、自社と競合の紳士服店のチラシしか見てきていなかったため、小山の見せるスーパーマーケットやカジュアルウェアのショップチェーンのチラシの企画意図の説明を、楽しく聞くことができた。

「高山さん、よろしかったらですが、この近くに行きつけの食事のできるところがあるので、そちらで話の続きをしませんか?」

小山は、高山を食事に誘ってきた。

「え、いや、いいですよ。ここで話はできますから」

「今、チラシの説明をざっとしたのですが、まだ、この他にもDMの事例がこんなにあるんですよ」

と言って小山は、もう一つ、さらに厚みのあるファイルを鞄から取り出して見せた。

「DMの事例とこれらの費用の話をすると、あと1時間は優にかかってしまいますから……。私、お腹がすいてきてしまったので。高山さん、よろしければ、お付き合い願えませんか」

高山は、もっと話を聞きたいと思ったこともあり、

「じゃあ、少しだけご一緒させていただきます」

と返事をした。

「ありがとうございます。では、参りましょうか」

二人はコーヒーショップを出た。

▼経営の意思を組織に反映させる――マーケティング部の事例

高山は翌日、また安部野のオフィスを訪ねた。

「安部野さん、そもそも人事制度って、どう捉えるべきなのですか？」

開口一番、高山から安部野への質問だった。

「今日は、その話か」

安部野は、ソファに深く腰掛けてから話をはじめた。

「前に君が来た時に、『成功した創業者』が事業を発展させていく時の話をしたのを覚えているか？」

「はい、よく覚えています」

「『成功した創業者』は、とにかく執念を持ち、事業の成功と発展のことを四六時中考えながら、いろいろな智恵を絞り、手を打ち、結果を検証し、学んだことから、さらにやり方に修正を加えて実行、これを続けていたという話だった」

「はい、そうです」

「そして、事業がうまく動きだすと事業規模に応じて人が増え、分業が進み、その時に必要なのが組織論だという話をしたと思う」

「はい、その通りです」

高山は、自分のノートをぱらぱらとめくって、以前、自分で書いた内容を確認した。そのページには、安部野の話だけではなく、さらにあとから自分自身で書き込んだ赤いペンによるメモも多かった。安部野は、さりげなく、書き込みのされた高山のノートを横目で見て、

「さて、その組織論についてだがな」

と言って、高山の顔を見た。

「改めて、君はこの組織論ってどういうものだと思う？」

と言われ、高山は頭をフル回転させて答えた。

「大きく成長していく組織を動かすための方法論ですよね。それも、その『成功した創業者』が行っていた時のように、**素早く、的確に、ＰＤＣＡを廻せる状態を目指す**ということです」

「で、具体的には、その組織には何が含まれるか、言えるかな？」

安部野はふむと言い、高山の答えに満足している様子だった。

「まずは組織図。それから、そこで何をするのか、業務内容を記述したものです。あとは

……、会議体とかの設計でしょうか」

「わかってきてはいるようだが……」

と言いながら、安部野は、いつものA3の5ミリ方眼のノートパッドを取り出した。

「まず、一つ目の組織図というものは、仕事の分担を示したものであり、その責任範囲を示したものだ」

「そしてここでの上下の関係が、報告をする、報告を受ける関係ということになるのですよね」

「そうだ。ただし、この組織図を描く段階ですでに好ましくないことをしてしまう場合がある。一例が、新しい部門を設置したが、何をやるべきか、どうやるべきか、なんていうことの定義をせずに、あいまいなまま、組織が始動してしまうことがある。例えばだが……」

安部野は、ノートパッドを開いた。

「実際によく見かける例がマーケティング部だ。社長が社長方針などに『我が社はマーケティング力の強化に取り組む』なんていう文言を盛り込んだために、あわてて人事部とか経営企画部が、そういう部署をつくったりすることがあるのだがね」

「はい、でもなんだかありそうですね。そういう話」

「あわててつくったのはいいが、さて、何をさせるんだ、誰も具体的にはどうしていいのかわからない。使命や職務分掌を作成するのだが、そこにも具体性のないことが書かれているだけ、なんてことになる」

「何をするのかわからない組織をつくってしまうのですか？」

「実はそうなんだな」

安部野は、にやっと笑って話を続けた。

「そして社内から誰かを異動させたり、あるいは外部から経験者と称する人を採用したりして、組織らしい体裁は整えるのだが、さて、何をさせたらいいかわからない。経営層からは、まず、うちの会社のマーケティングのやり方を作り上げてくれ、なんて調子で指示されて、次の会議までによく考えてマーケティング部の方針を発表してくれ、なんて言われたりする」

高山には、安部野がおもしろがって話をしているようにも見えた。

「で、部の方針発表の時になると、やはりマーケティング部が作ってきた方針も抽象的な『バケツ』を並べた表現で、『社内への市場の情報発信役として、私たちは……』なんて書いて出してくる。『次回は、もっと具体的にしてまいります』とか言うんだな」

「はあ」

高山はメモの手を止めて聞き入っていた。

「現実的には、仕事をせずに社内で毎日遊んでいられるほど図太い人間はそう多くはいない。それでマーケティング部への配属前に行っていた仕事を引きずって持ってきたり、あるいは外部から来た人だと、ＰＲや広告ネタを持ってきたりするもんだ」

高山は、そういう話っていかにもありそうだな、と思った。

「そして、それなりにマーケティング部らしい仕事をして忙しそうに日々過ごすんだ。年に1回くらい予算をやりくりしてデータを集め、分析とその意味合いらしきものを一所懸命まとめて、各部署に配布してありがたがられる。たまに自分たちで提案したPRイベントなどの効果を検証して、このくらい会社の知名度が上がりましたと発表したりする。でも、“GOOD TO KNOW”、つまり『わかってよかったね』のレベルで、直接的に業績向上につながることはない。そのうちトップが言いだすんだ。うちのマーケティング部は事業のためのマーケティングに貢献しているとは思えない、とか言ってだ。で、3年後くらいに部が解散になる」

高山には、珍しく機嫌よさそうに安部野が話をしているように見えた。

「そして、社長が代わると、また同じようなことを言いだす、とこんな感じだな」

「歴史は繰り返される、ということなんですね」高山は言った。

「実は、今話をしたような例を、僕はいくつも見てきている。なぜ、こんなことが起こるのか、どこに問題があったのかということだ。君はどう思うかな?」

「今の話は、最初に『マーケティング力を高めたい』と社長が言われたことからはじまっていましたよね」

「『もっと市場志向の会社になろう』、本当は、これが社長の言いたかったことであり、社長の意思だったはずだ。それが『じゃあ、その名前のついた部署をつくろう』と短絡的に結論づけられたのだ。ちょっと聞くと、正しそうに聞こえるのだが、社内で、ある能力を強化するということと、その機能の名前のついた部門をつくることとは別の話だろう？」

「言われてみれば、そうですね」

「**もともとマーケティングという言葉は、時に便利に、そして時にあいまいに使われやすい。**

実務的に考えれば、マーケティングには二つの側面がある。**まず一つ目は、市場を的確に把握して実施プランにつながる与件を明確にする『現状把握と分析、意味合いの抽出』の側面。二つ目は、その与件からいかに市場を喜ばせるかを、商品そのものだったり、販促物だったりで、実現するというクリエイティブなプラニングの側面だ。**こちらは、クリエイティブ的な要素が強くなる」

「マーケティングって、具体的にはその二つだと思っておけばいいのですか？」

「それでいい」安部野は言い切った。

「二つ目のほうは、クリエイティブの話なので、ここではおいておくとして、一つ目のほうは、ライン業務においては、商品企画、あるいはバイイング、販促などに反映させるための機能だろう？」

「そうですね。お客様がどう思っているか、どう動いているかを把握することで、商品、販促、営業などの業務に反映させることですよね」

「事業に行き詰まり感がある時っていうのは、多かれ少なかれ市場との乖離が起きているものだ。よって、その事業において、市場を的確に把握し、何が求められているのか、いないのか、何ができているのか、できていないのかを明確に知ることが、このマーケティングの始点になる」

「なるほど」

「**そもそも市場志向の企業文化を持っていて、マーケティングと呼べる活動がちゃんとできている会社では、マーケティングという言葉自体が社内では不要になる。**マーケティングが機能している状態づくりを使命とするなら、マーケティング推進部のようなものはあってもいいだろう。その場合は、いかに、習慣、文化をつくっていくかという実行計画が必須のはずだ。トップがその進捗をしっかりと見るならば、トップ直轄。あるいは商品部長の職責として商品部の中にあるのもいいと思う。商品企画機能をマーケティング部と呼ぶのもありかもしれないな」

「つまり、**何をやるか、やらせるかを経営の意思として明確にすることが大事だ**、ということなのですね」

高山はメモを取り続けながら言った。

「念のために言っておくと、企業のトップが、現事業の方向性を見直したい、あるいは、新規事業を開発したいという時に行うマーケティングもある。この場合は、先ほどの場合とは異なり、トップからの特命で市場の実態を調査して市場機会を探すわけだ。この場合でも、マーケティング部をつくるよりは、短期集中的なプロジェクトとして対応するほうがいいだろうな」

安部野は、ソファに深く座り直した。

「さて、今のマーケティング部の話の意味合いを整理してみよう。最初にトップの想いとして、会社のマーケティング力を強化したいという意思があったわけだ。それを受けて、まず、単純にマーケティング部をつくろうという話に進んでしまった。その時に、『単に部署をつくるだけでいいのか』という指摘がなかったという問題、その部署の機能の定義があいまいなままで放置してしまったという問題がある。また、さらに言えば、名前だけついているものの、素人集団であるマーケティング部をディレクションする能力を持つものをその部署の上に配置することさえしていなかったという問題もある」

安部野さん、今の話だけで、これだけのイメージを展開して、問題点を指摘できるんだ……、と高山は思った。

「実際、マーケティングが機能すると、様々なデータを基に方向性を指し示すことになる。そこでもし、データの抽出や読み取りを誤ると、時として経営をとんでもない意思決定に導いてしまう場合がある。注意をして機能させないと、危険な両刃の剣にもなるんだ」

そんなことも起きてしまうんだと、高山は思った。

「よく考えてみたらいい。もし『成功した創業者』がいたら、そういうことを許すかな?」

「そうは思えません」

うちの会長だったら、そういう状況を放置することはありえないのだろうな、と高山は思った。

「トップに明確な意志とおそらくイメージもあるわけだから、あるべき姿で組織を機能させることへの執念があるはずだ。企業が大きくなると、同じように執念を持ち、組織が正しく機能しているイメージを描いて、経営者と共に組織の進化を推進する役目を持つ側近が必要だよな」

「あの、それが僕の役目、経営企画ということですね……」

「そうだ」安部野は言った。

「今の話は、今日の人事制度の話の根本の部分と同じだ。**組織も人事制度も、分業化のために経営の意思を制度に落とし込むものだ。意図的に『ゆるさ』を残すことはあると思うが、よくわからないからといって『あいまい』なままに放置してはいけないものだ**」

「経営の意思の下に、正しく具体化するべき、ということですか……」

「言っておくが、君のいる経営企画室という部署も、今の話のマーケティング部と同じような運命になりやすいのだぞ」

「安部野さんのおかげで、そうならないようにがんばっています」

安部野は計らずも苦笑してしまった。

「組織というのは、組織図、つまり組織の箱をつくればいいというものではない。それこそ、ただの箱、『バケツ』だ。やるべきこと、やらせたいことを明確に定義して、何をやるかの具体的なところまで、その部門の責任者とイメージを合わせ、同意を得なければいけないはずだ」

「そういう点で、先ほどのマーケティング部の例では、マネジメントが、やらせたいことを定義しないではじめてしまったということなのですね」

「そうだな。『成功した創業者』が一人でやっていたような神経の行き届いたレベルの業務を行うためには、徹底的に具体的なレベルで、やるべきこと、やりたいイメージを描いて伝え、かつ実行しながら調整をしていかないといけない」

「やはり、目指すはその具体性の追求なのですね」

「複数の人格が集まって分業をするのだから、100%完全な状態にすることはなかなか難しいが、そこに向かって精度を上げるという努力をし続けなければいけない」

「そうやって考えると、組織をちゃんと機能させるためには、確かに組織図を描くだけでは足りませんね」

「兄さん、もう出かける時間ですよ」

安部野彩が現れ、せかすように安部野に言った。

「あ、そうか。今日は本題まで届かなかったなあ」

「高山さん、ごめんなさいね。多分、聞きたいところの話にまで至っていないでしょう?」

「彩。次回、続きを話す時間を決めておいてくれ」

そういうと、安部野はそそくさと、部屋から出ていった。

残された高山に、彩は「本当にごめんなさいね」と微笑んだ。

▼制度の問題点

高山は、沼口などの経費低減プロジェクトの一部メンバーに、営業の若手のメンバーを加えて、販売インセンティブなど、現状の人事制度に関しての課題を出し合うブレスト会を行った。総本店からは守下浩二も出席していた。会の終了後、高山は、沼口、守下と3人で話をしていた。

「やっぱり、皆、販売インセンティブについては同じことを感じていましたね」

まず、守下が話しはじめた。

「今の制度は、ちょっと無理がありますよね。個人の売上高だけに比例してつくインセンティブだから、スタープレイヤーや、古くから店の販売をやっていて顧客を多く持っている人が有利になりますよね。若手社員は年功序列っぽい決まり事で品出しとか店の作業があるから、どうしても接客待機で売り場に立つ時間は減りますよね。直接自分の売上だけのためではなくても、店全体が売上を上げるために必要な仕事ってありますものね」

「そうだな」と沼口も話しはじめた。

「単に、係数を工夫すれば、ある程度対応できるような気もするけどな。このインセンティブを導入した時に、皆の固定給を下げただろ。それも、ばさっとパーセンテージを決めて下げたけど、本来はシミュレーションを何度も行って、それまでと新方式の差異が納得できるものかどうかを検証しながらこういう係数は決めるものだと思うな」

「僕もその通りだと思う」高山も話しはじめた。

「今のやり方って、導入してみたら、手取りの給与差が大きくなってしまったんだが、じゃあ、下がった人がいい加減な人かっていうとそんなことはなくてね。むしろ、店のいろいろなところに気を配っている、店にとってなくてはならない人たちの手取りが下がったように思う」

「もう一つ、営業現場以外のことについて、本社のスタッフからも意見が出ていたな」

沼口が言うと、高山が「そうそう」と相槌を打って話をした。

「僕は店にいたから気がついていなかったが、商品部でのKPIの話も深刻だよな」

「あの、すみません。ＫＰＩって何ですか？」

守下が聞いた。

「Key Performance Indicator の頭文字だ。自分とか事業とかの業績を評価する際に、『これが、鍵となる重要な指標になるから、これで評価をしましょう』って決める指標なんだ」

沼口が説明を続けた。

「商品部のバイヤーだと、粗利率の対前年伸長率とか、期末残在庫の対前年増減率とか、いくつかを設定するんだ。その指標を見て、バイヤーのパフォーマンスを客観的に見ることができて、バイヤー本人の意識を利益に向けさせること自体はいいことに違いないんだが……」

「これが導入されてから、商品部のバイヤーの動きが利己的になってきたって意見が出ていたな」

高山が言った。

「そうなんだ。結局、こういう指標は、前年同期などとの差を見て、その理由を追いかけながらＰＤＣＡを廻していくと有効だし、役に立つ指標なのは間違いない。ところが、人事からの通達で『その指標で君を評価して、昇格・昇給はそれを使って、誰にも明確な算式で行う』なんていう話になると、ＫＰＩだけを追いかければいいということを会社が宣言したような形になってしまう」沼口が話を続けた。

「これも添谷野さんが来てから導入されたんだよな。評価が全て算式で決まるならば、マネジャーやマネジメントの役目って何になるんだ？　ロボットでもいいいんじゃないのか」

沼口の話を聞きながら、高山もうなずいた。

「この間、商品部で実際にあったことだが、先輩のジャケットバイヤーの仕掛けた商品のうちの一つがすごく売れたんだ。店舗への投入後5日間で、全店で70％の在庫を消化してしまったんだ」

「あ、僕、覚えています。あのストレッチの利いたジャージー素材のジャケットですよね。あれ、そんなに多くは店に入荷しなかったですけど、あっという間に売れてしまいましたよ」

守下が言った。

「そうだろう。で、その先輩バイヤーに言ったんだ。『当たりが出ましたね、おめでとうございます』って。そして、『その商品の追加発注分は、いつ上がってくるのですか』って聞いたんだ」

「あのカジュアル仕様のジャケットならば、そんなに納期はかからないだろ？」

沼口の話に高山が口をはさんだ。

「それがだ。そのバイヤー、俺のほうを見て、にこっと笑って言ったんだ。『沼口くん、全く君の言う通りなんだけど、それをやっても、僕のKPIとは関係ないんだな』って」

「えー？」　高山と守下は同時に声をあげた。

「店舗は売れる商材が少しでも多く欲しいのに、何なんですか、それ」

温厚な守下も、真剣に憤っていた。

「KPIの設定は、毎期、上長の承認事項ではあるものの、全ての上長が、そのKPI設定で、各担当の動きが最適化されるイメージを持てているとは思えない。人事からは、マネジャーならば、それができて当たり前でしょ、なんて感じの発信になっているけど、実はものすごくハードルの高いことを制度として押し付けていると思う。まあ、結局、そのジャケットバイヤーは若干の追加の発注はしたみたいだけど、もし、俺にこの当たり商品のことを指摘されていなかったら、ひょっとするとそのまま放置、ということはあったかもな。だからさ、やっぱりなんかおかしいぞ、うちの評価制度は……」

沼口は言った。

「人事制度って本当にこわいですね」

守下はしみじみと言った。

▼目に見える成果

「高山君、これを見てよ！」

経営企画室に入ってきた総務部長の樋上が、いきなり高山にエクセルで作ったグラフを見せた。

「これが、本社の電気料金の実際の推移だよ。グラフにしたのだけれども、この下がり方を見てよ」

高山が見ると、全部の蛍光灯にスイッチをつけた工事の時点から電気の使用料が大幅に下がり、低い数字を維持していた。

「樋上さん、これすごいですね。この間の会議では、節電効果で今期の8カ月くらいで回収できるっていう発表をされましたけど……」

「そうなんだよ。結局、想定していたよりも点灯されない蛍光灯の数と時間が多くなったということのようだ。さっき経費低減の効果を計算してみたらね……」と樋上は電卓を出して叩きはじめた。

「ほら、見てよ」

樋上の出した電卓を高山は覗き込んだ。

「この金額だと、8カ月経つ前に全て回収できてしまうじゃないですか」

「そうだよ。これだけでも今期の収益にかなり貢献できるよ」

「ちょっと、私にも見せてくれるかな」

話を聞いていた、伊奈木が席を立ってグラフを見に来た。

「これはすごいな」

「私もこんなに大きな成果が出るとは思っていませんでした」

樋上は、嬉しそうな顔で笑った。

「相澤君、この樋上さんのデータをわかりやすく、パワーポイントでまとめてくれるか。できき次第、社長に見せてくる。別に社長賞は早く出したっていいんだ。そのほうが、この経費低減活動に弾みがつく」

相澤は嬉しそうに、「わかりました。すぐやります」と答えた。

▼人事制度の目的

高山は、安部野の事務所で、前回の続きの話を聞いていた。

「組織というものは現実には、業務フローにのっとって日々動いている。そこには、作業、作業の成果物、人が集まる会議体が連関を持って組み込まれているんだ。会議体の機能って、大きく分けて、**意思決定**、**ブレスト**、**伝達と周知徹底**の三つのうちのどれかか、あるいはそれらの組み合わせになる。これも組み合わせて、業務フローを組み立てて、製品開発や、週次の営業活動の方針出しのプロセスをつくって標準にする。これが現実的な組織の動き方になる。ちなみに、かかるコスト、期間や人手、アウトプットの質を改善する目的でこの業務フローの最適化を行う活動が、この間話をしたBPR、ビジネス・プロセス・リエンジニアリングだ」

「そうでした」

「使命、職務分掌が明確になり、進むべき方向性が明確になり、業務フローによって仕事のやり方、手順も明確になったとしよう。言ってみれば、目的地が明確になって、走り方と線路や道路も決まった状態になった。さて、次は何が必要なのかな？」

「皆が目的に向かって走れる活力、エネルギーとかでしょうか」

「大体良い」安部野は微笑んだ。

「前提として、多くの人が関わって、価値を創造して利益の源泉にしているのが事業だ。その人たちが、何をやるべきか、どこに向かっているのかを理解し、前向きに協力し合い、最高の結果を出すことを目指してがんばる状態をつくりたいわけだ」

「その通りです」

「よって、問いの答えとしては、その前向きな方向に向かって全社員が努力している状態をつくる、つまり、社員から発せられるエネルギーを最大化して形にし、方向性を整えること。これが概念的に説明した時の、人事制度の本来の目的だ」

確かにその通りだな……、人事制度の目的ってそれだ、と高山は思った。

「人事機能の役目として、経営の観点では人件費の管理という大切な役目があるのは事実だが、使命ということで言えば、全社員が前向きにやる気になる状態づくり、これに尽きる」

社員がやる気になるようにする……。確かに、それしかないな、と高山は思った。

「おそらく君の会社でも、営業の販売インセンティブとか、ＫＰＩとかを導入しているんだろうが、**予想していなかった副作用**とかが起きているのではないのか？」

「どうして、わかるんですか？」

「どこの会社もそうだからさ」

安部野は、いつもの笑みを浮かべた。

「そりゃ、営業、販売職にはもっと売ってもらいたいから、売る力をつけてほしい。売ったらご褒美をあげたい。商品部なども、総粗利高を上げて在庫を残さず、などとがんばる方向性を明確にして、『この一点に集中してくれ、それで君を評価するからよろしく』なんてことでＫＰＩが設定されるのだと思う。そんな感じだろ？」

「うちも、そんな感じでインセンティブ制度が導入されました」

「ところが、やってみると、なんだか不公平感があったり、あるいは、ＫＰＩをよくすることだけに走る者が出てきたり、むしろ事業全体として考えるとおかしなことが平然と行われるようになって、制度を導入して良くなったのか、悪くなったのかが、わからない状態になった。つまりそれぞれの個別最適化の総和が、思っていたような全体最適にならなかった。違うかな？」

「安部野さん。なんで、うちの会社のことわかっているんですか？　千里眼みたいですね」

「また、随分古い言葉を使うんだな。別に、僕が超能力を持っているわけじゃない。ただ、君から聞いている君の会社のマネジメントのレベル感から考えると、起きていることはほぼ想像がつく」

そういえば……、高山は、伊奈木が安部野のことをおもしろがって『企業の憑き物落とし』と呼んでいたことを思い出した。憑き物落としっていうと、なんだかおどろおどろしく聞こえるけど、世の中で起きている事象で、普通の人が気づいていないことを、見識とか智恵で因果を読み解いていくってことなのかな……。

▼安部野の改善案

「販売職において、個人の売上高を第一評価指標にして、その実績に応じて評価し、業績給与に反映するというのも、KPIの一つと捉えたらいい。要は、人をいくつかの指標で評価し、昇給や昇格に直接反映させることによって、どの数字を上げるように努力をしたら報われるかを明確にし、言い方は悪いがいわゆる『馬に人参』効果を出して、全体の業績を上げようという考え方なのだが」

「確かに、そういう考え方だと思います」

「君の会社の販売職を例にして話をしようか。君の会社の店舗の場合は、主に接客で商品を販売していくのだから、販売員個人に販売インセンティブをつける、という考え方が出てくるだろう？」

「はい、その通りです。実際に今は、個人の販売インセンティブ制度が導入されています」

「なるほどな。まず、こう考えてみたらいい。君の会社では、郊外型の店舗展開が中心だな」

「はい、ほぼ１００％郊外の店です」

「よし、まず売上に影響を与える構成要素を列挙してみる」

と言って、安部野はＡ３のノートパッドに書きはじめた。

・集客数、あるいは入店客数
・入店客の買い上げ率、あるいは成約率
・客単価
・平均商品単価
・買い上げ点数

「ざっと挙げてみるとこうだ。これらの要素の掛け算で売上が決まる。もちろん、もっと細かく分類することもできる。例えば、集客数は、新規顧客数とリピート顧客数の足し算となる。リピート率を高める、つまりこのリピート顧客数は、数値化は難しいが顧客の満足度と強く連動するだろうな」

「その通りです」

「さて、ここで考えてみようか。これらの数値指標の中で、店の販売員が自らの努力で変化させることができるのは、どれだろう？」

「入店客の買い上げ率、客単価、買い上げ点数は、販売員の努力できる事項です。平均商品単価を上げる努力はできますが、より単価の高い商品をムリにすすめる販売員が出てしまうと、お客様にも、店のためにも、いいことにはならないと思います」

「その通りだな。集客数についてはどう思う？」

「基本的には、郊外店の場合は、チラシがお客様に来店いただく直接的な手段です。そして一度、来店されたことのあるお客様には、ＤＭが集客数を上げるために有効です」

「それだけか？」

「いいえ。先ほど安部野さんが言われたように、買い物時の体験と、買っていただいた商品の満足をもって、お客様は店に再び来られると思います。リピート率の高い低いは、店の販売員の努力の結果だと思います」

「よろしい」と安部野は言った。

「さらにだ。現実には、君の会社の店ではバックルームにも在庫があり、店頭で欠品が起きないように商品を売り場に出す役もいる、すそ上げなどの補正やシルエットの調整をするテイラーもいる。場合によっては一人のお客様の接客時に、手の空いている別の者が選んだスーツなどにコーディネイトしてすすめるべき商品を用意したりもするわけだ」

「おっしゃる通りです。そのサポートの方々の協力によって、それぞれのお客様にしっかりとした商品のおすすめをする接客ができ、お客様も満足されるということになります」

「それでも、今言ったサポートの役割の方々は、個人の販売高に応じたインセンティブ給与はつかないのだな？」

高山は、黙ってしまった。

「そういう方々の協力があってはじめて、店は最高のパフォーマンスを上げ、結果として売上も上がるのではないのか？」

「現実的にはそうです」

「ここまでの話で言いたいのは、まず、売上を決める要素には、そもそも店側でできること以外の大きな要素が含まれているということだ。集客については、立地や競合店の多い少ないなど、店のスタッフではどうしようもない大前提がある。そして、その立地については、トップと立地開発責任者にせいぜい財務担当、良くてせいぜい営業マネジャーが入って決められ、ほぼ一方的に、店長には『ここでやれ』となる」

「はい。集客が難しい立地だと、店では手の打ちようがないということはよくあります」

「実際、ほとんどの小売業においては、立地が店の売上を左右するもっとも大きな要素であるのはまちがいない。さらに、直接的な売上を立てるのは一人の販売員でも、その売上をつくるためには、他の多くの店のスタッフの協力があるわけだろう？」

「その通りです」

「その協力してくれた方々の努力が報われないしくみになっているとしたら、それは制度に不備があるということだろう？」

「その通りです」

「ここで言いたいことは、お金に関する決め事は、企画段階で想定していなかったことも起きるものだし、影響も大きいということなのだ。頭で考えて作られたルールが、人の判断、意思決定に影響を与えて、世の中に大きな影響を与えてしまうということだ」

高山は、「なるほど」と言ってから、しばらく考えていた。

「安部野さん、具体的に教えてください。うちの店の場合はどうすればいいのですか？」

「別に、難しいことはない。いくつかやり方はあると思うが、一番わかりやすい手は、**個人の販売インセンティブに加えて、店舗としての売上計画に対してのインセンティブ給与をつける**ことだろう。つまり、皆が協力して店舗全体の売上を伸ばそうというインセンティブだな」

「あ、そうか……」あまりに簡単な答えで、高山は拍子抜けしてしまった。

「シンプルな解のほうが、一般的にはいい。ただし、率の設定には、十分なシミュレーションが必要だ」

高山は、沼口が安部野と同じようにシミュレーションの重要性のことを言っていたのを思い出した。

「今、安部野さんは、店舗売上の計画と言われましたが、個々の店舗について、適正な売上計画の立案って難しいのではないですか?」

「そうか?」安部野は、人を小馬鹿にしているような口調で言った。

「今の君の質問と同じようなことを聞いてくる人は、割と多いのだがな」

「僕は、売上計画の立案って、現実には難しいと思っています。うちも算式で決めようとしていますが、なかなかうまくいかないみたいです」

「算式だけで決めようとすると、君の会社のように科学的、というか産業化したやり方をはじめて間もない歴史の浅い場合は、まだ変動要因を十分読み切れないので難しいだろうな。マクドナルドくらい歴史があって、扱うアイテム数が限られる確立された業態ならば、『科学』がしやすいから可能かもしれないが」

「営業マネジャーが決めるとなると、インセンティブをもらいやすいように売上計画を低めに設定しようとする人も出てきます。逆に、アグレッシブな高い計画で社員を引っ張っていこうとする人も出てきます」

「そういう話はどこでもあることだ。よく考えてみたらいい。一人の営業マネジャーが10店舗の担当をしているとする。その10店舗の売上計画を立案時に高いほうから順に1位から10位まで並べてみたとしよう。そして1年後に、今度は実績順で高いほうから1位から10位まで並べてみる。さて、この計画の順位と実績の順位を比べた時に、どのくらい順位に違いがあるだろうか？」

高山はしばし考えてから答えた。

「計画立案段階で想定しなかった競合店の出店とか、道路事情の変化とかがなければ、まず変わらずに同じ順番になると思います。あとは、よっぽど優秀な店長が期中で配属されるとかがない限りは、まず変わらないですね」

「そうだろう？　ということは、営業マネジャーは、ほぼ着地できる数字を読めているということではないのか？」

「そうですが、営業マネジャーごとに堅く低めの計画を出す人、かなり高めの気合いの入った計画を立てる人、いろいろいますので……」

「それは別の課題の話だろう？　高めに計画を立てるマネジャー、低めに計画を立てるマネジャーがいるならば、各マネジャーの平均値をとってそれぞれが立案した計画を補正すればいいだけの話だ。そしてもし、担当の10店舗について計画の振れ幅を大きくするマネジャーーと、10店舗間での差をあまりつけないマネジャーがいるならば、その振れ幅の補正をすればいいだけの話じゃないか」

「あ、そうか」……そう考えればいいのか。冷静に考えれば、その通りだ、と高山は思った。

「なぜ、こういう大事な数字である計画、あるいは予算というものを、単純な算式だけ、あるいは気合いだけで決めようとするのかな」安部野は言った。

「君が今まさに言った通り、こういう数字を読むことができる能力を持っているのが、営業のマネジャーじゃないのか？」

「その通りです」

「そして、それが適正かどうかを判断できる能力を持っているべきなのがマネジメントではないのか？」

「そのはずですが……」

「さらに言えば、それをフェアなものにするための補正基準を作ったり、手順を組み立てるのが、君のいる経営企画室の仕事じゃないのか？　それによって、人のせいにできない納得感のある計画を作ればいいんだろう？　先ほどの、店舗側ではどうしようもない立地の良しあしに起因するような売上を左右する要因については、君のほうでフェアな結果に結び付くような計画の設定方法をつくらなければいけない」

結局、全ての話が最後は自分のところに落ちてくるんだ、と高山は思った。

「人事制度を導入する際に、人事系のコンサルタントに依頼したりすることもあるだろう。だがコンサルタントによっては、まるでパッケージを販売するように、細かいところまでは見もしない場合もある。**新制度を導入したら、運営レベルまで正しく着地させるために、社内の誰かが執念を持って修正し、導いていく必要がある**」

「そうか……」高山が考えていると、安部野は話を続けた。

「現実をイメージして考えるということだ。『成功した創業者』のようにな」

そして常にそこが原点なのだな……。高山は改めて思った。

「話を戻して、もう一つ想定される問題の話をする。個人売上高の販売インセンティブがあるならば、入店してきたお客さんを販売スタッフの間で、我先にと取り合いが起きたりしていないか？」

「店によっては起きていると聞いています。僕のいた店では店長や売り場のリーダーがしっかりしていて、販売機会については偏りが起きないように注意していますので、問題は起きてはいませんでした。でも店によっては、古株の販売スタッフが入店してくるお客様をどんどん持っていってしまうということも起きているそうです」

「まさに、そういう話なのだ」安部野は言った。

「まず、大前提として、**人事制度は皆が前向きにやる気になるためのものだ。ということであれば、その制度はフェアでなくてはならないという前提が必須となる**」

「そうですね。ズルい行為がまかり通ったり、上長の好き嫌いで、判断されたらたまりませんね」

「だから、昇給や昇格、業績給などの評価に関しては、フェアな、つまり公正な決め事が必要になる。今の話であれば、我先にお客さんを取りに行かないように、お客さんの入店を待っている販売スタッフには、お客さんの指名でもない限り、均等な機会が与えられるべきものだ。そのルールがちゃんと守られているのかをきちっと見ているのは店のマネジメントをしている店長の役割だろう。もちろん、お客さんのタイプによって販売員の得手不得手もあるだろうから、その場の接客の順番については、店長が判断すべきなのだろうな。なんとなれば、店全体の売上に責任を持っているのは店長のはずだからな」

「そうですね」

「**人事制度を健全に運営するためには、常に上長によるマネジメントが極めて重要なのだ。**KPIもマネジメントの強い意思と対になって機能する。人事制度は、皆が前向きにやる気になるためのものだという話をしたが、ただ数字だけを見る評価にすると、人は魔がさしたように、自分に都合のいいような運用をすることもある。人は弱いものだからな」

「はあ」高山は言った。

▼人事制度に必要な二つの顔

　安部野は、少し暗くなってきた部屋の隅をしばし見つめていた。

「君は、空海って知ってるよな」

「もちろん、知っています」

「よく最澄と並べられて遣唐使として唐に渡った留学僧として教科書にも登場してくるが、最澄が、国のエリートとしてすでに地位を築いていたのに対して、空海という人は無名の僧だったわけだ」

「僕は、最澄も空海も同じように偉い人という程度の認識でしたが」

「僕は宗教家でもないし、空海の偉業について事細かく話をするつもりはない。ただ、空海は、現代のビジネスマンとして捉えてみても、卓越した素晴らしい能力を持っていて、新しいことを切り開いていく強いイニシアティブと行動力、知力などを持っていたのは間違いないと思う」

　高山はひたすらメモを取っていた。

「当時の日本は平安京の造営、東北の蝦夷征伐などで財政も逼迫し、さらに疫病の流行もあり、国内の秩序が失せ、すさんでしまっていた。その時に、何をすべきかと考えて仏教の布教をしていた空海が当時、日本ではじめて造らせた明王《みょうおう》像というのがある」

「は？　明王像ですか？」

いきなり仏像の話になってしまった……と、高山は思った。

「仏教の教えは言葉で伝えるものだが、さらにより多くの人に伝えるために、目で見ても教えが伝わるように造ったのが仏像と言われている」

高山は、黙ってメモを取った。

「仏像の並ぶ立体曼陀羅の中心にあるのは、大日如来を中心とする五智如来、その右に五大菩薩、左に五大明王が配置されている。如来は、世界を照らす存在として中心に位置し、その如来が変身した姿と言われるのが菩薩と明王だ。この2群の像が、如来自身が姿を変えたものであるということがミソだな」安部野の話しぶりは、いかにも意味ありげだった。

「菩薩はやさしい顔をしていて慈悲の心を表現している。これに対して明王がいる。不動明王が一番なじみがあると思うが、なぜあのようなこわい顔をしているかわかるかな？」

「悪を憎んで、にらみつけている、というところでしょうか？」

「君は今、悪という表現を使ったが、不動明王の怒りの顔は、外の魔に向いているだけではなく、人の心の中にも向けられていると言われる。そしてその手には、人の煩悩を縛るロープとその煩悩を断ち切る剣を持つという」

「人の心の中の煩悩に、こわい顔を向けているのですか？」

「慈悲のやさしい顔だけでは人は救えないこともある。そういう追い払えないものを人間の心は持っている。その部分に向いているのが明王なのだ。わかりやすく言ってしまえば、きちっと叱って導く、つまり正しく成長させていくという考え方だな」

「当時、空海の伝えた考え方では、欲望というものが生きる原動力、活力の源であると考える。だから、人間の持つ欲望や業をコントロールする必要が生まれるということだ」

「僕、仏教って、禁欲を推奨しているのかと思っていました」

「日本の旧来の仏教はそういう側面を持っていた。しかし、空海の真言宗では、欲望を否定せずにエネルギーの源として位置づけており、それを正しく使う方法、すなわち、正しい方向性に導き、道から逸《そ》れればそれを戒めて正す、という方向舵《ほうこうだ》と制御技術の必要性を説いたわけだ」

「その制御技術が、あのこわい顔の仏像なのですか」

高山は安部野の話に、素直に驚いていた。

「そしてさらに不動明王の像をよく見ると、顔の丸みや肌などで、やさしさを表現の中に含めている。つまり、この怒りは、人を救うという慈悲の心から発している、ということだ」

厳しいがやさしいということか、高山は思った。

「まず一番段階の低い、獣性をむき出しにした状態に対しては、きちっとにらみを利かせて次のレベルに上げてやり、そして一番上位レベルの浄化にまでつなげていく、という考え方だ」

「煩悩って、獣性をむき出しにした状態なんですね」高山は言った。

「まあ、そういうことになるな。そしてこの考え方は、企業を救い、伸ばしていくための考え方と全く同じだろう。つまり、『人を救うのは人である』という前提があるということだ」

高山は、今日は人事制度の話を聞きに来ていたということを今、思い出した。

「慈悲と怒り、この二つの要素が、人を導いていく制度の中には必要ということだ。そして、そこには人間の欲望がエネルギーとしてベースにあるというわけだ」

「そして如来が、自身で菩薩と明王の二つの顔を使うということですね」

「そうだな。**方向性を示し、がんばったら、よかった、よくやったと褒めたたえ、道を外したら厳しく対応して正すという、この二つの機能が反映された制度とマネジメントが必要ということだ」**

「言われることはわかります。ただ、もう少し具体的に言うと、どういうふうになるのでしょうか？」

高山は聞いた。

「如来は、世界を照らしているわけだから事業の方向性を明確にすることにつながる。菩薩は、昇格で褒め、昇給で報いるなどの前向きなシステム、問題は明王の役目を果たす機能だ。人のずるさに対しては、逃げずに向かい合うマネジメントのことだな。こういうことを制度、

習慣とし、企業の文化にすることを意識して、企業づくりを推進していくと考えればいい」

高山はしばらく考えてから、口を開いた。

「安部野さん、つまりですね、会社では、中心的存在である如来が、社長、トップ、それから上長ですね。前向きな行いに対しては、如来は菩薩の顔になって、褒めて、報いてやる。反対に、道を外した行いについては、明王の顔で煩悩を縛り、必要ならば断ち切ってやる、ということですね」

安部野は「その通りだ」と言った。

「人とは、『性善なれど、性怠惰なり』だ。悪気はないが、つい自分にとって楽なほうに、怠惰なほうに進んでしまいがちなものだ」

「それ、よくわかります」

「**不振企業を見ると、甘やかされた環境とまでは言わなくても、事業に対する真摯な厳しさが失われ、エゴイズムや要領のよさがはびこり、『会社に貢献しているふり』の上手さが横行している場合もある。**そういう企業は、トップである如来が化身した、真っ当な意味での厳しさである明王の顔や姿が機能していないということだな」

「ズルさのある要領のよさって、僕はいやです。そういう人が評価されていたり、重用されているのを見ると、社員、全員のやる気が失せます」

「その通りだな。つまり人事制度においては、フェアさ、公正さが、何よりも大前提となる」

安部野は、笑みを浮かべながら話を続けた。

「そもそも人間というものは、その発達した脳のおかげで、危険を予知、察知する本能的な能力に長けている。暗闇に恐怖を感じて、近寄らないようにするのもその一つだと僕は思っている。肉体的には極めて弱い人類が、絶滅することなく短期間でこれだけの繁栄をしたのは、一つはこの危機を予知、察知することができる知能によるところが大きいと思う」

「なるほど、そういうことですか」

高山は、安部野の説に聞き入っていた。

「しかしこの能力が同時に、人類の歴史において国や企業の永続性が保てず、時が経つと滅亡に導いてしまうという副作用を生んでしまったとも思う」

「それは、どういうことですか？」

「国や企業が大きくなり、ある程度安定すると、今のままでいい、今のやり方を変えないほうが、当面の食う飯を安定的に確保するにはいいと考えてしまう」

「その感じはわかります」

「そして未知のもの、よくわからないものには近寄らない、という脳の危機管理能力が、変化、改革に対しても恐怖感を引き起こす」

「変化や新しいことに臆病になるということですか」

「そうだ。そしてこれが、保身や様子見、つまり何もしないという態度をとらせて、新しい試みや改革のイニシアティブを抑え込んでしまい、自己変革はもちろんのこと、国や企業の変革を妨げることにつながってしまうということだ」

なるほど、と高山は思った。

「**人類が絶滅しなかったのは危機察知能力のおかげだと言ったが、一方で、人類が発展したのは、欲望や好奇心により、新しいことや、よりよいものを目指して挑戦していくイニシアティブのおかげだ。**今の人類の繁栄はこのイニシアティブのおかげだと思う。ところが、この危機察知本能に、既得権益確保のために『変えられたくないという個人的な意思』が加わると、この進歩のためのイニシアティブをつぶしにいく輩が現れることがある」

「えっと……、どういうことでしょうか？」

「つまりだな、ある人が、『国や企業の進歩のためには改革を行うべきだ』と思ったとする。一方、別のある人が『その改革によって、自分が持っている既得権益、つまり収入や権力だな、これを失うのはいやだ』というエゴイズムを腹に持つ。そして、『不確かなことに懸けるより明日の飯が確保されている今のままでいい』という想いを持つ人たちに働きかけ、まったく別の大義名分を主張して、改革を阻止する負のイニシアティブを煽って先導する、とこんな感じだ。人類の歴史は、ほとんどこの正と負のイニシアティブの主導権争いの歴史だ」

「今の話は、『総論賛成、各論反対』と同じですか」

「そうだな」安部野は言った。

「そして、そういう強いエゴイズムを腹に持った奴は、全力で改革を阻もうとするものだ。それも手段を選ばずにな」

なんか、わかるな、と高山は思いながらメモを取っていた。

「そんなところに智恵を使うならば、そのパワーを前向きな仕事に使えばいいのにと思うのだが。彼らも自分の存在の危機を感じるから、渾身の力を込めて抵抗をしてくるのだろう。マズローの欲求5段階説の一番下位の生存欲求、本能的な部分が侵されるのと同じことなんだろうな」

安部野は一人で苦笑いをしていた。

「実際に僕も、その、腹に一物ある側近が、トップに報告される情報を操作し、改革を止めてしまった例をいくつも見てきているよ」

「改革って、その改革をやることが本当にいいのかどうかが一般人にはわかりにくくないですか？」

「ああ。国というレベルでは、国民に流れる情報が、いろいろな思惑のもとに操作されたりするからな。マスコミも悪気の無いままに、ニュースバリュー、つまり皆が『おおっ、知りたい』と思うネタを全面に出して数字を稼ぐものだ。よって、良くなる話、悪くなった話ばかりにスポットライトが当たることになる。よって、国民も、歴史や社会科学などの軸となるものをしっかり理解しておく必要はある。**企業においては、少なくともトップは、正しい**

判断ができるようにするために、今の話程度は勉強しておかなければいけないな。ただどうも、ここがおろそかにされている企業が多すぎる」

「今の国の話も企業の話も、僕、よくわかります」

「人類の歴史を俯瞰してみれば、時に抵抗勢力が勝って、一時的な逆戻りのようなことは起きている。企業や国、世の中の発展のために改革を仕掛ける者、前に進める者は、それをも乗り越える力を持たねばならないということだな」

また、自分のことが言われている、と高山は思った。

「関連してもう一つ話をしておく。こういうエゴイズムを前面に出して改革を阻止する勢力が強くなるのは、上の抑えが効かなくなっているからだ」

「と、いいますと？」

「日本の歴史を見ても、平安時代や室町時代の後期など、世の中が荒れた時代はいくつもあるが、共通しているのは、その上のおさえが弱くなった時だということだ」

「確かに歴史を振り返るとそうですね。世界史でも国力が弱くなった時に外敵に侵入されたりしますね」

「つまり、**オーナーシップを持つ者、あるいは事業トップの意志、おさえが重要なのだ。これが弱くなると、国も企業も荒れてしまい、結果として不振、停滞状態に陥っていく**」

「トップの意志が強くとも荒れている会社とかはあるのではないですか？」

「うむ、そうだな。言い方を修正しよう。正しくフェアな判断に基づくおさえだな。フェアさの重要さが理解されず、実践されていない場合、結果として会社は荒れていくな」

「そういう状態を僕たちがつくらなければいけない、ということですか？」

「そういうことだ、よくわかってきたな」と安部野は言った。

「巨悪が存在していなくても、よくよく見れば、今のままでは破滅に向かってまっしぐら、という状況下にある企業であっても、とりあえず、少なくとも自分は、今は飯が食えるからいいじゃないか、何もしないでおこうという意見を主張する者が大勢を占める場合がある。これは、平和ボケと言っていい状態だろうな」

「**安部野さん、ここで言う『悪』ってなんですか**」高山は尋ねた。

「**エゴイズムだ**」安部野は即答した。

「ただし、人は誰でも大なり小なりエゴイズムというものを持っている。そこに意図的に人を不利な状況に誘導する行為が加わった時に、本物の悪となるな」

「はあ」高山はため息のような声を発した。

「例えば、役員たちが比較的高齢で、『自分が退職金をもらう時までは会社がもつから、リスクのあることはしないでおこう』なんてことを、口には出さずとも皆が腹で思っているのも、そのささやかな一例だな。その状態をまずいと思った誰かがイニシアティブを取らないといけない」

具体的な対応には、智恵と気を使う必要が出てくるんだな……、高山は思った。

「人は弱さを持っている、誰だってそうさ。ただこれをうまく戒めていかないと、エネルギー、つまり欲望の強い人ほど暴走してしまうものだ。これを上手に制御すること。これが人事制度運用の基本にすべき思想だ」

珈琲の香りが漂ってきた。

「珈琲を持ってきましたよ」

高山待望の安部野彩が、珈琲をトレーに載せて現れた。

「お、ありがと」と安部野が言うと、彩は、そのままテーブルの横に立ったまま、

「おもしろそうな話をしているのね。兄さん、私も同席してお話に加わってもいい？」と聞いてきた。

「時間があるなら別に構わんが」

安部野が答えると、彩は、高山の横に腰掛けた。

➤前提が違えば制度の運用に不具合が起こる

「制度づくり、そして制度の導入に当たって、もう一つ大事なことを話しておこう。前回も

話をした『ものごとには全て前提がある』という話だが」

安部野は話を続けた。

「戦後、高度成長を経て伸びてきた日本の産業は、当然、この島国である日本で育ってきたわけだ。日本の市場であり、日本の文化と風習の中で育った従業員が携わって成立しているビジネスだ。グローバル化により、海外でもビジネスを展開しているとしても、育ってきた土壌は日本だ」

高山は、黙ってメモを続けていた。

「ところがだ。今、日本企業でよく取り入れられる多くの経営科学の技法については、事業部制にはじまり、戦略のフレームワークや組織論、そして、今や、多くの会社で通じる言葉となったKPIを成果主義指標に使った制度を含めて、米国発のものが多いのだ」

「そうよね。『競争の戦略』のマイケル・ポーター、『ビジョナリーカンパニー』のジム・コリンズ、マーケティングのフィリップ・コトラーとか、特に古典は圧倒的に米国のものね」

口をはさんできた彩の目は、珈琲を運んでくる時とは違い、好奇心いっぱいでキラキラしていた。

「米国の経営科学は、基本的に実証主義のうえで成立している。つまり現実を調査のうえ、こういう方法論が有効であると論拠を添えて、有効な新コンセプト、自身の理論やフレームワークなどを導くというやり方をする。この実証主義はもちろん意義があるのだが、時として、事実関係をもって証明されているように見えているだけ、という可能性もあるということだ」

「兄さん、その解説だと高山さんには伝わりにくいと思うわ」

彩は、高山の戸惑う顔を見て言った。

「それはそうだな。では、一つ例を挙げて話そう。今から35年くらい前だったかな、年明けから何日か経った日の主要新聞の1面にこんな記事が載った。『毎日味噌汁を飲む人は、ガンになりにくい』という論文が発表されたとな」

「そんなことがあったの?」彩が合いの手のように言った。

「さてここで、毎日の味噌汁と、ガンの発症率に因果関係が本当にあったのか、ということだ。高山君、君はどう思う?」

「毎日味噌汁を飲むような生活の人って、朝からちゃんとした食生活をしている人のように思えます。当時は高度成長期ですよね。ビジネスマンも、夜遅くまでお酒を飲んだりすることも今より多かったでしょうから、朝からちゃんと味噌汁を飲めた人って、規則的な生活ができている人のように思いますけど」

「うむ。この話のポイントは、毎日の味噌汁とガンの発症率は、相関していそうだが、それは果たして因果なのかということなのだ」

「どういうことですか?」高山は聞いた。

「簡単に言えば、毎日味噌汁を飲むようなライフスタイルの人はガンになりにくいかもしれないが、ガンの発症率が低いことと、味噌汁に含まれている何らかの成分に直接的な因果関係があるのかどうかが、この記事からだけではよくわからない、ということだ」

「あー、なるほど」高山は言った。

「つまり、**実証主義の場合に、気をつけるべきは、それが因果なのか相関があるだけなのか、その混同を起こさぬように気をつけねばならない**ということだ。実験計画法のように実験を前提にできる場合はよいが、経営においては、『こうやったら失敗するかも』なんていう実験はなかなかできるものではないからな」

安部野は珈琲を飲みながら話を続けた。

「話を戻すが、世の中には大事な前提であるにもかかわらず、当たり前すぎて記述されないことがあり、結果、時代や距離をまたぐと、つい見過ごされてしまうものがあるということだ」

「すみません。よくわかりません」高山は素直に言った。

「例えば、歴史的に外敵からの侵略も少ない島国という特殊な環境の日本で成立してきた文化、そして移民の国である多民族国家の米国で成立している文化、それぞれに違う点があって当然だ。ただ、それぞれの文化にとって常識となっていることは、あえて言葉として説明がなされないものがあるということだ」

「今、兄さんが言ったことって、歴史、日本史の研究でも指摘されていることでしょ？」

「その通りだな。同じことが米国発の経営科学、経営理論にもある。つまり、その調査のベースが米国であれば、米国の企業での実態調査に基づいているという大前提がそこにあるということだ」

「兄さん、では、米国と日本の企業の、前提の違いを認識しておかないといけないということね」

「その通り。成果主義について考える場合も同様だ。まず日本人は、基本的に自己主張が強くない。この島国という国家環境で育まれた『和を以《もっ》て貴《とうと》し』という国民性ということもある。仕事の成果をできるだけ見える形にしていくことは重要ではあるが、成果主義の評価において今、国内でよく見かけるように、数字を直接的に評価に結び付けてしまうことが日本企業にとっての経営の最優先事項であったのか、という疑問はある」

「確かに、成果主義の評価システムを導入して、なんだかおかしくなってしまった感じがする会社は多いように思うわね。『自分が評価されるのはこの指標だから、この指標だけ上げることをやります、それ以外は関係ありません』なんて、そもそも、おかしいと思うわ」

「僕は別に、成果主義の指標そのものが悪いとは思っていない。米国企業であれば、米国で練られた制度はそのまま導入してもさほど問題はないのだろう。だが、日本企業に導入するに当たっては、直接的な評価にいきなりつなげるような導入ではなく、**運用方法の調整を行**

いながら、自社のマネジメントスタイルにあった運用を確立すべきものだったと思う。米国企業のマネジメントは『人治』式、つまり優秀な人間に金と組織を与えて、成果を出せという色が日本企業よりもはるかに強い。そのように前提が違うのだから、その違いによって起きる不具合は修正すべきだ」

「私も、その指標が評価の全てを担ってしまうような運用には問題があると思うの。企業によっては、制度を導入したものの、使い物にならないと判断されて、業績給には反映させるけど、昇格には全く使われなくなり、結局、前以上に主観的な、好き嫌い色の強い人事に戻ってしまった例も知っているわ」

高山は二人の会話を聞きながら、安部野さんに彩さんが加わると、話が、何倍にも増幅するなと思った。

「つまり、**物事には、全て前提がある。どこかによい道具やアイデアがあったとしても、環境条件などの前提が違えば調整が必須になる。思考停止したままでの導入なんてありえない。課題が見つかれば、素早く修正を行うなんてことは当たり前だ**」

「新しい制度がよさそうならば検討してみて導入するというイニシアティブはいいと思うわ。でも上手く機能していない時に自分のせいじゃないと逃げるのではなく、修正しにいくイニシアティブが欲しいわね」

安部野は、珈琲を飲みながら、彩の意見を聞いていた。

「言ってみれば、**勇気ある『調整のイニシアティブ』**だな。成果主義評価を導入した企業でも、動きの早い企業は何のためらいもなく、さっさと不具合を修正している。元来、成果を正しく評価して、昇進・昇格につなげるということはとても大切なことだ」

「兄さん、日本企業の修正行動などが遅い原因はどこにあると思う？」

「それは、もともと和を重んずる文化があり、そこでは欧米式のリーダーシップを重視し、育てる教育を十分に行えていないということだろうな。そこで経営者になったから急にそんなリーダーシップを発揮せよというのも無理があるだろう。担当者も責任を追及されるのがいやだから、問題に気がついていても黙っているということもある。『官僚の無誤謬性』という言葉もある。権威は、なかなか非を認めたがらないというやっかいな側面があるからだ」

「でも、創業者の場合は、そうはならないわね」

「『成功した創業者』は、そのスタイルはちがえどもリーダーシップありきで成功に至っているわけだ。そもそもすべてのPDCAを自分で廻さないものは『成功した創業者』にはなりえないだろう」

「ということは、正しいリーダーシップの発揮は2代目以降の社長にとっての課題といっていいのかしら」

「2代目以降だけに限らず、事業の規模がある程度を超えると、正しくリーダーシップを発揮するためには、社長業の精度を支えるサポート体制が必須になる。別に経営企画室をつくらなくても、幹部との会議体を整備するだけでも事が足りる場合もあるだろう。成功している経営者は、創業者であっても、自分の周りがきちっと機能する体制はしっかり固めていると思うな」

「それが、高山さんのミッションということなのね」

彩は、高山に向かって微笑んだ。その笑みには、先ほどまでとは違い、その目にやさしさを感じることができた。

彩の携帯電話が鳴った。

携帯電話に表示された番号を確かめ、「お話に参加させていただいて楽しかったです。ここで失礼しますね」と言って、彩は席を立ち、またね、と高山に手を振りながら部屋を出て行った。

安部野は、「まあ、そういうことだな」と言って、珈琲を飲み、改めて話をはじめた。

「全ての道具には、それを使うことによるメリットと、その際に気をつけなければいけないことがあるものだ。包丁やカッターナイフでもそうだろう？ 使うことによって享受できるメリットは素晴らしいが、まずその機能、取り扱い方を体得することが必要なのは、当たり前だ」

「今のお話を伺いながら思いました。火薬だってそうですし、原子力だってそうですよね。どうして、世の中の経済活動の主体である経営のノウハウで、それができないのでしょうか？」

「先ほど述べたように、多くの経営科学から生まれた道具立ては、確かにうまく使えば有効なものが多い。だけど、何も考えずに導入するなんていうのは、本来狂気の沙汰だ。劇薬みたいな副作用のあるものも存在する。万一、不適切なしくみが導入されてしまったら、速やかに、修正行動をとるべきだろう？　全ては、**『成功した創業者』をイメージするといい。『成功した創業者』なら、事業運営の最適化のために常に素早い修正行動をとっているはずだ**」

「そうでしょうね」

「つまり、**戦略や方法論の問題よりも、導入方法や、運用の問題が大きいのだ。実践力ともいえるかな。**そのためにも、君の部署のようなところがきちっと機能することが、企業にとって重要なのだ」

高山は、今日はいつにも増して、全ての社長まわりのことをサポートする役目としての経営企画室の位置づけに言及されている気がした。自分たちが参謀機能として、会社がちゃんと動いている状態をつくっていくために動かなければいけないというイメージが明確になってきた。

「まあ、**人事制度にかぎらず、事業観を持って制度を上手に導入して機能させないと、個々の努力の総和が全体最適にならなくなる。**参謀機能は、外部コンサルタントを使ったとしても、そういう制度設計と構築を正しく進める能力もつけていかねばならないな」

▼リストラは勇気ある経営判断なのか

「安部野さん、今日はもう少し、聞いておきたいことがあるのですが」高山が言った。

「企業が**人を大切にする**って、どういうことなのですか。今は海外の企業だけではなく、日本の企業でも不振になるとリストラとかいって人員の整理をします。安部野さんからすると、**人員の整理**ってやっていいことなんですか、どうなんですか？」

「ふむ」と言って、安部野は話をはじめた。

「リストラの是非論等があるが、そんなもの、議論自体が意味がない。人間誰でも、仮にも同志としてやってきた仲間を路頭に迷わせるようなことなんてやりたくないに決まっている。それをやるには、米国においては大前提がある。つまり、株主が強く、利益志向が強い。つまり配当を出すことへの圧力が日本以上に強い、ということだ」

「米国の場合は、利益を出すためにリストラをもしなければいけないということですか？」

「まあ、米国では株主の期待にそえることのできる十分な配当が出せる利益が出る見込みがないならば、人員整理は行って当たり前、という風潮になっている」

安部野はさらっと答えて、話を続けた。

「ところが日本企業においても、『リストラをできることが勇気のある経営判断だ』というような風潮が一部で出て、しかも定着しつつある。米国の経営手法に学ぶという姿勢に端を発していると思うが、よく考えれば日本は、米国ほどは配当への圧力が強くない。むしろ株主は企業の成長、発展を望んでいる人が多いと思う。ここでリストラをしなければいけないということは、単に投資などの戦略的な経営判断をまちがえ、P／Lベース、つまり事業の利益ではなくて、B／Sベースの現金事情で危機的な状況に陥ってしまったということだ。金融機関からの支えが受けられないまでの状況になってしまったということだな。さもなければ、正当な理由など見当たらない」

「米国の上場企業の経営者の場合は配当を出す責任がある。日本企業は現金が回らなくなった場合に人に手をつけるが、それ以外は人に手をつける理由にはならないはず……ということですか」

高山は聞いた。

「『経常・営業利益が出ないから、つまり無配は避けたいから、人員を整理する』という考え方は僕はおかしいと思っている。戦略的な経営判断が十分できていない企業が、人材の評価や業務内容の標準化がしっかりとできているとは考えにくい。ということは、単純に、年齢や年収レベルを見て、肩叩きの対象者を決めていくなんていうことをやりかねない。そんな考え方で事前の準備もなしに人の整理などをしたら、社内の業務システムやオペレーションがボロボロになり、坂道を転げ落ちるがごとく、企業がそのまま再起不能の道を歩むことも多い。単年度の収益性のみを追うことを最優先させる、ある意味、米国式経営システムの弊害部分だ」

「きちっと業務内容の組み立てができていない企業が、うかつに人の削減などに手をつけるとエラいことになりますね。でも、そもそもそういう管理ができている会社であれば、人に手をつけることに至る可能性は低そうですよね」

「そうだな。業務の正しい標準化を行っていない会社だと、仕事が属人的なままで放置されているものだ。ちゃんと業務が動いているかを前向きに管理できていればいいが、世の中の会社全てがそういうことでもない。もし、属人的に業務が動いている状態で、人に手をつければ、業務システムが壊れてしまい、修復不能なレベルに至ってしまうこともある」

「なるほど」と高山は言った。

「ある日本を代表するグローバルな最大手の製造業のグループ企業のトップだった方に聞いたことがある。誰でも知っているこのグループでは、各事業会社のトップに就任する時に『**雇用には、絶対手をつけるな**』ということが代々、引き継がれているそうだ」

「リストラはしないという決め事があるということですか」

「口頭で伝えられていく不文律だそうだ。そして、万一、リストラせざるをえないことになった場合は、自分が最初に辞任せよ、ということだそうだ」

「考え方としてすごくわかりやすいです」

「この意味合いは、上場企業であっても、**常に長期的な視点を持って経営判断をせよ**、ということだな。ＧＭやフォードがこんな価値観で経営することができていたら、ああいうことにはならなかったろうな」

話を聞きながら高山は、自分なりの経営というもののイメージができてきたような気がした。

「**企業は、働く者がそこで力を高め、自身の力を発揮して事業に貢献し、そして企業が市場に貢献する。結果としてその存在自体が意義のある会社として発展していく。**こう考えるのが一番収まりがいいと思う。**市場も企業も、そしてそこで働く者も皆が幸せになれるからだ**」

「今の説明、といいますか定義はわかりやすいです」

「君の質問である、人を大切にする会社、っていうのは、こういう考えを持つ会社じゃないか。そして、簡単なことではないが、こういう会社づくりにチャレンジするっていうのは意義のある生き方だと思うがな」

高山は笑顔になりながら、安部野の話のメモを取っていた。

「**世の中に足跡を残してきたのは、保身に走った人たちではなく、道を開こうとあがいた人たちだ。どういう人生にするかは、自分で選ぶことだ**」

安部野の言葉に高山は、「なるほどな」と思った。

▼高山、社内の決まりごとに違反する

「高山さん、ちょっといい？」

経営企画室の席にいた高山に、相澤が声をかけてきた。

「何？」

「この間、阿久津専務に紹介された販促コンサルタントの人と会ったでしょう？　その報告は、伊奈木さんにはちゃんとした？」

「うん、説明を受けた内容は翌日に報告した。チラシやDMの事例をたくさん持っているし、マーケティングの知識も随分持っている人だって報告した」高山は答えた。

「全部、伊奈木さんに話をしたの？」

「したつもりだけど。何かあった？」

相澤は、高山を見ながら眉をひそめてしばらく黙っていた。

「さっきね、秘書室の木本さんに呼びとめられて聞いたの。阿久津専務が社長と社長室で打ち合わせをしていたんだって。そして、打ち合わせが終わったあとに、阿久津専務が高山さんの話をしたんですって」

「へえ、何の話だったのだろう？」

「高山さんが、業者に食事をご馳走になったって」

「阿久津専務が社長に？」

「そう。高山さん、わかってる？　しきがわでは、役員以外は、取引先との飲食は一切禁止よ」

「え、知らない」

高山は、顔から血の気が引いていくのが自分でもわかった。

今の高山の頭は、もはや全く作動していないのと同じだった。

「商品部や販促部の場合、扱う金額が大きいので、配属されたらすぐに厳しく教えられるの。高山さんはずっと営業だったし、経営企画室だと、そういう取引業者さんとの付き合いもないから誰も言わなかったのでしょうね。それに伊奈木さんが、まだ来たばっかりだったから、そういうことを高山さんに言ってなかったのだろうと思うけど」

「なんで、阿久津専務がそんなことを知っているんだろう」

「その高山さんと食事に行った業者の方が、あとでしきがわのそのルールをどこかで聞いて、阿久津専務に詫びの連絡を入れたんですって」

「僕じゃなくて、阿久津専務にお詫びがいったんだ……」

「あのね、しきがわの慣例では、こういう場合、取引先は責められないの。普通はこちらの担当者が処分されるの。降格とか……」

「僕も、そうなるの?」

「どうかしら……。別に実際の取引があるわけでもないから、処分は考えにくいけど」

相澤は、少し考えてから、高山に向かって言った。

「ただね。阿久津専務は、最後に社長にささやいたらしいの。『高山の奴、とんでもないことをしてますなあ』って」

▼人事制度の改善案をプレゼンする

「当社の成果主義に基づく評価制度については、まだ課題含みの状態であるといえます」

高山は、現状の人事制度の改善案についてのプレゼンテーションを経営会議で行っていた。

「まず、営業のインセンティブ制度については、個人が常に店全体での売上の最適化、そしてお客様の信頼の確立を意識するために、店舗単位での計画達成度に応じたインセンティブも追加する形にすべきと思います」

高山はスライドを進めた。

「また、各販売メンバーの販売機会に関して公平を期すために、店長、あるいは店長代理が、その接客アプローチの順番について監視するようにすべきと思います」

高山はここで、スライドを使ったプレゼンテーションを止め、経営会議に参加しているメンバーのほうを向いた。

「まずは、この方向性でいかがでしょうか。この方向性についてのご意見をいただきたいと思いますが」

高山は、参加者を見渡して、質問や指摘を促した。

「高山君」社長の四季川が発言した。

「では、現状の販売インセンティブ制度については、今、君が説明したような問題が起きているんだね」

「はい、そうです。営業現場の社員は皆、認識しています」

「ほう、私には、その認識はなかったのだが、君の発表では、早めに修正したほうがいいようだね」

阿久津も大久保も、四季川とは視線を合わせようとせず、前を向いたままだった。

「そのほうがいいと思います」

高山は答えた。

「それにしても、私のところにそういう情報が入ってこないということには問題があるなあ。そういうところを直していかねばいけないと思うな。伊奈木さん、どうしたらいいですかね？」

伊奈木は、大久保の顔をチラリと見たが、不機嫌そうな顔で自分の前の一点を凝視したままだった。阿久津、添谷野については、全く無表情のままで、発言する気配さえもなかった。

「新制度を導入した場合は、その実施状況についての報告は必須だと思います。まずは、今後については、制度の企画の実施を決裁する際に、その後の状況について、この経営会議への報告もスケジュールにして必ず入れるようにするのがいいと思います」

「確かに、その通りです。そのようにしてください」

四季川は言った。

「この方向性でご出席の方々からご異論がなければ、次は実行プランの詰めに入らせていただきたいと思いますが、いかがでしょうか？」

伊奈木の問いかけに、四季川が、「進めてください」と答えた。

「あの……、あとですね」高山が話しはじめた。

「本日、お話しできなかった部分ですが、営業以外で導入されている成果主義の評価体系の課題についても次の機会で発表させていただきたいと思うのですが」

四季川は伊奈木のほうを向いた。

「ほう、そちらにも問題がありますか？」

伊奈木はすぐに答えず、小さく深呼吸を行った。阿久津、添谷野が伊奈木の答えに全神経を向けていることを肌で感じた。

その間に、立ったままの高山が発言した。

「あると思います。今の評価指標そのものではなく、ＫＰＩ偏重の運営については、修正したほうがいいと思います」

伊奈木は思わず高山を見たが、高山は伊奈木の視線には気づかず、自分の想いを述べることに集中してしまっていた。

「KPIだけで全て判断、行動していいような導入のされ方をしているのが現状だと思います。特に商品部で自分のKPIだけよければいいというおかしな風潮が生まれてきているのは、よくないと思います」

伊奈木は眉間にしわを寄せ、目をつぶって高山の発言を聞いた。

「そんなことが起きているのですか？」

四季川は出席者を見渡した。

「これについても、問題点と対策をまとめて発表させていただきたいと思います」

高山の発言を聞きながら、大久保は、目をまん丸にして高山を見ていた。

「わかりました。では、伊奈木さん、そちらについての現状の把握と対応の検討もお願いします」

四季川の指示に、伊奈木は小さめの声で、「わかりました」と答え、あえて参加者の顔は見なかった。

伊奈木は、社長室で四季川と話をしていた。

「伊奈木さん、高山君のことなのですが」

「はい」

「先週の経営会議では、彼は販売インセンティブの改革について、よい方向性を出してくれましたが、実は先日、高山君が販促の業者から食事をご馳走になったという話を聞きましてね」

「はい」

伊奈木は、相澤からの情報で、阿久津がこのことを社長に報告していたということは知っていた。

「しきがわでは、好ましいことではないのです」

「申し訳ありません。私がちゃんと指導をしておくべきでした」

「伊奈木さんがまだ、しきがわに来て日が浅いということもあり、そのことをあまり意識していなかったということもあるのでしょう。相手の販促コンサルタントは、腕はいい人なのでしょう？　もし、これが商品部や販促部であれば処分の対象として検討することになりますが。まあ、経営企画の高山君に対して、何か処分をというのは、今の時点では適切じゃないと思います。本件については、今日の伊奈木さんとの話で終わりにします。あとは、話がややこしくなるといけないので私から一切口にすることはしません。伊奈木さんから、本人にしっかりと注意をしておいてください」

「わかりました。申しわけありませんでした」

伊奈木は四季川に深々と頭を下げた。


「高山さん、大変」

経営会議の翌週の金曜日、経営企画室に出社してきた高山を迎えたのは、相澤の青ざめた顔だった。

「また、何かあった？」

「これを見て」

相澤が、高山に一枚のコピーを見せた。

「えっ」

高山は絶句した。

その書面には、高山に関しての誹謗中傷、悪意に満ちた文章が書かれていた。

「この書面は、『紳士服のしきがわ』の全店に、差出人不明の封書で送付されたらしいの。総本店に届いたもののコピーがこれよ」

書面に目を通す高山の顔が、一瞬にして青ざめていった。

解説　人事機能の使命とは

この章の解説では、本来の人事機能とは、どうあるべきものなのかについて述べてみます。

「成功した創業者」が一人で回せる事業規模の限界を超えた時に必要なのが分業の推進でした。それが組織論のはじまりですが、その分業を実践するに当たって、重要な要素となるのが「人事」です。

「創業者」は、事業を伸ばしてより大きな事業にすることを目指します。そして企業が成長することは、社員やお客様、ひいては市場をも幸せにすることが「創業者」にはわかっていたはずです。その成長に必要な分業を進めるに当たり、もっとも重要なのが、社員の「やる気」を最大限に引き出すことです。

ところが、事業の成長がS字曲線のピークに至り、成長の踊り場を迎えたとき、そして、ゆるやかな衰退軌道に入ったときに、人件費に手をつける場合があります。

本来その局面で一番重要なのは、競争優位性を磨き、勝てる事業、成長していく事業にするためにレベルを上げていくこと、そして、さらに新たな成長軸の検討や挑戦を行うことです。

しかしながら営業利益ばかりを意識して、事業システムがしっかりしていない会社が、

PLの出来栄えだけを見て、給与や人減らしに安易に走ってしまえば、事業は弱体化するだけで、ますますリカバリーが難しい状況になります。

「収益性を高めるため」などと言われると、いかにも経営の議論がなされているように聞こえますが、本来、そのあとに来るべき言葉は「成長を目指す」であって、「人件費の圧縮」ではないはずです。

もし、人件費について述べたいのならば、「BPRの推進、すなわちビジネスプロセスの効率化、最適化をコスト・納期・品質の3軸から推進しましょう」でなければいけません。

さもわかったような経営用語が横行する中で、商売の本質からどんどん離れていかないようにするためには、「成功した創業者」が何をしていたかを、よく考える必要があります。

組織図は責任と報告の関係を描いた、ただの箱です。またさらに、「人治」前提の米式のマネジメントの元での、レポートトゥ（直訳すると「報告する」ですが、その実は、「評価される」）の関係をわかりやすく記したものです。またビジネスプロセスを最適化して設計したとしても、そこにいる人々が、前向きなエネルギーを発揮して真剣に取り組まないかぎりは、ただの「絵に描いた餅」にすぎません。**社内の方向性を合わせ、社員に前向きなエネルギーを発揮させることが、本来の人事機能の使命**です。

成果主義評価制度などの新しい人事制度の導入を行ったとしても、あくまで運用の主役はマネジメントです。マネジメントのレベル向上なしには、どんな制度を導入してもほとんど

図08　社内の方向性を合わせるのが人事の機能

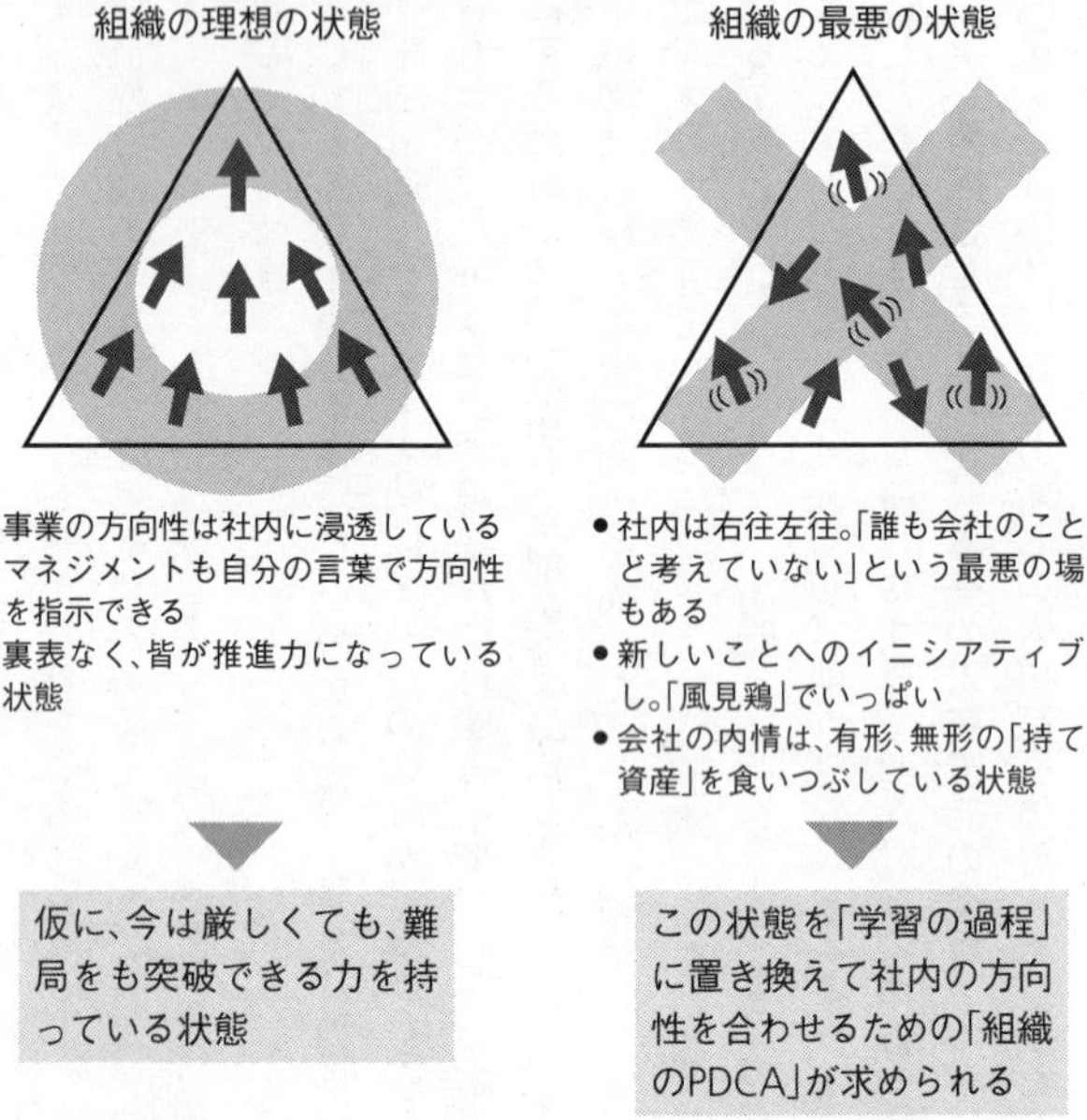
組織の理想の状態
組織の最悪の状態
●事業の方向性は社内に浸透している
●マネジメントも自分の言葉で方向性を指示できる
●裏表なく、皆が推進力になっている状態
●社内は右往左往。「誰も会社のことなど考えていない」という最悪の場合もある
●新しいことへのイニシアティブなし。「風見鶏」でいっぱい
●会社の内情は、有形、無形の「持てる資産」を食いつぶしている状態
仮に、今は厳しくても、難局をも突破できる力を持っている状態
この状態を「学習の過程」に置き換えて社内の方向性を合わせるための「組織のPDCA」が求められる

意味はありません。**「人、性善なれど、性怠惰なり」**であることを踏まえ、**「お天道様は見ています」という状態をつくることが、マネジメントの大事な役割です。**

　人を大切にするということは、人を甘やかすことではありません。「如来が、菩薩と(不動)明王に化身する」という話がありましたが、良いは良い、悪いは悪いと、愛情と勇気をもって部下を指導し、躾をすることはマネジメントの必須事項です。**人事部は制度を構築、運用したり、人に関する様々な役目を果た**

しますが、評価をはじめ教育、指導を日々実践するのは、マネジメントだという事実を忘れてはいけません。

そして、マネジメントも含めて全社が同じ方向を向いて業務に取り組むために、方向性を明示するのはトップの役割であり、そしてそれを翻訳して、自らの言葉で語るのは、中間管理層の役目です。

企業がその成長の過程において何度も直面する難局を越えていくこのマネジメントの機能、社員の前向きな活動を後押しする役割を担うのが、人事部の役目ということができます。

第5章

起死回生の販促プラン

——成功に向かって仮説を立て地道に努力する

▼怪文書が出回る

高山は本社の食堂で一人、ランチの定食を食べていた。

普通ならば、かならず誰かに声をかけて食堂に行く高山であったが、あの文書が出回って以来、なんとなく自分から誘うことがはばかられた。自分が皆から距離を置かれているようにも感じて、一人で食事をとっていた。

「高山さん」

守下が声をかけてきた。

高山はうつむき加減で食事を続けながら、上目づかいで、「よお」とだけ答えた。

「顔色あまりよくないですが、大丈夫ですか？」

守下は、高山の隣に座った。

「昨日の経費低減プロジェクトの会議、半分くらいしか出席者がいなかったんですってね」

高山は、「うん」とだけ答えた。

二人が話をはじめたところに沼口も食堂に現れ、ランチトレーを手にして高山の前に座った。

「高山。もうちょっと元気出せって」

高山は食事を続けたまま、沼口にも、「うん」とだけ答えた。

「樋上さんが電気代低減の成果を出して、四半期での成果表彰をされて、あの経費低減プロジェクトはすごくいい流れになっていたんだけどな」

沼口は、食事に手をつけはじめながら続けた。

「昨日のプロジェクトの定例ミーティング、出席者は半分になっちまった。ったく、変な手紙が出回ったからって、会社でやるべきこととは関係ないだろうによ」

沼口の話を聞きながらも黙々と食事を続けていた高山が、やっと顔を上げた。

「君子は危うきに近寄らず、って感じなんだろ。とりあえず、皆、様子見って思っているんじゃないの」

ようやく口を開いた高山だったが、いつもの元気はなく、顔色も幾分青ざめているように見えた。

「また、前みたいに誰かが、会議の前に何か言って回ったんじゃないですか？『お前、そんな会議に出てる暇あるんかあ』とか言って」

口真似をしながら言った守下に、二人は「十分ありうる」と心の中で思った。

「一体、誰が書いたんだろうな、あんな気持ち悪い文書を。あんなもん、今まで、しきがわで出回ったことないよな」

沼口は言った。

「僕も、店で見てびっくりしました」

「あれ？　守下、なんでお前があの文書を見たんだ。すぐに店への通達が出て誰にも見せずに回収するように人事から指示が出ていたはずだぞ」

沼口が突っ込みを入れた。

「人事からのそういう通達が出たってことは皆が知っていますよ。僕、副店長に頼んだんです。どうしても見せてほしいって。副店長には『見せたことを黙っとけよ』って言われました」

「結局そうやって、結構な人数の社員が内容を見ているんだろうな」

「沼口さんこそ、商品部にいて、なんで文書の中身のことを知っているんですか？」

「俺は……その、社内の情報通だからだ」

沼口は開き直った。

「でもな、高山。あの文書の内容だけどな、お前が店舗の現場から来て、わけもわからないのに、経費プロジェクトとかやって社内をかき回しているとか、ワイワイガーデン事業部で無責任な発言をし、やる気があってがんばっていた幹部人材を辞めさせたとか、書いてあってさ」

「それ、辞めた白家さんのことを言っているんだろ……」

高山は言った。

「そこらの話は、気色悪いがどうでもいい話だ。問題は、業者と食事をしたっていうくだりだ。社内に向けてはあまりよくない話だ」

「そうなんだろうな」

高山は元気なく言った。

「商品部や販促部では、絶対にやっちゃいけないことだからな。俺たちは配属された時に、きつく言われているんだ」

「でも、高山さんは経営企画室ですよ。商品部や販促部とは事情が違うじゃないですか」

守下が言った。

「そりゃそうだが、商品部では過去にそれを理由に、会社を去らざるをえなくなった人が何人もいるんだ。会長の時代から、しきがわでは厳格に守られていることだからな」

「僕、あの文書ですごく気になったところが一つあるんです。あの書面では、高山さんが業者と食事をしたことを、社長が大目に見ることにしたって書いていましたよね」

守下が言った。

「そうなんだ。あのくだりがよくない。あれを書かれちゃ、社長も心中穏やかじゃないはずだぞ。何も動かないというわけにはいかなくなるだろうな……」

沼口の話を聞いて、高山は食事の手を止めた。

「僕、会社を、辞めようかなとも考えてる」

高山の口から出た言葉を聞いて、沼口と守下は啞然とした。

「お前、何を言ってるんだ。バカ言ってんじゃないよ」

沼口の声はひっくり返っていた。

「そうですよぉ。高山さんが辞める必要なんて何もないですよぉ」

守下も、上ずった声で言った。

高山は、意外なほど冷静な声で話を続けた。

「感情論ではなくてさ、今やっている仕事がやりにくい状況になったから」

沼口も守下も黙ってしまった。

「いろいろなことをよくしていこうと思っていたのだけど、これで、ものすごくやりにくくなったから。これを書いた奴にうまくやられたって感じだしさ」

高山の言葉に、沼口は唇を嚙んだ。

しばしの沈黙のあとに、守下が口を開いた。

「それにしても、誰がやったんでしょうか？」

守下の問いかけに、3人はお互いを見た。

全員無言であったが、3人は互いに、同じ一人の顔を思い浮かべていた。

「でもこれ、単独犯だと思うか？」

沼口の一言に、再び3人は無言になった。

▼添谷野の思惑

月次定例の経営会議が終わり、参加者はほとんど去り、伊奈木も自分の資料を片づけて自席に戻ろうとしていた。

「伊奈木さん、高山さんのことで少しお話をしたいのですけど」

添谷野が伊奈木に声をかけてきた。

「はい、いいですよ」

気のない返事をした伊奈木の横に、添谷野は腰掛けた。

「高山さんのことが書かれた今回の文書ですが、やはりほぼ全店に出回ってしまっていました。全て回収はしましたが」

「全店に出回っていましたか」

伊奈木は、落胆した様子で言った。

「高山さんは、経営企画室でとてもいいお仕事をされているのですが、この文書が出回ったあとでは、なかなか会社の改革をリードするのは難しいと思うのですよ」

添谷野は、残念そうな顔をした。

「今は難しくても、あんな怪しげな文書のことなど、時間が経てば皆の記憶から薄くなっていきますよ」

伊奈木は、前職の時代にも社内や取引先に怪文書が出回り、人事の責任者として対応した経験が何度かあった。長い歴史を経て、様々な思惑が社内に蔓延してしまっているような会社であれば、こんなこともあるだろうが、いかんせん、しきがわの社員は、この手のことに慣れているとは到底思えず、必要以上に過敏な判断がなされることを伊奈木は恐れていた。

添谷野は、眉をひそめながら話を続けた。

「ほんとに誰が書いたのでしょうか。このような怪文書が出回ったのは、しきがわでは、はじめてのことだそうですよ」

「何かを変えようとしたり、新しいことを行おうとすると、それを快く思わない連中や、個人的な恨みを持っているような輩が、この手の文書を作成してばらまいたりすることはありますよ。そんなことは添谷野さんもよくご存じでしょう?」

「ええ、まあそうですが」と添谷野は、軽く受け流した。

「でも、あの文書の中には、高山さんが業者さんと食事をした件が書かれていました。社内的には、好ましい事実ではないです」

「そうですね」と伊奈木の声は小さくなった。

「本件については、社長とも話をしてまいりました」

「添谷野さん、この件については私も社長と話をしました。社長は、特に高山を処分しなくてもいいとおっしゃっていましたが……」

伊奈木の発言を聞き、添谷野は困ったように首を少し傾けた。

「それがですね、社長は、こういうことははじめてのご様子で、好ましくないの一点張りなのです」

「えっ、本当ですか？　添谷野さん、あなた、これは社長が気にかけるほどの話じゃないということは伝えたんでしょうね？」

伊奈木は少しだけ声を荒らげた。

「もちろん、伝えましたよ」添谷野は即答した。

「ですが、こういうことは、はじめての経験なのでしょうねえ」

「私が直接、社長に話をしてきます」

伊奈木は、席を立とうとした。

「社長は先ほど出張に出られて数日戻られません。それに、この件は、社長は私に一任されるということで、今朝、社長と対応策について話をしてきました」

添谷野は、落ち着いた様子で話を続けた。

「それでですね、来月の経営会議の際に下半期の組織案について提案するのですが、その時に高山さんには地方の店舗に一度、異動していただくのが、ご本人のためだろうということになりまして」

予想もしていなかった話の展開に伊奈木は驚き、一瞬絶句した。

「せっかく、あそこまで、力をつけてきた高山をですか？」伊奈木は、添谷野から視線を外した。

「社長が戻られたら、私が社長と話をします」

伊奈木の一言に、添谷野は冷静に答えた。

「社長から、『伊奈木さんは高山さんをかばうだろうから、この件については伊奈木さんとは話をしないと伝えておいてくれ』と言われました」

添谷野は、先ほどと同じように首を傾げ、軽く眉間にしわを寄せながら、伊奈木に微笑みかけた。

「なんだ、この手廻しの良い対応は……」伊奈木はそう思い、これ以上は何も話をしなかった。

▼四季川社長の焦り

出張から戻った四季川は、社長室で全店の売上推移についての書類を眺めていた。「紳士服のしきがわ」の今期の売上推移においては、計画との乖離は拡がるばかりだった。

書類を机の上に置き、おもむろに社長秘書の木本を呼び、営業本部長の大久保と経理部長を社長室に来させるように伝えた。

ほどなく大久保、そして経理部長がスタッフを連れて入ってきた。

「今の売上推移は、計画に対して大幅に下がっています。その理由を明確に説明してください」

四季川の問いに、大久保が緊張気味に話をはじめた。

「今、市況がよくなくてですね。とりあえずの対応としては、値引き幅を増やして集客を上げようとしていますが……」

大久保の話の途中で、四季川は経理部長に話しかけた。

「直近の推移でいくと、今期の着地はどうなるんですか？」

四季川の声は、いつになく荒々しさを含んでいた。

「売上については、計画だけではなく既存店の前年実績に対しても10％以上のマイナスです。大久保本部長が言われたような値引きをさらに行ったとしても、売上は大きく跳ねることがないのが最近の傾向ですし、粗利率にも影響します。よって、もしこの推移でいった場合はですね……」

経理部長は、後ろにいた経理部のスタッフに小声で指示をして電卓を叩かせ、その数字を確認した。

「今期は上場以来初の赤字になります」

経理部長は四季川や大久保の顔を見ずに、四季川の席の背景にある壁を見ながら答えた。

「ん……」四季川は声にならない声を発した。

しばし、社長室の中には重い沈黙が続いた。

「大久保さん」四季川が口を開いた。

「そういえばこの間、経営企画室が会ったという販促のコンサルタントがいるそうだ。腕は悪くないという話らしいです。大久保さんがその人と会って今の状況のオリエンテーションをして、すぐに販促のアイデアをまとめ、提案を持ってくるように伝えてください」

「社長、はじめてのコンサルタントに、いきなり販促の提案をさせるのですか？」

大久保は聞き返した。

「あなた方に他にいい案があるならばそれでもいい。今すぐ持ってきてください。他にあてがあるなら、それでもいいです。でも、もしないのならば、すぐ、私の言った通りに対応するように。話は以上です」

「わ、わかりました」

大久保は、額に脂汗をかきながら、四季川に礼をし、経理部長たちと共に社長室を出ていった。

一人残った四季川は、社長室でポツリとつぶやいた。

「藁《わら》にもすがる……、ってことだよな」

▼常識外れの販促チラシ

緊急の経営会議が招集されていた。

会議室の前方には、販促コンサルタントである小山卓郎が立ち、プレゼンテーションをはじめていた。一通り、自身の実績の披露が終わったあとに、しきがわへの販促についてのアイデアを話しはじめた。

「まずこの半年間に使われた御社の新聞折り込みチラシをいただきましたので、お見せします」

しきがわが、最近使用したチラシをパワーポイントに貼り付け、次々に見せていった。

「次に同業他社が同じ時期に使用したチラシをお見せします」

同業他社が同時期に使用したチラシを、順番に見せ、小山がコメントを加えていった。

チラシのスライドを見せ終わると、小山は会議参加者のほうを向いて話しはじめた。

「今、お見せしたチラシから言えることは何か？　御社も含めてこの業界のチラシが完全に同質化している、ということです」

小山は、店舗名を隠したチラシをいくつかスライドにして映しはじめた。

「いかがですか。皆さんはこの道のプロの方々ですから、一目で、どこの会社のチラシかはわかるのでしょうが、一般の消費者にとって、果たしてどの店のチラシなのか区別はつくでしょうか?」

会議の出席者のほとんどは、腕組みをして話を聞いていた。

小山はスライドを指しながら、話を続けた。

「おそらく一般消費者は、御社のような郊外で展開している紳士服店の新聞折り込みチラシが入ったことに気づくと、『そろそろスーツを買う時期だ』と単純に思うだけなのではないでしょうか。それも、どこの店のチラシかは意識をせずに、行きつけの店に行こうと思うか、あるいは自分が知っている紳士服店のある方向にとりあえず車を走らせるとか」

「なるほどそうか……」四季川が小声でつぶやいた。

「よって今、御社が行うべきはチラシの差別化です。ただし、御社の場合はこういう差別化では困ります」

小山は、百貨店のファッション提案型、イメージ訴求型の広告物を映し出した。

「このような内容は、御社に求められている方向性ではありません。御社の場合は、お値打ち感、お得に買うことができる、という訴求をするアイデアが必要なのです」

小山は、改めて出席者のほうを見た。

「これが、本日私が皆さまに提案するアイデアです」

小山は、スライドを進めた。

出席者から、どよめきのような声が発せられた。

スライドに映し出されたのは、白地に紺色一色のみでシンプルに描かれた昔風のデザイン案だった。

そこには紙面のど真ん中に、チラシの半分ほどの面積をとって、大きな文字メッセージが書かれていた。


『買ってください、在庫過剰で困っています』


茫然として見ている四季川をはじめとする出席者に向かって、小山は話しはじめた。

「こんなチラシなんか使えるか、冗談じゃないと思われているでしょうが……」

と言って、小山は次のスライドに進めた。そこには、一冊の本の表紙が映っていた。

「クロード・ホプキンスという1900年前後の米国で、広告マーケティングの神と呼ばれた方がいました。あのデイヴィッド・オグルヴィが最大の賛辞を贈ったと言われる人物です」

小山のプレゼンテーションを聞きながら、出席していた阿久津は隣に座っていた大久保をひじでつついた。

「おい、今言うてたクロード……なんとかっちゅう外国人の名前、お前知っとるか？」

「いいえ。でも、なんだかすごい人のようですな」

大久保は、阿久津の顔を見ずに小声で答えた。

「ほうか」

阿久津も前を見たまま小声で返事をした。

「その方が述べている話です。当時、ジョン・パワーズという広告業界の大物が、ピッツバーグの倒産の危機に瀕していた衣料品メーカーで『当社は破産しました。しかし、皆さまが明日当店で買い物をしてくだされば、債権者に債務を返すことができます』という広告を出しました。当時は、広告で真実を語ることはまれだったので、センセーショナルな注目を集め、この広告によって、この会社は倒産を免れたそうです」

小山は、一気にまくしたてた。

「さらにかつて、日本国内の御社の業界でも、地方の紳士服チェーン店で売上が十分立たずに、在庫を抱えて困ったあげく、在庫を換金するために『全店一斉閉店』セールを行ったことがありました。このセールによってお客さんが押し寄せ、結局、倒産を回避し、事業を継続することができたという話もあります」

小山は、チラシ案のスライドを指しながら、話を続けた。

「いかがでしょうか。本日は、今、皆さんにご覧いただいている、こちらのチラシ案を、他店と差別化可能で売上を確実に取ることのできる策として、ご提案させていただきます」

小山のプレゼンテーションが終わっても、その場は水を打ったように静かなままだった。

今、スライドで映し出されている、そのプランがいいのか悪いのか、やっていいものかどうかについては、誰にも判断がつかなかった。

小山と四季川の目が合った。

「しかし小山さん。この案だと、うちの店のイメージに悪影響が出てしまうと思うが……」

「通常であれば、こういうアイデアは使わないと思います。ただし、大久保常務から伺った御社の状況から考えれば、御社は今、どうしても売上を上げなければいけない局面にあります。よって、配布すべきチラシはこれだと私は思います」

小山はプレゼンテーションを締めくくったが、会議の場にいる誰もが無言のままだった。

阿久津は、目だけを動かして参加者を見渡していた。

「わかりました。本件は預からせてもらいます」

四季川が、とりあえずこの場を締めた。

▼経営者の判断

阿久津、大久保、伊奈木、そして商品部長の小泉は、四季川に呼ばれて社長室にいた。

四季川の手には、小山のプレゼンテーションの資料があった。

「先ほどのチラシの提案についてですが……」

四季川の一言に対しても、誰も口を開かなかった。

誰の目にも、非常識なチラシのプランであったが、小山からは、その非常識さを認めたうえでのプランを正当化する説明がなされていたため、皆が自分の想いをうまく言葉にできない状態だった。

伊奈木は、本来は販促条件においては参加メンバーの手前、最初に発言することは避けたかったが、こと、今回に関しては念のため、先に自分の意見を口にしておくべきと考えた。

「このチラシ案についてですが、当社で行うべきものとしては、やはり論外ではないかと……」

伊奈木の発言の途中で、阿久津が言葉をかぶせてきた。

「まあ、伊奈木さんはうちに入ってから、まだ短いですからな。うちの会社が業界の常識というもんに挑戦し続けてきた歴史をご存じありませんからな」

阿久津は、伊奈木の社歴の浅さを盾にして、伊奈木の発言を制した。

そしてこれにより、大久保、小泉も、さらに意見を言いにくくなり、ここに至って、四季川は、一人で判断をせざるをえないように追い詰められた。

阿久津は、伊奈木を一瞬見たあとに、独り言のように、ぽつりと言った。

「会長は、よく思いきった判断をなされておられましたなあ」

その言葉を耳にした四季川の顔は、瞬時に紅潮した。

伊奈木は、その四季川の様子を見て、あわてて自分の意見をさらに述べようとしたが、それより先に四季川の口が開いた。

「やってみましょう、あのチラシを。大久保さん、早速、制作に入ってください。今週末にやります。もし間に合わなければ来週末にやります」

出席者の間で、短い沈黙の間があった。

阿久津が大久保に視線を移し、それに気づいた大久保が「わかりました」と答えた。

阿久津が席を立ち、他の者も続いて席を立った。

伊奈木が社長室を出る際に振り返り、四季川を見ると、四季川は口をへの字に結び、腕組みをして社長室の壁を見つめていた。


「おい、今度やる、あの新聞折り込みのチラシを見たか？」

「ああ見た。本当にやるのか、あのチラシを」

「集客はするとは思うが、いいのか、あんなチラシをやって」

「わからん。あのチラシを見たら、社員全員が、今の俺たちと同じことを感じるだろうよ」

「やってみなければ、誰もわからんということか」

「うーん、わからん。本当にいいのか」

守下は総本店のバックルームで、売り場の先輩たちの会話を聞いていた。

うまく説明できないが、あのチラシは、やるべきではない……、守下は思っていた。

▼チラシの効果

「買ってください」チラシが入った翌日の日曜日、四季川社長は全店のチラシ投入初日の数字を確認するために本社にやってきた。

「社長、昨日土曜日の売上は、久々の既存店前年比150%を超えました」

大久保が四季川の元に駆け寄り、前日実績の報告を行った。

「本当ですか……よかった」四季川は満面に笑みを浮かべた。

「大久保さん、こんな数字、何年ぶりでしょうかね？　本当によかったです」

久々に上機嫌の四季川が事務所を歩いていた。

その一方で、本社では、外線からの電話の鳴る音が普段より多く響いていた。

週が明け、月曜日に開催される週次の営業会議の場で、大久保から冒頭の一言があった。

「先週末の売上は皆さんのがんばりで、過去数年なかったような数字を叩くことができました」

この日は四季川も営業会議に出席し、店舗からの状況報告を聞いていた。

続いて、営業マネジャーたちから店舗の現場での状況について、報告がはじまった。

「店舗には、昔からのしきがわファンのお客様が数多くご来店されました」

「チラシを見て、びっくりしたと言って来られた方もいました。『在庫過剰で本当に困っていらっしゃるの？』って本気で心配してくださったお客様もおられました。本当に根強いしきがわファンの方々がいるということが今回改めてわかりました」

「『また来るから、がんばってね』と言って、久しく来られていないお客様が見えました」

営業マネジャーからの報告は、押しなべて明るい内容で、久しぶりの明るさのある営業会議となった。

営業会議が終わり、四季川が席を立とうとすると、財務の担当者が血相を変えて四季川の元に来た。

「どうした？」

四季川が尋ねると、「ちょっとこちらへ」と財務担当の席に誘導され、株価の表示端末を見せられた。

「社長、当社の株価が下がっています」

四季川は、急いで端末を覗き込んだ。

「朝一番から売りが先行していまして、下げ止まる気配がありません」

言葉を発せずに端末を見ている四季川の元に、総務部長の樋上もやってきた。

「社長、この週末から当社の株主様から何本もの電話が入っています」

樋上は、いつにも増して暗い表情で話をはじめた。

「皆さんからいただくのは、『しきがわ、大丈夫なのか？』『そんなに在庫を抱えているのか』といったお声です」

四季川は渋い顔のまま、聞いていた。

「基本的には、我々のほうで、『ご安心ください、大丈夫です』ということでお答えさせていただいています。本日も、週末と同じペースで電話がはいってきています」

四季川は、何も言わずに社長室に戻っていった。

隔週の水曜日には販促企画会議が開催され、四季川社長も出席することになっていた。

「買ってください」チラシを投入してから4週目の週末の結果の振り返りが販促担当より発表されていた。

「この『買ってください』チラシについては、既存店前年対比の平均では、1週目が152％、2週目は102％という結果でした」

四季川も腕組みをして、プロジェクターから映されるスライドによる説明を聞いていた。

「しかしながら、3週目は、92％となり、先週4週目は、80％を割る結果となりました」

この日の発表内容は、全社の幹部はほぼ全員が聞きに来ており、伊奈木もその席に座っていた。

結局、効果は実質的には2週間のみ、4週目に当たる先週末は、それまでの推移よりも大きく落ちてしまったか……伊奈木は思っていた。

「先週末より客数は前年対比で激減してきています。最初の2週間については、しばらく来られていなかった顧客、いわゆる休眠状態にあったお客様も来店されて、ちょっとしたお買い物をされていきました。特に多かったのが、定年までよくご利用いただいていた年配のお客様で、今はスーツを着なくなったのでと、ジャケットを買っていただくような方が多く見られたと、店舗から報告が上がってきています」

販促担当者の発表が続いた。

「そのお客様たちは、すでにスーツを着る生活を卒業しておられる方が多く、純粋に今回売上を乗せることができたお客様たちです」

確かに、その客層が、今回のチラシ効果での売上上乗せ分をつくってくれたわけだな……。報告を聞きながら伊奈木は思った。

「また、従来、競合店を使われていたお客様、そして競合店といつも買い回りをされていたお客様も取り込むことができたと思います。ただし、しきがわのお客様たちも前倒しで来店され、この最初の2週間に買い物をされた方が多かったと思われます」

本日の発表は、うちの会社にしては比較的ちゃんとした分析に基づいた話ができている……。伊奈木はそう思いながら聞いていた。

「来週については、販促コンサルタントの小山さんとも議論を行った結果として『買っていただきまして、ありがとうございました』という、しきがわからのお礼をテーマにしたチラシを投入予定にしたいと思います。このチラシを投入し、当社店舗が、平常状態に戻りました、というメッセージを発信して終結させたいと考えています」

そんなふうに、ものごとが都合よく終結できればいいが……。伊奈木は不安を感じながら販促担当者の発表を聞いていた。お客様に発信したメッセージを、こちらの都合で一方的に撤回できるならば、そんな楽な話はないが、そう簡単にいくものだろうか。

▼阿久津、神戸に

阿久津は新幹線を新神戸駅で降り、タクシーで六甲方面に向かっていた。

住宅街に入り、そのなかでもひときわ大きな庭を持つ邸宅の前でタクシーを降りた。門のインターホンを押し、「阿久津です」と言うと、門が開いた。門を抜け、阿久津にしては珍しく緊張気味に、家の玄関まで飛び石づたいに歩いていった。

玄関には、「四季川」の表札がかかっていた。

　引き戸の玄関を開けて入ると、阿久津よりもさらに年配の短い白髪頭で、阿久津よりもはるかに大柄な男が立っていた。

「よう、来たな。阿久津」

「ご無沙汰しております」

　頭を下げた阿久津を、太く通る声で出迎えたのは、株式会社しきがわ会長の四季川保だった。

　代表権を息子の達志に渡して以来、ほとんど、しきがわ本社に現れることはなく、時たま週末に『紳士服のしきがわ』の店舗を回る時以外は、この神戸の自宅近辺で過ごしていることが多かった。

「まあ、上がれ」

　阿久津は靴を脱ぎ、応接室に入っていった。

「お変わりありませんですか、会長」

「おかげさんで、変わりはないで」

　しきがわ社内ではこわいものなしの阿久津であったが、四季川会長の前では、ふだん社内では見ることのできない緊張を伴った笑顔を振りまいていた。

　世間話がひとしきり続いたあとに、四季川保は切り出した。

「で、今日はなんや？」

阿久津は、音を立てぬように静かにつばを飲み込んでから、話をはじめた。

「実はですな、会長。しきがわの調子があまりよろしいことないのんですわ」

保は、黙って聞いていた。

「この間、『買ってください』というチラシを入れまして、当初はえらい集客はでけたんですが、今は、このチラシを入れる前よりも、売上が落ち込んでしもうとるんです」

保は、貧乏ゆすりを始めた。

阿久津は、会長の貧乏ゆすりの激しさが、不機嫌さの程度を表す指標になっていることを知っていた。

「ご存じの通り、このチラシを打ってから、株価も1000円ほど下がりまして、株主からも本社にエラいたくさん問い合わせの電話がはいっております」

「今の業績はどないなんや」

保が口を開いた。

「なんせ、売上が急落しておりますので、今の推移でいきますと、今期の赤字は避けられません。それも大きな赤字となります」

保の貧乏ゆすりは、さらに激しくなっていた。

「あのワイワイガーデンとかいう雑貨屋みたいな店はどないなっとんのんや？」

「今は、横ばい状態になっとりますが、いまだに赤字ですわ」

「あの店はやめへんのか？」

「やめませんですな」

阿久津は視線を合わせずに答えた。

保は、続けていた貧乏ゆすりを急に止めた。

阿久津は顔を上げて保の顔を見た。その顔はテレビで時折見る、芸能人が笑いながら怒っている時に似ていると思った。

しばしの沈黙のあと、四季川保が口を開いた。

「あいつ、やっぱりあかんか、ああ？」

阿久津は、無言でうつむいた。

「あかんかと、聞いとるんや。どう思うんや？　阿久津」

保に詰め寄られた阿久津は顔を上げた。

「私の口からは、なんとも言えませんです」

二人の目が合ったままで、再び沈黙が続いた。

やがて保が、苦い顔のままで口を開いた。

「そうか」

保の言葉を聞いて、阿久津はゆっくりと頭を下げた。

「お時間とらせまして、すんまへん。これで失礼いたします」

阿久津は、ゆっくりと立ち上がった。

「わざわざ、ご苦労やったな」

阿久津は立ち上がり、再び深々と頭を下げ、猫背のままでひょこひょこと歩いて、広い応接室を出ていった。

解説　経営不振の時に行うべきことは？

企業が順調にまっすぐな成長をし続ける例は少なく、その成長はS字曲線を描きます。

S字の右上に至ったあと、低迷状態が長期化すると、経営側や社内に焦りが生じます。

右肩上がりの時から地道に企業の基礎能力を高めてあれば問題はないのですが、なかなか、そういうことに意識が向いていないことも多いです。

不振状態に陥り、あがいている最中は奇策に走りがちですし、S字曲線のど真ん中の右肩上がりの時にやっていたようなことを「あの素晴らしい日々をもう一度」とばかりに繰り返す例も見られます。

しかし本来、思い起こすべきはS字曲線の左下の時期に突破口を探してやっていたころの「基本姿勢と基本動作」のはずであり、個々の具体的施策ではありません。

その時に成功に向けて誰よりも真剣に考えていたのは、「成功した創業者」のはずです。

このころの「創業者」は、ただの思い付きで手を打つようなことはせず、現状を冷静に把握し成功に向かって仮説を立てて地道に実行と検証をしていました。

ただ、その「成功した創業者」の方でも、S字の右上に至ったあとに、大きくなった組織を抱えて右往左往してしまっている例を見かけることが多々あります。

⬇当たり前のことをきちんとやる

市場は、為替相場や競合状況などの事業環境によって変化してしまいますが、成功の因果を押さえる素直な市場の見方、つまり成功の突破口を探し当てる方法論は常に同じです。

かつて「成功した創業者」が事業運営をしていたころと比較して、不振状態に陥った企業の問題を一言で言ってしまえば、まずは**基本が徹底できる状態ではなくなっている**ということです。

創業の頃と大きく異なるのは、組織が大きくなっているために、組織を動かすための言語化の努力、チャートなどによる「見える化」による情報共有をしなければいけない点です。そして何よりも組織を動かすためのPDCAの作法が正しく機能してるのかという点があります。

この時に頭に置いておくべきことは、次の五つです。

①「当たり前のこと」が一番よく効く

一発逆転ホームラン狙いの奇をてらった手、いわゆる奇策は十分に根拠を押さえていない場合も多いため、その成功確率は低く、資金と優秀な人材の時間という大切な経営資源の消耗につながりがちです。

もちろん、正しい作法で市場調査などを行い、手が付けられていなかった市場機会を見いだして、そこで事業展開するということは多くの場合、極めて有効です。

しかし、不振状態における基本的な打ち手として、V字回復に携わってきた方々からよく聞くのは、実は「当たり前のこと」をきちっとやれるようにすることです。

つまり問題は、当たり前であることを行うための基本動作ができない、つまり組織に機能不全がおきていることが問題の本質であると言えます。

機能不全の治療と正常化、これが不振から抜け出すための必須項目であると頭に留めておきましょう。

②精度高く、高速に組織のPDCAを廻す

例えば、売上が低迷している時によく調べもせずに、市場の飽和、競合、関連販社など他のせいにした報告を受けてすませるのではなく、**謙虚にかつ丁寧に事実と因果を押さえて、精度高く自分たちのできること、自分たちの打ち手についてのPDCAを廻す**こと。

この際に、因果を正しく押さえた上で判断をするのはトップの役割であり、その判断を支えるのは参謀の役目です。

③今の不振への対策は、単年度のサイクルの中で成果が得られるものかどうかを見極める

不振状態にあると、「焦り」ゆえに即効性のある手を求めるものです。

しかしながら、例えば商品構成の精度を上げるためにはマーチャンダイジングの基本を運用できる能力を最初につけ、それを進化させる必要があるように、本質的な強みを構築するためには、腰を据えた長期的な取り組みが求められる場合が多いです。よって**不振時の打ち手は、当期に効果が期待できる短期的なものと、本当の企業の強みをつける、ある程度長期的なものの両方をバランスよく組み合わせる必要があります。**

④自分たちで腹に落ちるシナリオをつくる

再活性化のための戦略立案にあたり、外部の手を借りることは推奨されますが、基本的には自分たちの手で、自分たちの腹に落ちたシナリオをつくるべきです。自分たちでつくった戦略でなければ、自分たちで舵取りの判断をしながらの実行はできません。

⑤「経営の意思」をしっかり反映させる

不振状態が長期化していると改革にあたってのトップの意志が不明瞭になってしまっている場合があります。皆が前向きな課題に安心して取り組めるように、「思惑」の横行をおさえて「経営の意志」をしっかり反映させ、ぶれの起きない「改革の舞台」をつくるべきです。

第6章

混沌のなか、海図を求める

――事業不振は「市場との乖離」から生じる

▼社長の器

四季川達志は社長室で、机上のPCで全店の売上推移を見ていた。

社長室にあるデジタル時計は22：00を表示していた。

すでに日々の売上では、既存店舗全店の前年比が70％台の日が目立っていた。

「ふーっ」四季川はため息をついて、天井を仰いだ。

経理部が午後に持ってきた、現状推移で進んだ場合の今期の業績予想を行ったシミュレーションシートを改めて手に取って眺めた。

そこには、上場以来の赤字、それも想定を大幅に超えた大きな赤字の数値が記されていた。

四季川はこの日は夕方から、ずっと一人で社長室で考えていた。

自分が代表取締役に就任して以来、業績は一度も上向いたことがない。

経費管理も自分なりには行ってきたが、減収減益基調は変わっていない。

ワイワイガーデン事業も、新しい成長のタネを蒔《ま》こうとはじめたが利益が出る見通しが立っていない。

東京の私立上位校を出てから繊維商社に勤めた。同期の大学卒の者たちと一緒に入社したとはいえ、いずれ辞めて家業を継ぐ奴、このビジネスを勉強に来た奴、いずれこの会社の大きなお得意先の社長になる奴と同期から思われ、上長、役員たちからもそのように常に思われ、処遇されていたことにはまちがいなかった。

後に、しきがわに入って、すぐに役員になり、既定路線のごとく、常務、専務となった。しきがわの成長力は落ちてはいたが、それでも、業績は横ばい状態だった。その間、当時社長であった、父親の四季川保からは、父親なりの帝王学を教わった。

「店が基本や。全ての答えは現場にある。現場を回れ」

「トップちゅうもんは、孤独なもんや。自分の目で見たものを信じて自分で決めるんや」

「人に任せたらアカン」

ただし、父親である会長から聞いたことをそのまま実践してみても、なんとなく収まりの悪いことをいつも感じていた。自分は、父親の偉業を十二分に認めている。だからといって、父親から教わったことは自分が実践してみても、思ったような結果や、達成感を一度たりとも感じることはできなかった。ほどなく、父親に教わった通りのやり方とは違う方法論を求めるようになり、意識的に経営の先生と称する外部の人や、コンサルタントとも付き合うようになった。

しかしながら、今の自分が、自分なりの経営のやり方を見出せているとも思えなかった。

自分が代表権を受け継いだ際に、創業者であり父親である会長から言われた言葉を思い出した。

「あとは自分がやれ。全て自分が決めろ。あとは、未来のことも、次のことも、自分が決めるんや」

自分が決める、経営の判断をしても、果たして、この会社の事業が回復し、よくなっていくのだろうか？

自分は、この会社でリーダーシップを発揮しているといえるのだろうか。

自分は、この事業を再び活性化させるイメージを持てているのか。

自分は、この事業について知るべきことをわかっているのか。

自分は、何のためにここで社長をやっているんだろう。

自分は、社長業をやっていても何も楽しくない。

自分は、ただ平静を装っているだけだ。

そもそも自分がこのまま社長職を続けていったとして、会社や社員、株主にとって何のいいことがあるのだろうか。

四季川は、自問自答を繰り返していた。

今日一人、この社長室で考えはじめてからもう何時間も経ったような気がしていた。

誰もいない社長室で、一人つぶやいた。

「なぜ、自分は社長をしなければいけないんだろう」

四季川は、しばらく天井を仰いでいた。

「自分で決める……。引責もある……」

∨経営企画の使命

高山は、安部野のオフィスにいた。

「なんだ。今日は元気がないな」

高山は、評価制度の改革案についての発表のあとに出回った怪文書の話、コンサルタントの提案に従ったチラシで今、しきがわが苦境にあることなど、ここまで起こったこと、経緯も含めて安部野に伝えた。

安部野は、感情を顔に表すでもなく、表情を変えずに淡々と高山の話を聞いていた。

「そういうチラシを使ったのか……」

高山の話を聞き終えた安部野は言った。

「販促コンサルタントという人のプレゼンテーションを受けて実施したのですが、結局、これが、売上の下降を招くことになりました」

そうか……。そう言った安部野は腕を組んでしばらく考えていた。

「この件は、しきがわの人たちに直接、解説をすべき話だな」

「え、安部野さん、しきがわに来ていただけるんですか？」

「……一度、伊奈木君と話をしてみる」

安部野は、いつになく真剣な面持ちだった。

「あの、安部野さん。今日は、僕のことなのですが、今回出回った怪文書のこともあり、経営企画の仕事をするのはもう無理だと思っています」

高山は深刻な口調で話しはじめたのだが、安部野は無表情のままで聞いていた。

「多くの人たちを巻き込んでする仕事なので、皆から距離を置かれてしまう今の状況では何もできません」

高山は少し話の間を空けた。

「この先のことを、真剣に考えています。ビジネス人生って、どう考えるべきなのでしょうか？」

「うーん、そうだな」表情を変えずに、安部野は天井を軽く仰いだ。

「ビジネス人生をどう過ごすかについては、人それぞれだからなあ……」

安部野の口調からは、落ち込んでいる高山を励まそうという気遣いは、微塵も感じられなかった。

「僕自身は、こう捉えているという話ならできる」

「お願いします」

「君にとって社会に出て仕事をするようになってからの1年は、長く感じるかな、短く感じるかな?」

話をはじめた安部野は、いつもに比べればリラックスした感があった。

「そうですね。最初に店舗に配属された時は毎日、覚えることも随分多くて、今でも最初の1週間に起こったことを鮮明に覚えていますね。ただ、結構長くいましたから慣れてきてからは、毎年だんだん早く過ぎるように感じています」

「今はどうだ?」

「経営企画室に来てからは、毎日目まぐるしいです」

「長く感じるか?」

「いいえ、やっぱり、僕はもうこんなに経ったのかって思います。やっぱり早いです」

「ふーん、そうか」と安部野は言った。

「僕も人生とは短いなと思っている」そう言いながら、安部野は腕組みをした。

「多くの日本の男性の場合は、その人生のほとんどをビジネスの現場で過ごすことになる」

「まあ、そうですよね」

「人が多くの時間を過ごすビジネスの場は、経済活動を通じて、直接的、間接的に様々な形で人類の発展に寄与しているはずなのだ」

「銀行とかもそうですし、映画、音楽だって、確かに経済活動って世の中の人の生活向上につながりますよね」

「金融業だって、将来生まれる付加価値に対して利回りとかの形で先取りして、フューチャーバリュー、つまり将来の価値を読んで、債権などが取引されるわけだろう？　金利もこのフューチャーバリューの一つだ。まあ、皆が信じていた将来の価値が、実は実体化が難しいという認識が世に広まると、金融危機のようなものを引き起こすがな」

高山は、金融のことはさっぱりわからなかったが、今の安部野の話は、なんとなく理解できた。

「つまり、**企業っていうものは、価値を創造し、世の中に提供している**わけだ。そして、そ**の企業が創造した価値の部分が粗利益になり、そこからかかった経費を引いたものが、利益になる**ということだ」

そうか、P／L、損益計算書ってそう考えればいいんだ、高山は思った。

「その企業が創造している価値を、世の中が支持してくれていれば、その企業の取引は増え、利益も増える。『いいものを、安く売る』という価値だってある。その場合、仮に粗利益率が低めでも、ボリュームが増えるから、粗利益率×売上高で、やっぱり粗利益高は増えるよな」

高山は、今の掛け算を、縦×横の長方形の面積の掛け算として頭に描いていた。縦長の長方形、横長の長方形。どんな形でも面積が大きければ、世の中からその価値が支持されているということか。だから、粗利益の部分のことを付加価値って言ったりするんだな……。

「そうやって、世の中から支持された会社は利益も増えるから、再投資をして、さらに多くの人や企業に喜んでもらう。すごく単純に言うと、そうやって企業は発展する」

「あの、今の説明は僕でも理解できます」

「そして、その企業の価値を創造しているのは、そこで働く人たちだ」

「はい、そうです」高山は答えた。

「人がその企業に集まって、その人生の中の貴重な時間を使って、仕事をするわけだ。ただ、秩序なく、それぞれが動けば、違う方向を向いてしまうこともあり、足すとゼロなんてことも、起きかねない」

「前にも、安部野さんが、秩序のなくなった時は、世がすさむという話をされましたよね。すさむ状態にまではならなくても、ムダが多い状態は起こると思います」

「その通りだな。創業者が細かく全て見ていた時は、『おい、おい、お前がやるのは、それじゃない、これだぞ』なんて調子で、社内を動かしていたのだろう。でも、企業が大きくなってきたり、創業者以外が全体を見るようになった場合は、いろいろな技法、作法など、方法論が必要になってくる」

「その方法論って、これまで伺ってきたことですか？」

安部野はその質問には答えずに、話を続けた。

「それによって、社内の方向性を合わせ、ムダをなくし、効果、効率を最大化できるようにする。そして何よりも、企業の向かっている方向性をもっとも有効なものにする。これを戦略といってもいいだろうな。そういう状態がつくれれば、そこで働いている人にとっても、満足感が得られると思わないか？」

「あの、それが、目指す理想の状態っていうことでしょうか」

安部野は、構わず話を続けた。

「また、そういう会社が良い価値を提供できると、世の中のためにもなるだろう。結果として、そういう企業は発展するだろうな」

「安部野さん、今話されているのは、経営企画の使命ですか？」

「単に僕の考え方の話だ。せっかく、人それぞれに与えられた人生を、有効に使えるような土俵づくりの一翼を担いたいと」

高山は、安部野の話を自分の頭の中で咀嚼《そしゃく》しようとしていた。

「もう一つ言っておこうか」

「はい。お願いします」

「せっかくの人生、短い人生だから、自分の意志で生きたほうがいいと僕は思っている。乗り物に乗っている人生と、自分の意志で乗り物をつくる、あるいは乗り物を進化させる人生。これは、生き方の違いだ。前者は人のせいにできる。後者は……、人のせいにしない生き方かな」

自分の意志で生きるっていう生き方か……、高山は頭の中でこの言葉を反芻《はんすう》した。

「兄さん、もう出発してください。間に合わなくなります」

彩が現れ、安部野を追いたてるように身支度させ、玄関から見送った。

高山は思った。なんだか、すっきりした気がする。あの販促コンサルタントの腕がよさそうだなんていう報告をしたのは自分だ。今のしきがわの苦境の責任は自分にもある。

今は、自分がやるべきと思うことをやるだけだ。

▼伊奈木、社長へ市場調査を提案する

伊奈木は、社長と議論をしながらも作りかけのままになっていた、「紳士服のしきがわ」の方向性の検討資料を眺めていた。

従来のしきがわのメンズスーツを売るビジネスについては、とにかく安く売る、他よりも安くて、お値打ちですよ、というメッセージを発して集客するということに集中していた。

社内にあるデータを相澤に加工させて何度も見たが、今の事業を安定させる、成長させるために必要な情報は、ないに等しい状況だった。

「相澤君、社長が今、席にいるか聞いてくれ」

相澤は秘書室に連絡をいれた。

「伊奈木さん、社長は今、お一人だそうです」

「そうか、これから行っていいかを確認してくれ」

伊奈木は返事を確認し、すぐに社長室に向かった。


伊奈木は、社長室で、これまでの議論に使った資料を拡げて、四季川と向かい合っていた。

「社長、ここまで、方針を策定するためにいくつも分析を行ってきましたが、スーツ市場の全貌はもちろん、当社の顧客についても、何に満足し、何に不満を感じているのか、どの競合店と買い回っているのか、どう使い分けをしているのかなどが、推測でしかわかりません」

四季川は、黙って伊奈木の話を聞いていた。

「当社が業界1位ならば、他社に対して体力勝負を挑むということもあるでしょうが、残念ながら当社はその位置にありません。もともと、よりお値打ち価格で展開することによって、百貨店を中心にしたスーツの顧客をこちらに取り込んできたビジネスです。ただし、それが一巡した今、他の競合よりもすぐれた価値を提供することを行わなければいけません。そのためには、他の競合がお客様からどう思われているのか、お客様視点で何が当社、競合の強みであり、弱みであるといえるのか、何が満足、不満足と感じているのかを知る必要があります」

「で、伊奈木さんは、どうしろというのですか」

「一度、市場調査を行って海図を明確に描きましょう」

「いくらくらいの費用がかかるんですか？」

伊奈木は、だいたいの費用の目安を告げた。

「うーん、高いなあ」四季川は即座に返した。

伊奈木は、社長の煮え切らない態度で事が先延ばしになるのを避けたいと思った。

「社長、今の戦い方の延長上に我々の答えはないと思います」

「でも、その費用をかけて、答えが出る保証はないし……」

伊奈木が危惧していた通り、市場調査の価値、そして必然性が伝わっていないのは明らかだった。

「創業からここまでのうちの会社の推移、そしてそれを踏まえて、その延長線を引いてみたのがこのグラフです」

伊奈木は、創業から昨年までの年度ごとの売上と利益の推移を描いた折れ線グラフを見せた。そこには今の推移のままで進行した場合の、向こう5年間の売上と営業利益の推移予想が描かれていた。

「これまでも皆で努力をしてきているわけですが、これまで通りの努力をこれからも続けた場合は、やはりこれまでの延長線上の推移になるのではないですか？　この数年は右肩下がりの緩やかな傾斜のある直線を描いていますし、今回の施策でその角度は急になってきています。このままでいけば……」

伊奈木は、指でグラフを指した。

「今年度から赤字、そしてその幅は年々拡大していきます」

四季川は、腕組みをしてグラフを見つめていた。

「その時に人員削減したり、減給したところで、ただの延命策にしかなりません。着実に会社の現金が減り続けてゼロに近づいていく未来が、もう目の前に迫っているのですよ」

四季川の顔が青ざめはじめていた。

「突破口を探さねばなりません。勝つために市場を理解しましょう。まず市場調査を行いましょう」

「その費用ですが、市場調査費用にコンサルタントの費用も加わっているわけでしょう？　調査だけでもいいのではないのですか……」

「社長、いい加減に！」

四季川の煮え切らない態度に業を煮やした伊奈木は、思わず机を叩いてしまった。

しまった、やりすぎた、伊奈木は思った。

予期していなかった伊奈木の剣幕に、四季川の目は精気が抜けたようになっていた。

「すみません、失礼しました」

「いや……、いいです。伊奈木さんの考えを聞かせてください」

四季川は我を取り戻したように言った。

「はい、調査だけですと、それは単なる事実です。事実は事実としてのインパクトはありますが、そこから攻め方を組み立てるためには、何度も突破口を見出すための場数を踏んできた智恵が必要です。出てきた事実から意味合いを抽出する技術は、その道のエキスパートのものを使うべきだと思います」

「そうですか……」四季川は神妙に聞いていた。

「伊奈木さん、いいコンサルタントのあてがあるのですか？」

「ええ、あります」

「私が前職の時に見た市場調査から作成した戦略立案のレポートのなかで、唯一、よくできていると思ったものを作った人にやってもらいたいと思います」

「ほう、なんという人ですか？」四季川は聞いた。

「安部野という人です」

「そうですか……。わかりました、まずは進めてください」

四季川の言葉に、伊奈木は提案者として、気の引き締まる思いを感じていた。

伊奈木は経営企画室に戻り、市場調査を実施することを皆に伝えた。

「伊奈木さん、僕にやらせてください」

高山は、今、自分がすべき仕事として、この市場戦略の立案に携わりたいと思った。

伊奈木は少し考えてから、「よかろう」と答えた。

「今回の調査の設計は、安部野さんのところにお願いすることにした。一緒にプロジェクトを進めることによって、君も大いに学ぶようにな」

高山は、大きくうなずいた。

∨市場調査のためのプレゼンテーション

市場調査のキックオフミーティングの日。

これからの進め方についてのオリエンテーションとして、安部野からの話があると高山は聞いていた。

商品部、営業部、販促部からの選抜のメンバーに加え、四季川社長をはじめとする営業系、商品系の役員、部長もオリエンテーションを聞きに来ていた。そして、あの販促コンサルタントの小山卓郎も同席していた。

「なんで、あの小山がここにいるんだ？」

沼口が高山のところに来て、小声で尋ねた。

「さあな。こちらからは声を掛けていないけど」

二人が話をしていると相澤が寄ってきて、小声でささやいた。

「あの小山さんを入れさせたのは、阿久津専務らしいの。市場調査でやることが明確になったら、それを企画するのは販促部やろって言いに来たって。それで、『あの人も入れといたらええ』って言ったんだって。販促部では『阿久津専務の言う〝あの人〟って小山さんだろ』ということになって声を掛けたみたい」

「ふうん」沼口は腑に落ちない様子で自分の席についた。

会議開始の時刻になり、伊奈木が会議室に入ってきた。

「では、市場調査プロジェクトのキックオフミーティングをはじめます。最初のオリエンテーションは、今回、一緒にやってくれるコンサルタントの安部野さんの話からはじめたいと思います。つい今しがた、到着されました。では、お話をお願いします」

「はい、わかりました」という声が後方から聞こえ、皆が会議室の後方を見た。

「あ……」

高山は呆《ほう》けた表情で、会議室の後ろ側に立っている人物を見ていた。

「……彩さん」

今、会議室後方の入口から前に向かって歩いているのは、安部野京介ではなく、安部野彩だった。

安部野彩は高山を見ることもなく、自信に満ちた微笑みを浮かべて会議室の前方に歩いていった。

いつもよりもフォーマルなダークスーツを着こなし、そしていつもよりしっかりと凛々しいメイクをした安部野彩は、会議室の前に颯爽《さっそう》と立った。

「皆さん、はじめまして。安部野彩と申します」

彩の通る声が、会議室に響いた。

高山の隣の席に座った伊奈木に、高山は声をかけた。

「伊奈木さん。彩さんは今日、安部野さんの代わりで来たのですか?」

伊奈木は、高山の問いに不思議そうな顔をした。

「何を言っているんだ。彩さんの実践的なマーケティングは超一級レベルだぞ。安部野さんに、何も聞いていなかったのか?」

「え、ええ。全く」高山は、首をすくめ、小声で答えた。

彩のプレゼンテーションがはじまった。

「企業の業績が不振状態にある時、ほとんどの場合、お客様の求めていることとのギャップが生じています」

迫力ある話しぶりの彩は、高山に珈琲を出してくれていた時とはまったく別人のようだった。

「ただし、今、私がお話したように、お客様の思っていることは、顕在的であり、かつ潜在的です。つまりまず、お客様が意識して、しきがわの店を選んだり、選ばない場合があります。この時は、理由を聞けば答えてもらえます。しかし、お客様がその理由に気がついていないのですが、なんとなく、しきがわを選んでいる、あるいは選んでいない場合があります。この両方の面から、お客様の判断と嗜好性を明確にする必要があります」

参加しているメンバーは、彩の話を聞きながら一所懸命メモを取っていたが、高山だけが、ただ、ぽーっと彩を見ていた。

「もし、他の競合店舗が皆さんの店よりも集客し、より多く売上を上げていたならば、その理由を明確にすれば、対策を立てることができます。また、お客様が、業界全体に対して、もっとこうしてほしいという要望や、ここが気に食わないという不満を持っていることが明確になれば、他の競合店舗に先駆けて、自社の強みを築くこともできます」

「ちょっとぉ」耳元で囁く声が聞こえ、高山は腕に鋭い痛みを感じた。

「痛っ！」痛みを感じた腕の方を見ると、ペンを手にした相澤が高山をにらんでいた。

「高山さん、皆、ちゃんとメモを取っているのに、何をボーッとしてるの。高山さん、この仕事に懸けているんでしょ？　ちゃんと仕事をしてください」

相澤が先ほどよりもさらに力を入れて、高山の腕をペンで刺した。

「痛いって！　わかりました。すみません」

実はS女だったのか、高山はそう思いながら、ペンを取りノートを開いた。

「今日は、このオリエンテーションのあと、選抜メンバーの方々と、グループインタビュー、そしてインターネットによる定量調査の質問設計のためのブレーンストーミングをそれぞれ1時間ほど行いたいと思います。さて、その前にですが……」

と言って、彩は手元に置いてあったクリアフォルダーから、一枚の新聞折り込みのチラシを取り出した。

「皆さんにとって、見覚えのある、というか、忘れられないチラシだと思います」

彩が皆に見せたのは、あの『買ってください』チラシであった。

「今日のお話の最後に、幹部の方もおられるこの場で、このチラシについての私の意見をお話させていただきたいと思います」

高山は思わず同席していた小山の顔を見たが、その表情はすでに凍りついていた。

「皆さんの会社は、今の局面で、このチラシを使うべきではなかったというお話です」

参加者は全員、彩の話に神経を集中させた。

「どういうことですか？」

最初に大久保が尋ねた。

「理由の一つ目はとてもシンプルです。スーツ市場の需要は無限にはならないからです」

彩の一言は沈黙を呼び起こした。

「おっしゃっている意味が、ようわかりませんが」大久保が再び尋ねた。

「では、伺います。皆さんの店でスーツを買うお客様は、年間何着程度のスーツを買われますか?」

「そうですね、一般的なビジネスマンでも、せいぜい年間2~3着というところだと思います」

大久保が答えた。

「スーツは、ビジネスシーンを中心とした自身の自己表現アイテムとして考えても、ビジネスという限られたオケージョンを中心に着る服ですから、いくら安いからといって、10着も20着も買うアイテムじゃありません」

彩がここまで話をしたところで、男性の発言する声が響いた。

「ちょっと待ってください」

声のしたほうを皆が見ると、小山が立ち上がり、顔には怒りをあらわにしていた。

「新しいアイデアを使って実行したことが上手くいかなかったからといって、後付けの理屈で、ケチをつけるなんてことは誰にでもできる。こんなのは卑怯きわまりないことだ」

小山の怒りのこもった発言を、彩は平然と、そして冷静に聞いていた。

「だいたい、このアイデアは、あの米国の伝説的な広告のプランナーのジョン・パワーズによるものなんだ。あんたがそれらしい適当なことを言って否定できるような話じゃ……」

彩は、手を前に出して小山の話をさえぎった。

「ジョン・パワーズも、クロード・ホプキンスも、非の打ちどころのない伝説的な広告マンです。その点には異論はありません」

「そうだ。これはそのアイデアを使ったプランだ」小山は言った。

「ジョン・パワーズが企画を行った広告のクライアントは衣料メーカーですが、スーツを販売していた会社ではありません」彩は、一度、出席者を見渡してから話を続けた。

「つまり、前提が違うのです」

小山は、言っていることがよくわからないという表情を見せた。

「極端な安売りをした場合ですが、それが消耗品であれば需要は大きくなります。例えば食べ物は消耗品です。胃の大きさ、食べられる量のキャパシティには限界はありますが、でも、時間が経てば消化されます。通常のカジュアル衣料も、食べ物ほどではないにしろ、気に入ればファッションとして買い揃えて、ワードローブ、すなわち持ち衣装にしていきますから、需要は大きくなりやすいです」

「そりゃそうだな」

大久保がつぶやいた。

「それにひきかえ、スーツの場合は、先ほど大久保さんがおっしゃられたように、せいぜい年間2着、多くても3、4着ほどではないでしょうか。ファッションとしてそれ以上の数のスーツをワードローブとして買い揃える方は全体からすれば少数でしょうし、またその層の方々がどのくらい御社の店に来店しているかは定かではないです。周りに競合店がなかったり、あるいは皆が欲しがる、他店にはない特徴を持つスーツがあれば話は別ですけど。通常のスーツを安く大量に売っても、瞬間的に競合店の顧客を引っ張ることはできますが、同時に自店の需要の先食いも起きてしまいます」

「ちょっと聞きたいのですが」

四季川が手を挙げた。

「以前、地方の同業の紳士服チェーン店で、同じような売り方をして倒産の危機を免れたという例を聞きましたが、これについて解説してもらえますか？」

四季川の質問に彩は笑みを返した。

「とてもいい質問をありがとうございます。今のご質問の中に鍵となる言葉が二つあります。一つは『以前』、そして『地方』です」

「どういうことですか？」

四季川が聞くと、彩はゆっくりと話をはじめた。

「『以前』とおっしゃられましたが、まず、今ほど店舗は多くはなく、市場が飽和状態になる前という前提であり、今とは事業環境が異なるということです。まだ、郊外型のスーツ専門店が行き渡っていない時代ですので、安さの訴求によって、遠方からも集客ができたと思います。そういう意味では、その当時であれば、今回のやり方は十分通用したと思います」

四季川が、こくりとうなずいた。

「また、『地方』というのは、もう一つの重要な点です。御社のような郊外型のスーツ専門店が特に発展したのは、関東圏や近畿エリア、つまり、日本全体の市場の中でスーツを着る人が飛びぬけて多いエリアです。その『地方』チェーンの展開しているエリアでは、ふだんスーツを着る人の数は都市部ほどは多くないはずです。よって毎日着用するわけではないが、必要な時のために買っておこうと考える方の比率が高いと考えられます。そこで、ふだんから信頼を築くことができている店が安売りをやった時には、『必要な時もあるだろうから、とりあえず買っておこうか』という動機を持つ方が増えたのでしょうね」

彩は、話し終わったあとに、にっこりと笑った。

四季川は、しばらく考え、「なるほどな」とつぶやいた。

「そして、理由の二つ目は、今回『在庫過剰』という枕ことばを使っていることです。これは主観的な表現ではありますが、社会一般から見ると、御社のような上場企業では在庫過剰であるということは褒められたことではありません。『あの会社、大丈夫か』というイメージを与えてしまいます。その後に、『ありがとうございました』というチラシを使われたようですね。しきがわからの終結宣言にはなっていますが、それで売上は戻りましたか？」

「戻ってはいません」

四季川が答えた。

「そうですか」

彩は下を向き、チラシをたたんだ。

「以上、私から今回の新聞折り込みチラシについての話をさせていただきました。物事は、やってみなければわからないというのも事実です。そういう意味で、このチラシを使うという四季川社長のご判断は、経営者の判断だと言えます。わからないがやってみるという判断自体は、攻めの姿勢を取り続けているという意味でまちがってはいないと思います。この結果を学習できたわけでもありますから」

彩は、四季川に微笑みかけた。「ただしですね、このプランの提案自体は、やはりいただけないと思います。米国のジョンパワーズの事例ではこの企業は、本当に倒産の危機に瀕していて、本当に市場に助けを求めたのです。しかし今回、しきがわは単に売上不振の解決のためにこのメッセージを市場に向けて発したのです。売上だけをKPIとしてしまい、企業としての信頼と評価を考えていません。**全ての案、企画には、それを適用させる前提があります。その前提を正しく押さえないままでの企画の提案はあまりに危険すぎます。**企画を生業とするもの、つまりコンサルタントの提案としては、この企画はいかがなものかと」

彩は小山に視線を投げかけたが、小山は下を向いたままで、その後、最後まで彩と視線を合わせることはなかった。

▼見えてきた事実

市場調査は、グループインタビュー、そしてインターネットによる定量調査が行われ、今までわかっていなかった事実が浮かび上がってきた。

高山は、新たにわかった事実を整理していた。

沼口、相澤もこの作業に加わっていた。

「国内全体のスーツの市場を見ると、郊外型の紳士服店が60％強の売上シェアを占めているが」

高山は、定量調査のデータをもう一度見直した。

「これ以上は増えにくいと思うな」

「どうして？」沼口は聞いた。

「残りの人たちは、郊外型の店で自分のスーツを買いたいと思っていないから。郊外型の店舗は、安売りのイメージが強く、そこで買う自分は格好悪いととらえている。つまり、自分向けの店じゃないということで行かないそうだ」

「年配向けの店というイメージを持っている層もいるようね」

「でも、だからといって、その人たちがスーツが高く売られている店に行って、たくさんお金を払うのが嬉しいわけじゃない。皆、賢くお金を使いたいと思っているんだ」

「賢くというのは？」

「決まっているじゃないか。できることならば高い代金は払いたくない、ということだ」

「ということは？」

「イメージのいい、かっこうのいい、そしてお値打ち価格でスーツが買える店か」

「そうだ」

「でも、競合店が、そういうタイプの店をいくつか実験的に出しているが、成功していると は聞かないな。利益も出ていないと言われているぞ。実際、店数も増えていないし」

「そうか」

「うーん」

「明日、安部野彩さんとのミーティングだから、とりあえずわかったところまでのことをまとめておくか」

高山は、自分のノートPCを開き、話をまとめはじめた。

「確かに、郊外型の紳士服店には行かないとはっきり言っている層が3割ほどいるわね」

安部野彩とのミーティングの場には高山だけではなく、沼口、相澤、そして守下も加わっていた。

「郊外型店舗は、安売りイメージとか、年配向けのイメージを持たれているようね」

「その郊外型の店に行かない層に向けて、かっこよくて、高くない価格でスーツを売る店をつくればいいかという議論まではしたのですが」

「ですが、何？」

「今、競合店がすでに試験的にそういう店を展開していますが、利益が出ていないと聞いています」

「そういうタイプの店の立地はどういうところなの？」

「ショッピングセンターや都市部です。郊外にも出している例はありますが、非常に少なく、うまくいっているのかどうかわかりません」

「ふーん、確かに、ショッピングセンター、都市部と、立地ごとに業態を変えるという考え方は正しいと思うけど。なぜ、利益が出ないのかしら」

「安部野さん」守下が口をはさんだ。

「僕、この間、競合の会社がやっているショッピングセンター型や都市部型の店を回ってきたのですが、価格帯や商品構成が、通常の郊外型の店とほとんど変わらないのです」

「一般論として、ショッピングセンターでは価格設定は低め、都市部は高めになるものよね。

それを、郊外型のロードサイド店舗と同じ価格帯で展開しているとすると……」

彩は、暫く集計データを見ながら一人で考えていた。

「高山さん、競合店舗の店ごとの、店頭在庫の価格構成比と、実際に売れている商品の価格帯は調べられるかしら？」

彩に言われ、4人は、互いの顔を見合わせた。

「不可能じゃないです」高山は答えた。

「僕たちが各店のピークタイムに店に行って、その時の買い物客がレジに持っていく商品の価格を見ていけば、ある程度、どの程度の価格帯の商品をどのような人が買っているのかのデータは集めることができます。精度の高さの問題はありますが、僕たちが入れ替わりで、今週末に調べれば、傾向がわかるくらいのデータは取れると思います」

「都市部の店ならば、平日の夕方も調べたほうがいいな」沼口が付け加えた。

「私のほうで、ショッピングセンター、都市部の店で、どういうプロフィールの人がその価格帯の商品を買っているのか、追加の調査をしてみます。2週間後に、もう一度集まりましょう」

彩が、作業の方向性をまとめた。

▼高山、しきがわの新成長戦略を発表する

高山たちは、四季川が会議室に入ってくるのを待っていた。

安部野彩を中心に行った市場調査の結果を発表するために、主要役員が集められていた。

「では、市場調査の結果に基づいた、しきがわの今後の成長戦略に関する報告会をはじめさせていただきます」

伊奈木の言葉に導かれて、彩が席の前に立った。

「本日は、お集まりいただきましてありがとうございます。今日は、今回行いました市場調査の結果と、そこから言える方向性についてお話しさせていただきます」

彩は、調査から得られた数字や意味合いの説明を進めた。

「まず、現状の『紳士服のしきがわ』の業態についても、商品構成や個々のアイテムの仕様など、いくつもの改善できる点が明確になっています」

彩は十数枚のスライドを使って、一つずつ改善すべき点とその根拠を説明していった。

「これらの点を改善するだけでも、今よりはお客様の支持が得られる店に変わると思います。ただし『紳士服のしきがわ』の店の場合、スーツを買うお客様の来店頻度はせいぜい年2回です。商品構成の改善にも時間がかかりますし、それを買われたお客様が再来店されるまで

に半年くらいの間は空きますので、改善を行ったあとに再来店の効果が表れるまでには、しばらく時間が必要となると思います」

彩は、スライドを進めた。

「そして本日は、もう一つ、お話ししておきたいと思います」

と言って、彩は、郊外型店舗、百貨店、専門店などのチャネルごとのスーツのシェアを映し出した。

「『紳士服のしきがわ』のような郊外型の紳士服店では買いたくないと思っている客層がこの通り、3割強います。この人たちは、主に百貨店でスーツを買いますが、本当はもっと、お値打ち価格で買い物ができれば嬉しいと思っています」

ここで彩は、高山に立ち上がるように手で合図をした。

「このことに気がついたのは、高山さんです。ここから先の話は、高山さんにしていただきたいと思います」

急に振られた高山は、あわてて発表席まで出てきた。

「高山さん、しっかりね」

彩は、すれ違いざまに高山の耳元でささやいた。

「現在、この、郊外型紳士服店には行かない客層に向けた業態は、しきがわの競合他社が、ショッピングセンターや都市部において展開していますが、どれもうまくいっているとはいえません」

高山は、それらの店の外観の写真をスライドに映した。

「これらの店について、その商品構成、価格帯についての調査を行いましたが、実売につながっている商品と店頭の商品在庫バランスにはかなり隔たりがあることがわかりました」

ショッピングセンターと都市部の店の、店頭在庫の価格構成分布、そして実際の売れている商品の単価について、高山たちが現場で実際に調査してきた比較対象データが映し出された。

「これらの店につきましては、売り場に詰め込まれている主力の商品と、実際に売れている商品との間に差異が見られます。また別途、調査をしてもらったデータを見ても、ショッピングセンターに出店している店の売れ筋商品と、都市部の店の売れ筋は、価格帯が大きく違い、かつ、売れ筋商品の傾向についても差異が見られます」

四季川は、映し出されているスライドを見つめていた。

「現状では、我々の競合店は、全ての店舗で商品構成は、郊外型店舗とほぼ同じ品揃えを行っていますが、ショッピングセンター、都市部、それぞれで本来、求められている商品構成、そして価格帯はこのようになります」

高山は、スライドに映されているグラフの形を指し示した。

「従来、しきがわでは、これらの郊外型以外の立地での出店は行っていませんでしたが、今ご説明したように商品の内容を修正して出店をすれば十分勝算があります」

「高山君」

プレゼンテーションの途中で、四季川が質問した。

「今、話をしている商品構成を改善した店は、ショッピングセンターと都市部のどちらでやるべきという提案なんだ？」

高山は会議の参加者全員を見渡し、大きく深呼吸をしてから言った。

「両方です」

参加者から、どよめきが起きた。

「これら2タイプの立地で価格帯、商品構成を従来の店とは大きく変えて出店を行った場合の収益シミュレーションをお見せします」

高山はスライドを替えた。

「ショッピングセンター型の店ではスーツの価格帯を下げ、シャツも低価格帯の商品構成比率を上げます。一方、都市部に出店する店については、価格の幅を上にも拡げます。どちらについても、我々の競合店よりも格段に商品構成はよくなりますので、より多い売上が見込め、同条件での出店としても営業利益幅は大きく改善します」

四季川は、映し出されている収益シミュレーションをじっと見ていた。

「高山君、現状の郊外型店舗の出店に比べても、随分、営業利益幅が改善されているねえ」

ってい
「今回、いくつか条件を見直しながら収益シミュレーションを行ってみましたが、ここで使っている条件は、堅めに読んで設定しています」

「ほう」と言ったあと、四季川が参加者のほうを向いた。

「誰か、このシミュレーションを含めて質問がある人は？」

誰からも発言がないなか、それまで黙って聞いていた阿久津が、「あのなあ」と口を開いた。

「大体、今までも新規出店の時は、皆、高い売上計画を設定するもんや。けど、もう何年も、そんな数字、達成できた試しがないやないか。この売上と収益計画も、絵に描いた餅になるんと違うんか？」

営業のマネジャーが自エリアで店数を増やしたいがために、鉛筆をなめて作る、高めの売上計画と一緒にしてくれるな、高山は、心の中でそう思った。

彩が高山の近くに寄り、耳元で言った。

「高山さん、この収益シミュレーションを行った際に数字をつくったエクセルシートがあるでしょ？　あれを映して」

彩に言われ、高山は、数字を検討する際に使った表計算シートを開いて映し出した。

彩は前に出て、スクリーンに映し出されているシートの位置を確認しながら説明をはじめた。

「今回のシミュレーションには、希望的な読みは何も含めないように作ってみました。競合店舗において、現状の商品構成で発生しているであろう機会損失を商品カテゴリーごとに読みました。頻度品であるビジネスシャツの価格帯には明らかに市場からは求められているのに、商品が積まれていない、実は店頭での欠品を起こしている部分があります。おそらく競合店は、ここで起きている機会損失に気が付いていないのであろうと想定できます。今回、そこを我々の店では改善し、店頭でも大きく打ち出しを行う前提での効果を読みました。それによって、同条件の立地に出店したとしても、売上と利益が上がっているシミュレーション結果となっています」

「さらにですが」高山が再び前に出た。

「この店については、新規の業態になりますので、当初に想定する商品構成についても、売れ行きの状況を見ながら変更を加えていく必要があると思います。つまり、PDCAのサイクルを廻して、商品構成の最適化を進めていくことが必要になると思います。それについては、経費管理プロジェクトでもPDCAを廻してくれている、商品部の沼口君にやってもらうのがいいと思います」

「阿久津専務、この答えでいいですか?」

四季川のいつもより強い口調に、阿久津はそれ以上何も質問をしなかった。

「他には、何か想定できる問題点はありますか?」

四季川は前に立っている彩と高山を見、そして伊奈木をはじめとする参加者を見回した。

「細かいところは、ようわかりませんが、やってみる価値はありそうですなあ」

珍しく大久保が、発言をした。

「私も、そう思います」四季川は珍しく、笑顔を見せた。

「今まで、郊外路面店以外の出店については、しきがわではあえて、行ってきませんでした。しかし、今回作られたプランでは、事実に基づいたシミュレーションもできています、私の肌感覚とも合っていて、説得力のあるプランだと思います」

四季川は、一呼吸置いてから話を続けた。

「早速、このプランの実行計画を作成しましょう。伊奈木さん、各部門の音頭を取ってすぐに進めてください。店舗開発部は、都市部、ショッピングセンターの立地をすぐに当たり始めること」

高山は、四季川の意思決定の速さにあっけにとられていた。

彩は、少し乱れていた髪の毛をかき上げ、口元に笑みを浮かべて横目で高山を見た。

全てを放出しきった状態だった高山は、やがて我に返り、参加者に頭を下げた。

まず大久保がゆっくりとした拍手をはじめ、パチパチという乾いた音が会議室に響いた。続いて四季川も拍手をはじめた。参加者からもパラパラと拍手が起きはじめ、やがて阿久津を除く全員の拍手に変わった。

新業態の準備

「結局、ショッピングセンター型、都市部型の2店舗の同時オープンになったな」

沼口は物流センターで、高山と共に来週オープン予定の新業態店舗の商品の出荷の準備を行っていた。

「2店舗を同時期にやるなら、1日でもずらしてくれたほうが、本当はこちらとしてはありがたいのだけど。でも、マスコミへの発表のインパクトを考えた判断だそうだ」

高山は、新業態用のショッピングバッグなどの包装材の出荷準備を行っていた。

「それにしても、あの会議から4カ月での出店って、驚異的な商品部の対応能力だと思わないか？」

「商品部だけじゃない。店舗開発も店舗のデザインも驚異的なスピードだったな。こんなに速く、商品の準備ができるならば、しきがわの店での売れ筋商品の追加要請にも、すぐに対応できるはずじゃないのか」

沼口は、高山を見ながら、

「大きい声では言えないがな、しきがわでの新ブランドのコレクション用に用意していたイタリア製の生地や新しい型紙の商品を流用したんだ。この型紙、お腹が出てきた体型でも、スリムに見える画期的なシルエットなんだ。そこに今度の新しい店のブランドのネームをつけたんだ」

「そんなことをして、紳士服しきがわの商品は大丈夫なのか?」

高山は心配になって聞いた。

「なあに、どうせしきがわは在庫が過剰だから。お願いして買ってもらいたいくらい、『売るほどある』状態だから騒ぎになることはない。心配はないって」

沼口は笑った。

「ほら、このショップ名のロゴの入ったショッピングバッグ、いいデザインだろう?」

高山は沼口に新しいショッピングバッグを見せた。

「このネームのデザインもいいだろう」

沼口も、新業態向けのスーツを一着出して、ジャケットの内側を見せた。

そこには、SUITSQUAREのロゴがデザインされたネームがついていた。

「スーツスクエア、いい名前だな」

高山は言った。

「売れるぞ、絶対。そんな気がする」

沼口も言った。

「僕も、オープンの日は、ひさしぶりに店頭で売るぞ」

「俺も店に出る。売りまくる」

「ショッピングセンター型、都市型、両方とも絶対に成功させてやる」

二人は、物流センターが暗くなり、手元が見づらくなってもまだ、作業を続けていた。

解説　新業態開発とは

企業の不振状態は、「市場との乖離」から起きます。

市場が欲しているものを、他に先駆けて常に、次のレベルで提供するということが、本来の企業のあるべき姿ですが、つい、怠惰、おごり、などによって、市場の実態がわからなくなったり、市場の求めることとは違うことを追求していたりします。

例えば、チャネルシフトが起きていて、お客様が、別のチャネルに、あるいは別の店に移動してしまっているのに、そのことに気がついていないということもあります。

そもそも市場、すなわちお客様は、常によりよいもの、すなわち、よりお値打ちで利便性が高く、心地よいサービスを求めて移動します。本業に一所懸命に精を出している間に、畑違いのところに競合が出現していることもありえます。

⬇改めて市場を冷静に、正確に分析・把握してみる

今から40〜50年前、家庭で動画を撮影して楽しむためには、アナログ式8ミリ・フィルムのハンディカメラで数分程度の撮影を行い、それを郵送で現像に出し、部屋を暗くして映写機で映して見るというのが一般的でした。

そして、世界レベルで先行していたコダック社は、今から35年ほど前に現像に出さずに、撮影後すぐに見ることができる画期的な方式を開発し、ハワイで大々的な発表会を行いました。

ところが、ほぼ同時期に日本から、磁気テープに長時間、高画質で記録できるベータ、続いてVHSのシステムのビデオカメラが、他業界であるソニー、そしてビクターから出て、またたく間に市場を席巻したため、アナログ式8ミリ・フィルムの市場は淘汰されてしまいました。

これは、新技術の台頭で市場が激変してしまった例ですが、事業と市場とのギャップ、あるいは現市場が静かに抱えている不満は、必ず存在するものです。

本来は日々の業務の中のPDCAが廻っていれば、その兆候は把握できるものですが、その精度が本来必要なレベルに追い付いていない場合も多々あります。そういう時は、一度立ち止まって、改めて**市場を冷静に、正確に、市場調査などによる現状把握、意味合いの抽出をするための分析をしてみると、今のお客様が満足していない点が数多く見えてきます。**

新規事業開発、この章の事例では業態開発になりますが、市場を改めて見直すことで、お客様のニーズが存在するにもかかわらず、競合を含めた事業会社側が気がついていなかったことが見えてくるものです。

業態開発に当たっては、海外事例を見たりして、アイデアを得ることは大切です。ただし、それが日本国内の市場に合致するのかどうか、そしてどう調整をすべきかという点についての確信を得るために、正しく市場の意向を把握することも重要です。市場を把握して業態企画、事業企画を行えば、当たる確率は大幅に上がります。反対に市場を無視した打ち手は成功しません。

なお、まれに「市場調査をしても、戦略なんて出てこない」と言う方がいます。こういう方々については、二つのタイプに分かれます。

一つ目は、その方が行った、あるいは行わせた調査が、第1次集計だけで放置されていたり、設問の設計が悪く意味合いがうまく引き出せていない場合です。**1次集計を眺めただけで、価値のある意味合いを完全に抽出できることはあまり多くありません。意味合いの抽出のためには、チャートなどにより見方の工夫を施した上である程度の深掘りを行う分析を行い、意味合いを引き出すことが必要ですし、この巧拙が成否を分けるといっても良いのです。**

二つ目は、グループインタビューを行っても、その時の感動だけで放置してしまっているもったいない事例です。グループインタビューは、こちらからの問いかけに対して、参加者の忌憚のない反応を言語情報のみならず、五感すべてで得ることができる場です。これは言ってみれば、ピュアな市場の反応を知ることによって、市場に対する一方的な「思い込み」

図09 業態の成長サイクル

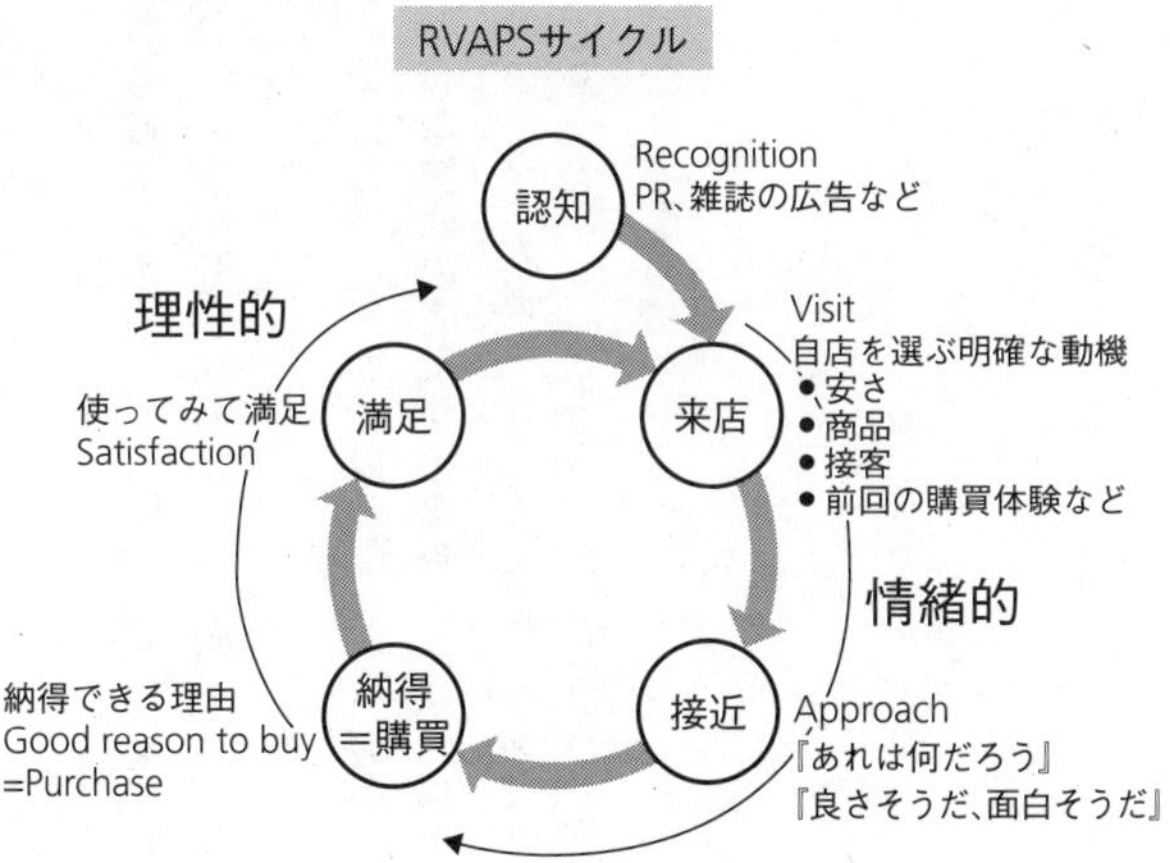

を洗い流すことのできるシャワーのようなものです。企業によっては、このグループインタビューさえ調査会社に丸投げし、さらにはその場にマーケティング部さえおらず、発言記録のみを受け取っている、大変もったいないケースも見かけます。

グループインタビューは、顧客のプロファイリングを行うために、何時間かけてでも徹底的に質問を詰めるべきものです。そしてインタビューから五感を通して得られた情報は、参加者たちによってできるだけ直後に、自分たちのファインディング（発見）を言語化し、その意味合いをどうとらえるかを議論すべきものです。

これらは、極めて上質な仮説になり、これらを事実をもって裏付けをとることで、見えていなかった、さまざまな事業機会を顕在化させることができるのです。

これらは二つとも、最低限、知っておくべき作法をちゃんと守っていないために、かけた経費分の結果を得られていない事例です。

小売業における業態設計の際に、強みをどう構築するかについてのフレームワークが、前ページの**「業態の成長サイクル＝RVAPSサイクル」**です。

店やブランドが認知（Recognition）されてから、来店（Visit）、（売り場への）接近（Aproach）、購買（Purchase）に進み、そして商品やサービスを使った際の満足（Satisfaction）、再来店につなげるために、やるべきこと、やってはいけないことを組み立てることが重要です。

第7章

新業態を立ち上げる

――トップの抑えが弱くなると、組織内にエゴイズムがはびこる

▼オープン初日のにぎわい

スーツスクエアのオープン初日の金曜日、前日のオープニングセレモニーの様子が、夜のビジネスニュース番組で「郊外型紳士服店の新戦略。ショッピングセンター向け、都市部向け商品構成のスーツスクエア、2店舗が同時オープン」というタイトルと共に、特集が組まれて放送されたこともあり、集客は午前中から好調であった。渋谷の都市向け店舗にて店頭の販売応援を行っていた高山も沼口も、ずっと接客が絶えることなく続いていた。

「おい、高山。見てみ」

接客中の高山に、沼口が声をかけた。

高山が、沼口が視線で示したほうを見ると、四季川も店頭で接客を行い、スーツの販売をしていた。

「四季川社長の店頭での接客、はじめて見る光景だな」

とささやいてきた沼口の言葉に、高山も、

「社長、結構、上手だよ。スーツの2着販売だけではなく、シャツとタイのコーディネイトもちゃんとすすめてる」と、接客の最中に一言返した。

「人柄と言うか、元来の人の好さが、お客さんに受けているんだろうな」

沼口はそう言って、自分の接客に戻った。

いったん店頭に立ちはじめた四季川も接客が絶えることなく、結局午後も店頭での販売は続いていた。

スーツスクエアの大入り状態は、夕方になっても続いた。四季川と伊奈木は、肌寒さの中、渋谷のスーツスクエアの入口を見ながら立っていた。

「伊奈木さん、こんな新店オープンは久しぶりですよ」

何組も続いていた接客に心地よい疲労感を感じながら、四季川が言った。

「よく入っていますよね。午後7時過ぎましたが、まだ、お客さんがどんどん入ってきますね」

伊奈木も今日は、慣れぬ接客をこなしていた。

「しかし、市場調査の結果に基づいて企画した店が、こんなに当たるとは予想もしていませんでした。驚きました」

「正直、私もここまでお客様に支持されるとは思いませんでした」

「チームが分析から作った価格帯、柄、シルエットの商品は、確かに売りやすいですよ。価格帯が市場が求めるラインに合っているから販売がしやすい」

二人が話をしていると、大久保もやってきた。

「お疲れさまです。お客さんの入りが絶えませんし、何よりも来店客の買い上げ率と点数が高いですわ」

大久保も、疲れた顔にいっぱいの笑みを浮かべていた。

「これが市場が求めている品揃えですねえ。ショッピングセンターの店のほうも、計画を大きく上回る売上で、特に今の時間から、夕方のお客様がまた入ってきているようです」

大久保は、自分の把握している情報を四季川に報告した。

「そうですか。じゃあ、私はこれからショッピングセンターの店のほうに行ってきます。今から行けばまだ、閉店前に間に合いますから」

四季川は、ではあとはよろしくお願いします、と言って、駅に向かって歩いていった。

伊奈木と大久保は、四季川を見送り、店への客の入りを見ていた。

「ほんまに、ようやっていますな……」

大久保はポツリと言った。

「は？」

伊奈木は、大久保の言葉の意味がわからなかったが、大久保はそのまま店の中に入っていき、店内に溢れていた入店客の接客をはじめた。

午後10時を過ぎ、スーツスクエア渋谷店は最後の顧客を送りだした。

「今日は、ほとんどお客さんの切れ目がなかったな」

沼口は、商品提案で使った服を片づけていた。

「ほんとによく売れた。ふつうの店よりも客単価と買い上げ率が高かったように思うな。初日の販売計画の160%は超えたろう。180%いったかも」

高山も、まだ興奮さめやらぬ中で商品整理を行っていた。

「この後は沼口に、売れ筋の分析をしてもらえば商品構成はさらに改善されるから、もっといい店になると思う。あとは頼むな」

「ああ。分析と投入商品の見直しはここから俺がやるから、任せておけ」

と沼口に言われ、高山は、「僕は先に帰るから」と売り場をあとにした。

店を出た高山は、帰り道で一人つぶやいた。

「まずは、やるべきことはやったよな……」

▼不審者

伊奈木はスーツスクエアのオープン初日を閉店まで見届け、自宅への帰途についていた。

東横線の学芸大学駅で降り、商店街を抜けて自宅のマンションに向かう途中、伊奈木は、ここまで起きたことを振り返って考えていた。高山の経営企画室への異動、「買ってください」販促チラシの失敗、そして、高山のさらなる異動の話。

今回のスーツスクエアの件で、高山の異動については、先延ばしにはなっているが、撤回されているわけではない。経営会議では、高山の異動案は承認されたことになっている。そもそも、その発端になった、あの怪文書……。

一人で考えながら歩いていた伊奈木は、突然、立ち止まった。

「あの怪文書のいちばんの問題は、社長が高山の業者との食事の件を大目に見ることにしたというくだりだが、なぜそのことを怪文書の書き手は断言できたんだ？」

伊奈木は商店街にある蕎麦屋の前で立ち止まったまま、一人で考えていた。

「あの部分は、社長の信頼を揺るがす重要なくだりだ。考えようによっては、あの一言を書くために、わざわざ作られた文書かも……」

ふだんは、あまりクルマも通らない、さほど広くない商店街の途中で立ち止まったままだった伊奈木は、ふと自分が歩いてきた方向に自分と同様に立ち止まっている男の視線に気がついた。

伊奈木が顔を向けると、その男は背を向けて、そばのコンビニエンスストアに入っていった。

「なんだ、今のは？」

気になった伊奈木が男を追ってコンビニエンスストアに入ろうとすると、その男はうつむいたままで買い物もせずに店を出て、駅に向かって早足で歩いていった。

伊奈木は目でその男を追ったが、その男は脇目も振らずに早足で歩き、駅前でタクシーをつかまえて、その場を去った。

高山は自分のアパートに戻り、机の上のPCに向かっていた。

ネットで「辞表　例文」を入力し、検索していた。

いくつかの例文を見ながら、

「やっぱり、こういうのは、直筆で書くべきなのだろうな」

と、近所のコンビニエンスストアに便せんを買いに行こうと立ち上がった。

ふと、例の怪文書のことを思い出した。

配られた現物の一つを伊奈木に頼んで入手したが、全く見る気にもならなかったため、机の引き出しにしまってあった。高山は引き出しを開け、怪文書の封書を取りだした。差出人は記載されておらず、宛先はPCで出力した店の住所を張り付けてあった。

「指紋とかはつかないように気をつけて投函したのだろうな。でも、最近は現物に付着しているDNAとかを、実行犯の可能性のある人のものと比較して、科学的に特定することができるとかいうのを聞いたな」

高山は書面を開いてみた。

はじめて読んだ時は、気分の悪い思いをしたが、今は、冷静に、かつ分析的に眺めることができた。

「この情報を知ることのできる人っていうのは、限られているよな」

高山は、内容を確認しながら、一つ一つの文を見ていった。

自分なりに、書いた可能性がある人物を思い浮かべながら眺めていたが、途中で目が留まった。

「僕が販促コンサルタントの小山さんと食事をしたなんてことは、別に経営会議で議論されるようなことでもない。だいたい、社長が大目に見た、なんていうのは、僕も、この文書を見てから伊奈木さんに、その通りなのかを確認したことだ」

高山は、改めて考えた。

「伊奈木さんは、社長とだけの話で、誰にも話はされていないと言った。誰なんだろう?社長と伊奈木さんの他に、このことを知っているのは」

高山は、便せんを買いに出かけようとしていたことを忘れ、部屋で寝転がって一人で考えているうちに、いつの間にかそのまま眠ってしまった。

▼樋上からの忠告

翌日、伊奈木は、経営企画室の自分の席に座っていた。

たまっていたメールのチェックをしていたが、頭の片隅で、昨夜、自分の後ろに立っていて、タクシーで立ち去った男のことが気になり、いつの間にか作業の手が止まっていた。

「伊奈木さん、どうしました？」

高山が、伊奈木に声をかけた。

「え？　いや、ちょっとな。考え事をしていただけだ」

「そんなこと言って、昨日のスーツスクエアでの、慣れない接客で疲れたのではないですか？」

「そんなことはないさ。少し脚にはきているけどな」

伊奈木はふくらはぎを叩いた。

「今日は、相澤くんが店舗の応援に行っているんだな。彼女のほうが、私よりも、ちゃんと販売をできるもんな」

「相澤さんなら、伊奈木さんよりも脚の『持ち』もいいと思いますよ」

高山も笑いながら言った。

「実は昨日一つ、妙なことがあってな」

伊奈木が言った。

「なんですか？　変なことって」

「昨日、家の近くで後ろについてきていた男がいたんだ。ここのところ毎日遅いし、土日もほとんど家にいなかったから、嫁さんが浮気調査でも依頼したのかと思ったんだけどな」

伊奈木は、「そんなことはあるわけないよな、おおかた誰かとまちがわれたんだろう」と大きく笑った。

「あの、伊奈木さん」

伊奈木が経営企画室の入口を見ると、総務部の樋上が立っていた。

「ああ、おはようございます」

樋上は伊奈木の元に寄ってきた。

「おはようございます。伊奈木さん、今、お時間ありますか？」

伊奈木が、「大丈夫ですよ」と答えると、

「ちょっと、お話をさせていただきたいのですが。別の部屋で、よろしいですか？」

伊奈木は立ち上がり、二人は経営企画室を出ていった。

一人残った高山は、伊奈木の話が気になっていた。

あ、いけない。会社を辞めようと思っていることを話すのを忘れた……。

「ここなら、話が外に聞こえることはないと思います」

応接ルームに入り、椅子に座った樋上が伊奈木に言った。

「伊奈木さん、実は、阿久津専務のことですが」

樋上は一瞬だけためらいを見せたが、すぐに話を続けた。

「阿久津専務は、『グレーのものをクロにする天才』と言われています」

伊奈木も以前、それを聞いたことがあった。

「樋上さん、一体どういう話なのですか？」

樋上は、一息、間を置いてから、話をはじめた。

「阿久津専務は今までも、ご自身の気に入らない人については、本社から外れるように仕向けたり、辞めていただくように仕掛けたりしてきました」

ふだんからしかめ面をしていることの多い樋上だが、今日はふだんにも増して眉間に深いしわを寄せていた。

「かつては、四季川会長の意向を踏まえて、しきがわには不適な人材への対応をされており、それについては、私もある程度、納得のいくものだったと思っています」

樋上は、小さく咳払いを一つして話を続けた。

「ただし、会長が代表権を今の社長に渡され、会社には、ほとんどお見えにならなくなってからは、専務はご自身の判断で人事対応をされてきています」

伊奈木は、黙って樋上の話を聞いていた。

「私は入社以来、専務には、公私ともに大変お世話になってきました。自分本位な面もおありの方ですが、親分肌で、我々には面倒見のいい方でもあります」

樋上はしばらくの沈黙ののち、再び話をはじめた。

「今の専務は、自分にとっての都合が良いか悪いか、それと好き嫌いで、人事の判断をされていると思います。そして今は、伊奈木さんの存在を良しとしていないと思います」

樋上は悲痛な表情で伊奈木を見た。

「今の社長になってから、社長の意思で何人かの中途採用の幹部の方が入社されました。伊奈木さんもその一人なわけですが。私は伊奈木さんが、今この会社にとって重要な人だと思っています」

少しの間を置いて、さらに樋上は続けた。

「今まで入社されてきた方々と違って、伊奈木さんは、この会社を本気で良くしようとしている。伊奈木さんがいると、高山みたいな奴が他にも育つような気がしています。あんなに生意気だった奴が、一所懸命に会社を良くしようとしている」

「まあ、高山については、彼がもともと、そういう人材だっただけで、私は、彼に必要な知識を入れて、ガイドをしただけですが」

「それでも、そんなことを一所懸命にしてくれる人は、今まではいなかったです。あんな奴が増えてくれれば、この会社は絶対によくなります。会社を直して、さらに伸ばしていけます」

樋上の言葉を聞いて、伊奈木は少し笑顔を見せた。

「伊奈木さんが来る前までのやり方では、この会社は浮上するとは思えません。専務の在任中は会社が持ったとしても、私の定年までも持ちません。そして、その過程において社員が幸せになっていくとも思えません。これは私を含めてです」

樋上はきっぱりと自身の想いを口にした。

「伊奈木さんのやり方であれば、四季川社長も社長らしく、社長業を行えるようになると思います。しばらくの間は、社内だけではなく、プライベートでも行動は慎重に。気をつけてください」

樋上は、伊奈木に向かって懇願するがごとく頭を下げた。

伊奈木は、しばらくの間、言葉を発さずに、頭を下げたままの樋上を見続けていた。

▼高山、辞職の意思を安部野に伝える

高山は、自分自身でアポイントメントをとり、安部野を訪問していた。

「すみません、安部野さん。急に伺いまして」

「別にいいさ。今日は、自分の作業をしているだけだから」

高山は、スーツスクエアの成功の報告を行った。

「それはよかったな」

安部野は素直に喜んだようだった。

「こういう新規事業、君の業界では業態開発という言い方になるが、これも、君の部署が音

頭を取れれば、企業としては理想と言える。そういう意味では、今回は上出来だ」

「安部野さん、唐突ですが、僕、しきがわを辞めようと思っているんです」

高山は、昨夜自分が考えたことを含め、ここまでの経緯を安部野に説明した。

全てを黙って聞き、安部野は言った。

「自分自身の人生だから、君が辞めることについて、別に僕は何も意見を言うつもりはない」

そう言うと安部野は表情を変えずに、ま、がんばれ、と席を立とうとした。

「あの、それだけですか？」

「ああ、他に何かあるか？」

高山の言葉に、安部野は高山のほうを向いた。

「あの、もう一つ、気になっていることがあるのですが」

「なんだ？」

「伊奈木さんが、誰かに尾行されていたようなことを言っていました。伊奈木さん自身はあまり気にされていないようですが」

安部野の眉が動いた。

「そうか、そこまでやってきているのか」

安部野はソファに深く座り直した。

「しきがわに取り憑いている『おばけ』は、しぶとそうだな」

安部野は顎《あご》をさすりはじめ、その顔は、いつもの不機嫌そうな顔が険しい表情に変わっていった。

「僕が出向く必要が出てきそうだな……」

手を顎に持っていったまま微動だにせず、時折目だけを、どこを見るということもなくぎょろりと動かして、安部野は一人で何かを考えている様子だった。

高山は今の瞬間、安部野の頭の中では、自分がここにいるという認識さえなくなっていることに気が付いた。

▼伊奈木の決断

高山と相澤は、新店舗の販売応援に出ていってしまっており、伊奈木は経営企画室で一人、考えを巡らしていた。

高山の地方店舗への異動の件についても、今回なんとか社長と話をしてとりやめになったとしても、彼を孤立させようという、専務の意志は変わらないであろう……。

仮に高山が地方店舗に異動になってしまって本社にいなくなっても、新しい人材が経営企画室で改革に着手すれば、その人材が攻撃の新しいターゲットになるだけだ。

結局、今は高山個人がターゲットになっているものの、実は、改革そのものを止《や》めさせたいという動機がある限り、誰が改革推進をやっても変わりはない。いろいろな手を打ってくるだけだ。今は、高山に対しての攻撃が表立っているが、遅かれ早かれ、樋上部長の言うように自分自身も攻撃の対象になるであろうことは、火を見るよりも明らかだ……。

今のしきがわは、そんな改革への妨害の対応に、頭と時間を割いていられるほど余力のある状態ではないのだが……。

伊奈木は、両手を頭の後ろで組み、しばらく宙を見ていた。

「……やはり、こちらから動いて手を打つしかないか」

伊奈木はつぶやいた。

「そのためには、それを念頭に置いた情報収集からはじめないとな」

空けてあった経営企画室のドアをノックする音がした。

「伊奈木さん、入っていいですか?」

伊奈木がドアのほうを見ると、沼口が立っていた。

「ああ、どうぞ。今日は高山君はいないけどな」

「はい、わかっています」と言って、沼口は中に入り、伊奈木の机の前に座った。

「伊奈木さん、高山は、しきがわを辞めることを考えています」

沼口は椅子に座るなり、開口一番話しはじめた。

「あいつ、スーツスクエアの初日終了時に俺に、『あとは頼む』って言ったんです。その時は、気がつかなかったんですけど、本人なりに真剣だと思います」

「高山がそんなことを言ったのか。とにかく一本気だからな」

伊奈木は、さほど表情を変えずに沼口に言った。

「たぶん、俺が言っても、効果はないと思います。伊奈木さんから話をしてやってもらえませんか」

「わかった。やれることはやる」

伊奈木は、うなずきながら答えた。

「よろしくお願いします」

沼口は、頭を下げて経営企画室を出ていった。

「高山、いい仲間を持っているじゃないか」

伊奈木は一人で微笑んでいた。

▼伊奈木、秘書の木本を食事に連れ出す

伊奈木は、社長室を訪れた。

「伊奈木さん、今日は、社長は終日不在ですよ」

秘書の木本愛は、そう言うとニッコリと笑った。

「そうなんですか。少し相談をしたいことがあったのですが」

「ちょっと待ってくださいね……。来週の月曜日の午後ならば、社長はお時間がありますよ」

「では、その日の午後3時で予定を押さえておいていただけますか」

「わかりました」と木本はPCから予定表に入力した。

「伊奈木さん、スーツスクエア、好調らしいですね」

木本が伊奈木に話しかけてきた。

「ええ。おかげさまで計画を大きく上回った推移が続いていますよ」

「新しい事業が成功するっていうのは、私が知っている限り、しきがわがはじまって以来だと思いますよ。この本体の『紳士服のしきがわ』業態でさえも、最初の数年間は、売れなくて大変だったたって、聞いていますもの。暇すぎて、阿久津専務も、当時の社長の目を盗んでは、休憩室で昼寝をしていたってよく言ってましたよ」

「木本さんは、しきがわのことは、皆が知らないようなことまで本当によくご存じですよね」

「伊奈木さん、それ、褒め言葉になっていませんよ。私が、しきがわの古株の一人って意味ですものね」

伊奈木の一言に、木本はいたずらっ気のある表情を返した。

「い、いいえ、そんなつもりで言ったのではないですよ」

伊奈木はあわてて否定した。

「じゃあ」と言って、伊奈木は、社長室を出ていきかけたが、急に立ち止まった。

「木本さん」

伊奈木は振り返り、木本の席に再び歩んできた。

「今ちょうど、いろいろと知っておきたいことがあるんです。よろしければ、一度お食事でもお付き合い願えませんか？」

「まあ、よろしいのですか？　ぜひ、ご一緒させてください」

「早速ですが、今日のご都合はいかがですか？」

「ええっと……、大丈夫です」

「後ほど、場所と時間を連絡させていただきます」

「楽しみにしていますね。でも、当日誘っていただいて、『大丈夫です』って即答できるのも、どうかですよね」

木本は屈託のない笑顔を見せ、社長室を出ていく伊奈木を見送った。

社長室から出ていく伊奈木の表情には、笑顔の中にも、真剣な想いが表れていた。

伊奈木と木本は、渋谷のセンター街を抜けたところにあるビルの地下にある、静かなイタリアンの店「口菜（クッチーナ）」でワインを飲みながら話をしていた。

「木本さんは、本当にしきがわの生き字引みたいな人ですね」

「そんなことはないですよ。ただ、会長の時代から社長室の秘書をやっていますから、社内で起きていることの根っこの事情はだいたいわかりますね。だから、点と点がつながるっていう感じなのじゃないかと思うんです」

木本愛は、独身。年齢は不詳だが40代なのはまちがいない、と伊奈木は考えていた。伊奈木が思っていたよりも、木本はよく飲み、よくしゃべる女性であった。伊奈木からすると、本来、社長室秘書の立場の者が、こんなに饒舌でいいものだろうかとも心配になったが、今日はある程度いろいろなことを踏み込んで聞こうという想いもあった。

すでに1本目のワインボトルも残りが少なくなり、木本もアルコールのせいで口が滑らかに動くようになっていた。

「阿久津専務は、拝見しているとだいぶ厳しい方のようですね」

伊奈木は、今日一番聞きたかった阿久津の話に話題を向けた。

「専務はですね、会長が社長をやっておられたころ、創業から営業を見ていたんです。自分本位な方なのは今と同じですけど。でも、今よりもずっと前向きな感じだったんですよ」

「そうなんですか。なぜ、今みたいな感じになったんでしょうね？」

「管理本部の専務になって、しばらくしてからですよ。それからは、自分の思い通りにしなければ気がすまないみたいになってきたんですよ」

「へー、そうなんですか」

ワインのボトルが空き、2本目を注文したが、伊奈木は、自分が木本の半分も飲んでいないことに気がついた。

「阿久津専務は『グレーのものをクロにする天才』って呼ばれているんですってね？」

「そうなんですよ、よくご存じですね。とにかく、自分がこの人嫌いと思うと、何から何まで、その人を悪者に仕立て上げていきますからね。伊奈木さんも気をつけてくださいね」

木本は、2本目に開けた赤ワインも「開く」前に、ぐいっとグラスを空けた。

「はい、そうします。ところで、阿久津専務は、ご自身を、その『シロ』に保つほうで、清廉潔白でいらっしゃるんでしょ？」

伊奈木の質問に、木本は一瞬間を置いてから、大いに笑った。

「どうでしょ？　清廉潔白かどうかは知りませんけど、確かに、お金にはすごく細かい人なんですよ。専務ですから、ご自身である程度の決裁権限を持っていますけどね。でも、ですね。急に、何か大きな買い物をされる時があるんですよね。今乗ってらっしゃるレクサスも、急に買われて、皆びっくりしましたよ。数年前に『わし、今度新車のレクサス買おう、思とるんや』って急に言われはじめて、私たち『何があったんだろ』って噂したのを覚えていますもの」

伊奈木は目の奥で、反応していた。

「それまでは、専務はどんな車に乗っていらっしゃったんですか？」

「高い車には乗っていませんでしたよ。私が知っている限りは、トヨタのカムリ、マークII、それも中古車を買っていたかと思います。車の運転は大好きだって聞いていますけど」

どうして、急にレクサスレベルの車を、その時に買ったのだろう。しきがわの株式上場ははるかにその前だし、しきがわの場合、社員にはあまり株を持たせていなかったので、阿久津専務もさほど蓄財はしていなかったはずだが。

伊奈木は、話を変えた。

「阿久津専務はずっと、今の管理本部だけを見てきたのですか？」

「そうですよ。前社長、つまり会長が社長の時代には、一時期、店舗開発を兼任されていたこともありましたけど。ずっと今と同じ、総務、経理、財務、法務、情報システムですよね」

伊奈木は、ここまでは自分の知っている情報と変わらないな、と思った。

「大がかりなシステムの導入とかって、最近ありましたっけ？」

伊奈木は聞いた。

「システムですか。POSシステムはだいぶ前ですし、大きいところでは、数年前に入ったERPでしょうかね」

伊奈木は黙って聞いていた。

「ERPの導入って、今の社長が代表者になって少し経ったくらいの時なのですけどね。社長が急に、『うちもERPを入れるべきだろう』って言われて、専務が全ての業者と話をしていましたよ。専務が結局、比較をして業者を選んだように思いますけど」

「阿久津専務、システムのことは昔からお詳しいんですか？」

「そうは思えませんけどねえ」

木本は、グラスを空けながら笑った。

2本目のボトルももうほとんどなくなってきたため、伊奈木は聞きたいことは早めに聞いておかねばと思った。

「伊奈木さん、もう一軒行きましょう」

10時半過ぎにイタリアンの店を出て、伊奈木よりも飲んでいた木本は、細いハイヒールがぐらぐらするくらいの千鳥足になっていた。

「木本さん、大丈夫ですか？」

「何言っているんですか。今日は楽しいから、もう一軒、私の行きつけの店に行きまーす。私、明日から2週間ほどお休みをいただいているんです。だから、今日は朝まで飲んでもいいんです。伊奈木さん、付き合ってくださいね」

「はいはい、わかりました。でも、朝までじゃなくて、もう一軒だけですよ。どこに行くのですか？」

「道玄坂の上のほう、井の頭線の神泉駅の向こうの店」

「近いですけど、タクシーで行きましょう。そんな調子で歩いていくのは、ちょっと危ないから」

伊奈木はタクシーを止めようと車道に出た。

「伊奈木さん、大丈夫ですって。近道していきますから、すぐですって」

木本は、円山町方面に向かって一人で歩きだした。

「伊奈木さん、ちっと品のないエリアを抜けますからね。はぐれないでくださいよぉ」

ハンドバッグが左右に振り回されるくらいに体を揺らしながら、木本はホテル街の中の通りに入っていった。伊奈木はついて歩く形になった。

「伊奈木さん、こっちですぅ……」

「あ、危ない」

ピンヒールの先が道路のくぼみにとられ、危うく転倒しそうになった木本を、伊奈木は素早く脇から支えた。

「あ、すいません。伊奈木さん。ありがとうございますぅ、えへへ」

酔ったままの木本は怪我《けが》もなく、そのまま立ち上がったが、相変わらず足元は頼りなかった。

「木本さん、やっぱりタクシーです。ちょっと、しばらく私の手を持って歩いてください」

伊奈木は仕方なく、ほとんど真っすぐ歩くことのできない木本の手を握り、円山町を抜け、道玄坂に出た。

▼情報システム部へのヒヤリング

翌日、伊奈木は情報システム部長の高橋信行《のぶゆき》と話をしていた。

「自分はまだ、このしきがわの情報システム部のことはよくわかりません。なにせ、ついこの間まで阿久津専務がここの部長を兼ねていましたからね」

高橋は、伊奈木より少し前に入社した、社長による幹部採用の一人だった。大手の小売チェーンから入社した男で、情報システム部についても、まだ十分掌握できている様子ではなかった。

「伊奈木さんは、しきがわでのERPの導入経緯をお知りになりたいのですか？」

高橋は尋ねた。

「ERPだけではないのですが、どういう経緯で、大型のシステムの導入が決まっていったのかを知りたいのです」

高橋は、少し考えてから、

「では、私がヒヤリングをしてみましょうか。私も、現状を知るのにちょうどいい機会なので」

「高橋さん、今回は、少し細かいところで気になっていることがあるんです。その担当の方々、一人ずつを呼んで、私たち二人でお話を伺うということはできませんか？」

「いいですよ。それでやりましょうか」

高橋は席を立ち、情報システム部員3名に声を掛け、順番に呼ぶので、呼ばれたらミーティングルームに来るようにと伝えた。

高橋と伊奈木は、情報システム部員一人につき30分から1時間、ERP導入時のことを聞いていった。

急に、よく知らない伊奈木がいるところで、以前の話を聞かれることになったため、警戒しているのか寡黙になる者もいれば、とにかく、思ったこと、気づいたことを話しまくる者と、様々な反応だった。

3人の話をまとめると、だいたい次のようなことになった。

「基本的に大型システム導入の話は全て、管理本部長に就任以来、阿久津専務が直接ベンダーとのやりとり、条件交渉を行ってきた」

「ERPの導入については、ベンダーの選定にはじまり最後の発注金額の決定まで専務が一人で行った」

「あの、金に細かいはずの専務が選んだのは、一番導入費用の高い提案を持ってきたPAX社のERPパッケージだった」

「あまりの高さに、社長も含めた皆が驚いたが、当時専務は『ええもんは、高いんですわ』と言い切って導入を進めた」

「ERPの導入後、社内からは、ERPの必然性について疑問の声が上がっていた」

ベンダーとの商談については、基本的に阿久津は一人で臨み、他の情報システム部員は実際のシステムの構築の実動部隊として動いていただけだった。

ただし、阿久津不在の際には、細木良彦という中途採用入社の社員が阿久津の代行として動くことがあった。高橋によると、かつて細木の勤め先だった小さなソフトウェア会社が倒産し、家族を持つ身で、就職先を探していた時に阿久津に拾われたということだった。今回、話を聞いた3人の中に細木もいたが、もっとも寡黙であり、あまり多くを語らなかった。

伊奈木は、導入に当たっての企画資料や関連資料も高橋から入手して確認した。

ERP導入が行われ、PAX社への検収後の支払いが完了して3カ月後くらいに阿久津が新車のレクサスを購入していたこともわかった。

▼内通者

情報システム部のヒヤリングを行った3日後、伊奈木は経営企画室に一人でいた。この日も、販売応援のため高山も相澤も不在で、スーツスクエアの実績の分析をずっと行っていた。

「あの、伊奈木室長。少しお時間ありますでしょうか？」

経営企画室の入口に、小柄な男が立っていた。

「先日、情報システム部の高橋部長と一緒にお話をさせていただいた細木良彦です」

「ああ、どうしました？」

伊奈木は、細木をミーティングテーブルに座らせた。

「あの、この間、伊奈木さんがいろいろとご質問されていた件ですが、その後、何かわかりましたですか？」

細木はいきなり質問をしてきた。

「いや、特に、これといったことはないですが。何か気がついたことがありましたか？」

細木は、伊奈木と目を合わさずに、しばらく口をもごもごさせていた。そしていきなり顔を上げた。

「伊奈木さんが知りたかったのは、阿久津専務のことですよね？」

細木がいきなり直接的な質問を投げかけてきたことに驚きを感じたが、伊奈木はそれを表情には出さないようにした。

「まあ、阿久津専務も関わっておられましたが、システム案件の意思決定の実態も知っておきたいと思っていました。何かありましたか？」

伊奈木は、笑顔で冷静に答えた。

細木は、その小さな目をきょろきょろさせながら、再び口をもごもごさせた。

「あの、私、伊奈木さんが会社の改革のためにがんばっているのを知っています」

またもや意表をつく言葉だったが、伊奈木は冷静に、

「そうですか。ありがとう」と答えた。

「私、伊奈木さんのお手伝いができればと前から思っていました」

細木は、媚びるような笑顔を伊奈木に見せながら言った。

「そう、その気持ちはありがたいと思うよ」

伊奈木の答えに対して、口をもごもごさせたあとに細木は口を開いた。

「私、ＥＲＰ導入の際に、阿久津専務はベンダーからキックバックを受け取ったと思います」

細木の口から出た一言に、伊奈木は一瞬、どう反応していいのかわからなかった。

細木は、そのまま話を続けた。

「私、阿久津専務のやっていることはよくないと思うんです。私は、伊奈木さんの味方をしたいと思っているんです」

「そう……。でもどうして、君は阿久津専務がベンダーからキックバックを受け取ったと、そう思うわけ？」

「私、あの時にずっと担当をしていたのです。商談もいくつか同席させてもらっていたので。なんだか、その前提での話しぶりだったように思います」

細木は、しっかりとした口調で答えた。

「細木さん、何か確信に至った証拠はあるのですか？　もし本当ならば、その証拠になるものが見たいのだけど」

細木はしばらく下を向いて黙っていた。

「ちょっと考えてみます。お役に立てるものがあるか」

「わざわざ来てくれてありがとう。また何か、気がついたことがあったら声をかけてください」

伊奈木は、笑顔で言った。

細木は、顔をこわばらせたまま、一礼をして立ち上がった。細木は、経営企画室を出る直前で振り返って言った。

「私、伊奈木室長の……ファンなんです。いつも応援していますので、よろしくお願いします」

伊奈木は、「ありがとう、よろしく」と言って、細木を送った。

▼大久保の懸念

スーツスクエアのオープン2週目の土曜日に、伊奈木は、ショッピングセンター内の店にいた。この日もお客様は多数来店しており、伊奈木は、大久保と共に、店を正面から見ていた。

「大久保さん、この間、『よくやっている』とおっしゃられていたのは、何のことですか?」

伊奈木は尋ねた。

「え?」大久保は、一瞬、何のことを言われているのかわからないようだったが、しばらくして答えた。

「ああ。高山のことです。あいつは、人の気持ちとかを考えんと、自分で勝手に物事を決めつけていってしまいますが、でも、あいつは自分のためにやってるんやないんですな。いつも、会社のためになることをやろうとしているだけなんです」

伊奈木は、大久保の言葉の意を理解して微笑んだ。

「私は、阿久津専務にも大変お世話になっていますがね。でもあんな奴が増えると、この会社はもっとようなると思います。も少し、人の気持ちは考えてほしいですがね」

「そうですね。私もそう思います」

伊奈木は、店を見ながら答えた。

「実はですな、この間、このスーツスクエア業態のオープン直前に、会長に呼ばれましてな、神戸のほうに行ってきました」

大久保が自分から話をはじめた。

「大株主ですし、この会社の社会的な責任を考えているようです。まず、本社にはお見えになられませんが、今でも、この会社への影響力は大きい方ですわ」

「私はまだ、お目にかかったことがないです」

伊奈木の一言に、「そうですか」と大久保は答え、しばし沈黙が続いた。

「会長は、四季川社長の経営手腕に疑問を感じておられるようです」

大久保は、伊奈木を見ずに話しはじめた。

「紳士服のしきがわの長期低迷、ワイワイガーデンの赤字、そして、今回の『買ってください』チラシと、その後の無様《ぶざま》な落ち方。もうここまでかと思っておられます」

伊奈木は、大久保を見た。

「このスーツスクエアの成功は、会長の耳に入っているんですかね?」

「まだやと思います。まあ、会長は、オープン一週間やそこらの数字ではわからんと言われるでしょうけどな」

大久保は、伊奈木を見た。

「ただ、このスーツスクエアは本物やと思います。上手な販促で集客して売れているだけやないです。お客さんにこの価格帯と商品構成が響いているのは、この現場を見ていればわかりますから」

「そうですね。これを見ていただければ、会長も納得されると思います」伊奈木は言った。

「ただですな」大久保は眉をひそめて言った。

「なんで急に会長が私を呼び付けたのかということのほうが、気になります。代表権を社長に譲った時点で、会長の腹は決まっていました。現場に戻りたくて、うずうずする、なんていうよくある話は、うちの会長に限ってはないはずです」

伊奈木は、大久保の話を黙って聞いていた。

「誰かが、会長の気持ちを揺さぶっているんでしょうかなあ。何か思惑があるんですかなあ。会長は、こうと思うたら、動きは速いんで」

伊奈木は、大久保の言わんとすること、そして、その想いを察していた。

▼証拠のメモ

翌日の日曜日も、高山、相澤の二人は店舗への応援に行っており、伊奈木は経営企画室に一人で自分のノートを眺めていた。

ノートには、伊奈木が書き込んだメモがいっぱいで、さらに、思い出したように、赤ペンを出し、丸印や線を付け、書き込みを加えていった。

阿久津専務はPAX社からのキックバックを受け取ったということだが、細木の証言以外に証拠といえるものは今のところ一切ない。どうしたものか……、伊奈木は考えていた。

伊奈木の携帯電話が鳴った。

「あのぉ、細木です。今、社内におられますか」

「おお、細木さんですか。いますよ。どうしました」

「今から経営企画室に行きます。よろしいですか？」

「いいですよ、どうぞ」

細木は電話を切った。伊奈木には、細木の声が震えているように思えた。

すぐに、細木が経営企画室に現れた。

「伊奈木さん、こんなものが出てきました」

細木は、伊奈木に二つ折りのままの一枚の書類を差し出した。

伊奈木が拡げるとそれは、ＥＲＰ導入当時のＰＡＸ社からのＦＡＸの送り状のページであった。

「伊奈木さん、問題はこの裏面です。この裏を見てください」

伊奈木が、裏面を見ると、

「８５０万円、９月15日に振り込み」

と、手書きで大きく書いてあった。

「伊奈木さん、これはＥＲＰが導入され、検収がなされた少しあとの日付です」

「ということは、これは、専務の手書きのメモということなのか……」

伊奈木は以前、経営企画室で事務局をやった役員研修会の際の、参加者全員が記入した講演者に対する感想アンケートのファイルを出してきた。そこには、阿久津専務による自筆の感想のコメントが書かれていた。

「専務の字だ……」

伊奈木が想定していた、ERPの総金額にパーセンテージを乗じた金額にしては、若干、丸められてはいるが、PAX社との交渉でキックバックの最終金額を決めたのかもしれない……。今時点で得られる証拠といえるものは、この程度のものしかないかもしれない。

「どこで見つけたのですか?」

「当時のファイルの中から出てきました。出所は絶対に言わないでください。お願いします。本当にお願いします」

細木は、嘆願するように言った。

「ありがとう。どうするかも含めてよく考えてみます」

伊奈木は礼を言い、細木を帰した。

「さあ、どうするか。この程度の書類だけでアクションを取るべきかどうか……」

伊奈木は自席に座ったまま、しばらく一人で考えていた。

▼社長への相談

週が明けての月曜日。

伊奈木は、四季川との打ち合わせに社長室に向かった。

中では、四季川が一人でミーティングテーブルに座っていた。

「ああ、伊奈木さん、どうも、ご苦労さまです。スーツスクエアは、ずっと好調ですね」

「そうですね。もうオープンして2週間ですが、両店舗とも計画を大きく超えた推移です。このままでいけば、この2店舗は初年度から黒字化可能でしょうね」

伊奈木は、座りながら答えた。

「本当によかったです」四季川は、安堵の表情を見せていた。

「結局、『市場を理解した者が勝つ』なんですね。今回はつくづく実感しました」

「安部野彩さんのディレクションもよかったですが、皆、がんばったと思いますよ」

伊奈木は答えた。

「ところで、このあとのスーツスクエア業態の店の展開ですが、どうしたらいいですかね？」

四季川が尋ねてきた。

「そうですね」伊奈木は、自分の手帳に書かれたスーツスクエアの売上推移を見た。

「出店の立地を当たりはじめましょう。このあとは、立地ごとに合わせた商品構成の最適化をさらにすすめることが必要ですから、その手順をつくっておく必要があります。今の時点でも、都市型とショッピングセンター型で、売れ筋には、かなり差がありますから、週次で分析ができるシステムは必要です」

伊奈木の話を聞いて四季川は、「ほう、そうですか」と言って、さらに安心した表情を見せた。

「ところでですね、社長」伊奈木は話題を変えた。

「高山の人事の件ですが、添谷野さんと検討をされたのですね」

「ああ、高山君の件は、添谷野さんが伊奈木さんとうまくまとめるから、任せてほしいということだったので。で、どうなりました？」

伊奈木は、四季川の答えを慎重に聞いていた。

「彼を店舗に出すというのは、社長のご意思だったのですか？」

「あの時は添谷野さんの提案で、伊奈木さんと話をして決めると言っていましたよ」

添谷野の話は、事実とは異なる話、あるいは嘘を話しているわけではないが、実際の社長の動機などは恣意的に歪んで伝わるような表現をしていることに伊奈木は気がついた。

「もう一つ確認させてください。本件は、私が社長と直接お話をすると、何か差しつかえはありましたでしょうか？」

伊奈木は冷静に、四季川の表情を読みながら尋ねた。

「いや。ただ、添谷野さんいわく、伊奈木さんは、せっかく育てて使えるようになった高山君を出すと、仕事を回すのに支障が出るのを嫌がるだろうから、添谷野さんが自身で公正に判断してきます、と言うので、任せただけですよ」

四季川は、くったくのない笑顔で話した。

「そういうことなんですね。やはり……」

伊奈木はそう言うと、四季川をしばらく見ていた。

「社長、実はですね。ERP導入時に、阿久津専務にベンダーからキックバックがあったという話があるんです」

「えっ、なんですって？」

一瞬にして、四季川の顔色が変わった。

しきがわでは創業以来、業者から個人へのバックリベートはおろか、業者との食事でも減給、降格の対象になり、場合によっては、解雇に発展する場合もあるほど神経質であり、2代目社長の四季川達志もその考え方を受け継いでいた。

「ERP導入後、しばらくしてから、阿久津専務が高級車を購入されたのですが、どうもそれが、ベンダーから受け取ったキックバックが元手だった可能性があるのです」

「そ、そんなことは、本当ならば絶対に許されない。絶対に」

いつになく厳しい表情の四季川だった。

「でも伊奈木さん。それは、噂だけの話なのですか？」

伊奈木は、細木から受け取った書類を出し、四季川に手渡した。

「この書類の裏をご覧ください。専務の直筆のようです」

四季川は、そこに書かれている文字をじっと見ていた。

「伊奈木さん、ここに書いてあるのは……」

「どうやら、キックバックの振込金額のようです」

伊奈木の言葉を聞き、四季川の顔はみるみる赤くなっていった。

「社長、これを持って、私が阿久津専務と話をしてきていいですか？」

伊奈木は社長に提案したが、四季川は少し考えたうえで静かだが強い口調で答えた。

「この書類が阿久津専務の自筆である以上、阿久津専務が何と言うかを、私が直接聞かなければいけない」

ふだんはおとなしい四季川の毅然とした反応に伊奈木は驚いたが、同時に四季川の強い意思も感じ取った。

「社長。では、私も同席してよろしいですか？」

しばし、沈黙が流れた。

伊奈木は考えた。もし、自分がその場にいなくても、阿久津専務からは自分が動いたであろうとは思われるだろう。ならば、その場にいたほうがいさぎよいし、何かあった時に社長に迷惑がかかることも避けられるだろう。

「わかりました。では、これから阿久津専務をこちらに呼びます」

四季川は、メモの書かれた書類を自分の手元に置いた。

▼阿久津の反応

阿久津が社長室に現れた。

「おお、珍しいですなあ。私が社長に呼ばれる時に、伊奈木さんがご同席とは」

阿久津はのそのそと歩いて、社長室のミーティングテーブルについた。

伊奈木は緊張をおさえて、阿久津に顔を向けた。

「阿久津さん、すみませんね、忙しいところ」

四季川が口火を切った。

「ええですよ。なんですかな」

阿久津が答えた。

「以前導入したＥＲＰのことですが、あの時は、阿久津さんに全部取り仕切ってもらいましたよね」

四季川が続けた。

「はあ」

阿久津は無表情に答えた。

「その時のことなのですが」

四季川は、メモの書かれた書類を見せた。

「実はこんなものが出てきたのですけど」

四季川が出した書面を、阿久津はじっと覗き込んだ。

「ふむ」

阿久津は無表情のままで書類を手に取って見てから、無言のままテーブルの上に置いた。

「で、なんですかな？」

四季川は無言のままだった。

「専務。確か、この時期に新車を購入されましたよね」

伊奈木が一歩踏み込む発言をした。

「ああ、買うたで」

阿久津は相変わらず無表情のまま、一言だけ答えた。その呆《ほう》けているような表情から何かを読み取ることは難しかった。

「『850万円、9月15日に振り込み』と書いてありますが」

伊奈木の問いに、阿久津はまたもや「はあ」とだけ答えた。

しばし、沈黙の時間が流れた。

伊奈木がさらに踏み込んだ。

「阿久津専務。これは、何の振り込みのことなのか、お話しいただけませんか？」

「はあ？」

阿久津は語尾を上げてから、不快そうに眉間にしわを寄せた。

「こんなもん、よお探してきましたな。どっから持ってきたんですかな」

阿久津は再度、メモを手に取った。

「専務。これは、どこからの振り込みのことを書かれているのですか？」

伊奈木は肝の部分に踏み込んだ。

阿久津はメモを持ち、少しうつむいたまま、沈黙を保った。

「阿久津さん、どうなんですか？」

四季川が聞くと、阿久津は顔を上げ、そして大きな笑顔を見せた。

「社長。どこからも、そこからもありますかいな。これはわしの書いたメモですわ」

笑顔を返された社長と伊奈木は、阿久津の次の言葉を待った。

阿久津はメモをたたみながら言った。

「これは、わしがディーラーに車の代金を振り込む日にちのメモですわ。こんなもん、いったいどこから見つけて持ってきたのですかな」

四季川は、伊奈木の顔を見た。

伊奈木は、自分の首から腕にかけて冷たいものが走るのを感じた。

「このメモを見つけてこられたのは、伊奈木さんですか。なんやと思うたんですかな？」

阿久津は、伊奈木の顔を上目遣いで見た。

「どこから振り込まれたのかと聞かれましたな。どこからやと思うたんですか？　ああ？　ＰＡＸ社からですか？」

阿久津は楽しそうに笑みを浮かべながら、言った。

「社長。その日付は、わしがディーラーに振り込みを行った日付ですわ。ディーラーに問い合わせてもろうたら一発でわかりますわ」

阿久津は勝ち誇ったように話を続けた。

「伊奈木さん、あんた、わしがＰＡＸ社から金でも貰うたんと思ったんか。こんな、全く筋違いのものを、あたかも証拠のごとく出してきて、人を陥れようとしたんかい。ええ？　何を考えているんや」

阿久津は急に饒舌になり、四季川のほうを向いて話しはじめた。

「社長、こんな人を社長の側近に置いといてええんですか？　社長は、あやうく騙されるところやったんですよ」

四季川は厳しい顔のまま黙っていた。

「ああ、そやった」

阿久津は思い出したように、スーツの内ポケットに手を入れて、茶封筒を出した。

「社長、また、怪文書ですわ。いや、文書やのうて、今度は写真が送られてきましたで」

四季川は阿久津から封書を受け取り、出した写真を見たとたんに、表情を歪ませた。

「ようないですなあ、こんな写真が出回るのは」

阿久津は、伊奈木を見ながら言った。

「社長、私も拝見できますか？」

四季川は不愉快そうに伊奈木の顔を見てから、その写真を差し出した。

伊奈木はその写真を見て、絶句した。

そこに写っているのは、伊奈木と社長秘書の木本愛だった。

やられた、伊奈木は瞬時に思った。

先週、渋谷で食事をし、2軒目の店に向かっている時に、ちょうど木本が酔って転びそうになったところを、伊奈木が抱え上げた瞬間の写真だった。ほっとして笑顔になっている木本を抱き支えている伊奈木、そしてその後ろに写っているのは円山町のホテルの入口だった。

「これは……」

伊奈木がすることのできた言葉はそれだけだった。

「木本さんは、休暇中でしたな。まあ、本人に問いただしてもこういうことは、本当のことは言わんでしょうからな。木本さんに聞いてみてもムダでしょうがなあ」

阿久津の言葉を受け、ずっと厳しい顔をしていた四季川が口を開いた。

「阿久津専務。この写真は、どの程度、ばらまかれているのですか？」

阿久津は一瞬、考え込んだ。

「どうでしょうかな。今のところ、わしのところに来た、これだけしか知りませんが」

阿久津は立ち上がった。

「社長。社長の信頼を裏切るようなことをするもんは側《そば》に置いといたらあきませんなあ。それに、事実と違うようなことを社長に報告するのもはっきり言って、言語道断ですな。そんな人には会社にいてもらわんほうが、ええんと違いますかな」

四季川は何も答えなかった。

「ほな、失礼します」

阿久津は、ひょこひょこと歩きながら、社長室の出口に向かった。

退出の際に阿久津は振り返り、伊奈木の顔を見て、何かをつぶやいて笑った。

四季川は一言も発さずに、テーブルを立ち、机の片づけをはじめた。

見事にやられた……。伊奈木は一人でうなだれた。

解説　人間の持つ「業」にどう立ち向かうか？

企業経営は、性善説だけではなかなか、やっていけません。

企業経営において「悪」があるとすると、それは何でしょうか。

企業の活動を「**市場や世の中に、その事業活動が生み出す価値によって貢献し、永続的な発展を目指す**」と定義してみます。すると、企業における「悪」はその健全な活動を阻むものといえます。

企業で働いている人たちは、企業の生み出す製品やサービスなどの価値を市場に届け、そこで得られた利益で、さらに次の価値を提供するために努力をします。

ところが、そこに**個人や一部のものへの利や欲を優先させようとする輩**が出てくる場合があります。すると、その動きは、企業が目指す方向性とは必ずしも一致せず、結果、企業の健全な活動を阻む存在になってしまいます。

「より多くの収入を得られるようになりたい」

「できれば、より高いポジションにつきたい」

そして「もっと権力を手にしたい」

というのは、誰もが根源的に持つ欲求です。

本来は、個人個人の仕事を通して企業に貢献し、その結果によって収入や職位の向上につながるのが、平和的なあるべき姿です。

しかしながら「バレない」「責められない」からと、社内ルールの間隙をついて、そこでの秩序を無視して自己の評価に有利になるような動きをする者は、多かれ少なかれ現れるものです。

これが行き過ぎたケースとして、次のような実例を見たことがあります。

⬇トップの抑えが弱くなった会社では、混沌状態が起きる

その会社の2代目経営者は「自分はあまり現場に干渉せずに、社員に伸び伸びやらせたい」と純粋に思っていました。

ところが、トップが喜ぶツボを押さえて立ち回る要領のいい社員が、幹部、そして側近としてトップのまわりにはびこってしまい、会社の業績は低迷状態に入りました。

そして、トップが会社や社員にとって良かれ、必要だと思って仕掛ける改革さえも、彼らがいろいろな、それらしい理由をつけて阻むようになったのです。もし改革が進んでしまうと、今の日々気楽に過ごせる状態から、居心地が悪くなると彼らが考えたからです。

「指示、報告のための適切な統治のしくみなしで事業規模が大きくなってしまった」

「しくみなしで、権限委譲している（つもりの）状態」
「トップと現場との間で原体験の共有がうまくできずに、距離ができてしまっている」
など、諸々の事情でトップの抑えが弱くなった会社では、混沌状態がはびこりはじめます。

こうなってくると、エゴイズムを秘めた悪智恵を使い、自らの位置を相対的に優位に持っていこうとする輩が社内に跋扈《ばっこ》してきます。企業の改革を推進し、次の突破口をつくろうとがんばっている者に対して、足を引っ張ったり、場合によっては、失脚を意図した工作をしてくる例も、これまでにいくつも見てきました。

そういう悪智恵を使う人たちを見るにつけ「そこで使うパワーの一部でも前向きに会社の問題解決に使えばいいのに」と思います。

しかし、残念ながらこういう環境下で「欲望のおもむくままに、伸び伸び」と過ごしてきた人たちは、トップが強い意思として、真っ当なビジネス能力、改革推進能力を高めるＰＤＣＡを廻すことを強《し》いない限り、本質的には前向きなことに興味を示しません。

結局、トップのおさえがなく、マネジメントが甘いがゆえに、人の「業」に起因する「エゴイズムいっぱいの思惑」をはびこらせてしまうのです。その結果、せっかく育てることのできた事業や組織をダメにしてしまう事例があまりに多いように思います。

これらの「業」と立ち向かう際の、いくつかの重要なポイントを以下に挙げます。

➡「業」と立ち向かうための四つのポイント

1．トップによるおさえが効いていることが大前提

トップが改革推進の主体として、販売や製造などの現場だけでなく、中間管理職の意思決定の実態を把握できていないのが一番の問題です。側近からの報告だけを聞いて判断する場合、もしその側近が「思惑」を持っていたらどうなるでしょうか？

「成功した創業者」の方と話をしていると、「現場に行け」「自分で直接たしかめろ」という言葉がよく出ます。確かに、現場で起きていることを基軸にものを考える習慣づけは、課題解決の起点を市場や現場におくことになり、すくなくとも健全な土俵の上での議論をすることができます。

そしてトヨタのようなエクセレントカンパニーになると、現場主義から始まり、「見える化」、源流管理など、現場思考、市場起点のものつくりの考え方を企業文化として徹底しています。そして、その文化に反した動きがあると、周りが違和感を感じて「異物」扱いされることで、企業文化がけん制機能を果たせるようになっています。しかしながら、多くの企業はそのレベルにはいたっていないのが現実です。事業には停滞状態はなく、進化している状態か、静かに退化が進んでいる状態かのどちらかです。企業が進化するための推進を行う、あるいは

そのための舞台を提供するのはトップの役割です。トップの最大のミッションをよく考えていくと、社内に対して「お天道様が見ています」という状態を作ることともいえます。

2. 社内の事業運営状況を正しく把握する方法論を取り入れる

事業規模が大きくなってくると様々な組織分業を行わなければいけません。

この分業は丸投げすることではなく、それぞれの機能部署で起きていることを適切に「見える化」して、わかりやすく把握でき、適切に評価がなされるようにすべきです。

報告と指示が的確になされる、階層的な会議体の設計と運営が基本となりますが、言ってみれば、これは公式な社内の運営状況を把握できるシステムです。

もうひとつ重要な視点は、社内からも信頼され人望がある参謀役が配置されていると、自然に社内の重要な情報はそこに集まってきます。

社内のさまざまな現場は、つねに多くの課題を抱えています。まじめに課題に直面して取り組んでいることほど、トップにその実態を知って欲しいのですが、いかんせん、トップと直接話すのは敷居が高いものです。世界の歴史においても「古今東西、情報はナンバー2に集まる」と言われるのは、これが理由です。

公式な四半期報告書の場などには表れない生々しい情報は、ナンバー2たる参謀役とトップとの間での共有を行うことで、経営判断における舵取りや経営課題の優先順位付けの精度は、十分に高めることができます。

3．成長を志向する

企業において、いろいろな問題が噴出するのは、事業の成長が止まった時です。事業が成長している段階では皆が忙しく、かつポジションも増え、利益確保目的で人件費に手をつけることもなく、事業を回すことができます。「成長が多くの問題を解決する」のは、国も企業も同じです。必然的に後ろ向きの課題の優先順位が上がってしまいます。

常に成長を志向し、トップ主導で次のS字曲線の成長のネタを仕掛け、高速で精度の高い組織やPDCAを廻し続けて開花させることで、多くの後ろ向きの問題の発生は未然に防げるという事実は知っておくべきです。ただし、この際に間違えてはいけないのが、成長は目的ではなく結果であるということです。常に事業運営の仕方を進化させる課題に取り組むことにより、結果として成長を実現できる状態を作ることです。

4．改革の文化をつくる

本来はふだんから常に次のステップに向けた改革を考え、実施していく習慣をつけるべきです。

企業は成長するものという前提に立つと、そもそもその**組織の運営方法も常に進化させて**

いく必要があります。よって、**改革を当たり前のものと捉える文化づくりもトップの重要な役目の一つ**です。

「人、性善なれど、性怠惰なり」なものです。

体の免疫力が弱くなれば、弱い菌であっても活発に増殖しはじめ、体にとって悪影響を及ぼすことになります。**これを抑えて、方向性を示し、社内の努力の方向性を統一させるのがトップマネジメントの役目**です。

あまり想定したくない話ですが、会社が低迷状態に入り、そしてそれが長期化してキャッシュも底をついてきてしまった場合には、まず事業売却が検討されます。

そしてどこかの会社から事業価値を認められた場合は、その事業が買収されます。その際には、買収した会社側から役員が派遣され、実質的にマネジメントが入れ替わってしまうことになります。

そしてそれがうまくいった場合、マネジメントが替わることによって事業については存続できたということになります。ならばそうなってしまう前に、まず**自らの力で社内にはびこる「業《ごう》」（エゴ）を抑え、改革に着手するべきではないでしょうか？**

「俺が法だ」とばかりに、全て物事を自分中心に決めていく典型的な創業者タイプのやり方もあります。もしも、その方の能力が超人的に高くて、事業規模がどんなに大きくなっても対応でき、かつ永遠に生きていられるのなら問題ありません。しかし、残念ながらそれは、夢物語でしかありません。どの会社であっても**統治のしくみづくりには、真剣に取り組むべきです。**

少し前に『デスノート』というコミックが大ヒットしました。物語の冒頭では正義感に溢れてデスノートを使う主人公ですが、すぐに自分の権力欲と保身目的で人を殺し続けるという話に変わります。「自分は正義だ。その正義の力を行使するためには自分を守らなければいけない。よって、そのためには自分以外の誰の命も重要ではない」という理屈です。

「人、性善なれど、性怠惰なり」です。

現代でも近隣に存在する独裁国家を見れば明らかなように、**「お天道さま」であれ何であれ、健全なる牽制が入らない大いなる力は、どの時代、どこにあっても危険**なのです。

第8章

社内の「憑き物落とし」

――戦略参謀は「成功した創業者」の精神にのっとって行動する

▼伊奈木、途方に暮れる

翌日、伊奈木は早朝から自分の机に座っていた。

昨日までのことを頭の中で整理していた。

まず、阿久津専務の高級車購入の件は、ERP導入によるベンダーからのキックバックによるものかどうかはわからない。今となっては、状況から判断する限りその可能性がある、ということしかいえない。

問題は、情報システム部の細木が持ってきたメモだ。細木がしきがわへ入社する際に、阿久津専務が採用を決めた、という事実を軽視していた自分の甘さを痛感していた。

おそらく、情報システム部へヒヤリングに行ったことが、細木から阿久津専務の耳に入り、阿久津専務がこの罠を工作したのであろう。

細木は、どのくらいの説明を阿久津専務から受けたのかはわからないが、阿久津専務の指示に従ってあのメモを持ってきたと考えるのが妥当だ。

昨日、阿久津専務が反撃に転じたのは、伊奈木が「どこから振り込まれたのか」と、キックバックの可能性を示唆する表現を口にした時だ。明らかに、専務をクロだと思っているという言質《げんち》を取ってから攻めに転じた。完全に専務の思惑通りに事が進んだ、ということであろう。

伊奈木は、天井を仰いだ。

また、現実的に問題が大きいのは、木本愛と撮られた写真だ。これは理屈の問題を超え、社長の心証としては、かなり不愉快なはずだ。社長と木本の関係がどうあれ、社長の性格からすれば、自分の秘書と伊奈木が親しい関係になった可能性があるのはおもしろいはずがない。あの場に木本がいれば、笑い飛ばして否定してくれたと思うが、まだあと1週間以上は休暇で出勤してこない。その間は、まちがいなく社長の心証が悪いままの状態が続く。

キックバックの件は、メモの記述内容の読みを「はずし」たことに加えて、この写真の一件が重なって、社長からの信頼を大きく失った形になってしまった。

それにしても樋上からの、「行動に気をつけてください」という忠告もあり、尾行者の気配を感じたにもかかわらず、自分自身がうかつだったとつくづく思う。

社長に弁明をしに行くべきであるが、今日から数日間は社長も不在だ。社長の内向きな性格を考えると、今の状態で放置するのは得策ではないが、木本愛の出社までは、この件に関して新しい情報となる証言が得られることはない。

阿久津が近々に、さらに追い打ちで何かを仕掛けてくる可能性も十分に考えられる。

「どう動くべきなのか」

冷静に考えなければ……、伊奈木は、自分の考えをまとめることに必死だった。

「今日の伊奈木さん、なんかいつもと違うね」

ランチタイムに社員食堂で、高山は食事をしながら相澤に話しかけた。

「何かあったみたい。でも、声をかけられる雰囲気でもないし」

高山は、専務サイドから、何かしらの仕掛けや攻撃があった可能性を考えていた。

「高山さん」

「え、何？」

「ぼーっとしているから」

相澤は、食事の手を止めてあさっての方向を見つめている高山に言った。

「ああ、ぼーっとしていたんじゃない。考え事をしていた」

「高山さんねえ」

「ん？」

「会社を辞めちゃダメ」

相澤は真剣な表情で高山を見ていた。

「そうだね」高山は、間をおいてから答えた。

「少なくとも今は、やらなきゃいけないことがある。僕がやらなければいけない」

そう言うと高山は、食事をさっさと終わらせて、「相澤さん、ちょっと出かけてくるから。

お先に」と、相澤を残して社員食堂を出ていった。

▼安部野へ相談する

「なんだ？　たまたまいたからよかったものを」

安部野は、急に事務所にやってきた高山に言った。

「安部野さん、伊奈木さんが元気がないんです。ほとんど上の空で、一人で何か考えているみたいです。伊奈木さんに会ってから、こんなのははじめてです」

安部野は、眉間にしわを寄せて聞いていた。

「安部野さん、僕の勘ですが、伊奈木さん外しがはじまったように思います。あまりよくないことが起きているような気がします」

「ふーむ、まずいことが起きていると感じるのだな、君が」

安部野は念を押してきた。

「そう感じます」

高山は答えた。安部野はしばらく高山の目を見ていた。

「そうか」

安部野は携帯電話を出して電話をかけはじめた。

「安部野です。伊奈木君、ご無沙汰しています。今から3分後にもう一度電話をするので、一人になれる場所に移動しておいてください」

安部野は、一度電話を切り、彩を呼んだ。

「僕の予定表を持ってきてくれ」

安部野は、彩から予定表を受け取り、それをめくってしばらくにらんでいた。

「君はそこにいたまえ」

高山にそう言って、安部野はソファから立ち上がり、応接から見える隣の部屋に移って、再度電話をかけはじめた。

話をしている最中、安部野の目はまたもや宙をぎょろぎょろと見回していた。

長い話を終えた安部野が、戻ってきた。

「高山君、いいか？　まず、現状を把握する。ただし僕はまだ、君の会社に行ったことはないし、当然、君の会社の方々とは面識がない。また、僕自身でもいくつか情報を集めなければいけないと思っている。君にも素早く、いろいろと動いてもらわなければいけない。いいな？」

「わかりました」

安部野は高山に対して細かく質問をはじめた。伊奈木との話の中で出てきた名前を出しながら、人間関係やその発言内容を確認し、A3のノートパッドにその情報を書き込んでいった。

「なるほどな」

ひとしきり話を聞いたあと、安部野は高山に指示をはじめた。

「まずはじめに大久保常務と樋上部長に会いに行ってくれ。二人に話をする内容、そしてこれからどう動くかについて説明をする」

「はい」

高山はノートを開いて、安部野の指示を一言も漏らさずに、メモしはじめた。

≻高山、動く

「えっ？ 会長を呼んでくれって？ 藪から棒に、一体なんや？」

大久保は、突然、席にやってきた高山に言った。

「大久保さん、しきがわの改革について会長とお話をしたいのです」

「ほんでも、なんで、君が会長に会わなならんのや？」

大久保の問いにもかかわらず、高山は一方的に話を続けた。

「大久保さん。もし今、伊奈木さんがしきがわから外れることになったら、どうなるでしょうか？」

「え？」大久保の表情が変わった。

大久保なりに、高山が自分のところに来た背景を察したようだった。

「そやけど、なんで、会長が出てこなあかんのや。社長でええんとちがうんか」

「社長にもお声がけして、同席していただきます」

高山は一度、素早く静かに深呼吸をした。

「今回は、スーツスクエアの企画をやってくれた安部野彩さんの兄、安部野京介さんに、しきがわが今の状況をどうやったら切り抜けることができるのかについて話してもらいます」

「その人が何を話すのか、お前わかっとんのか？」

「いいえ」高山は即答した。

「でも、この方ならば大丈夫です。その場の結果について僕は全責任を持ちます。僕、自分のクビを懸けます」

大久保はあきれた顔をした。

「お前、ほんまに真剣なアホやな」

「はい」

しばし、大久保と高山のお見合い状態が続いた。

大久保が口を開いた。

「別に、お前のクビなどいらんわ」

大久保は予定表を開いた。

「いつ、会長に来てもらいたいんや？」

「5日後にお越しいただきたいのですが」

大久保は目を丸くして、予定表をめくる手を止めた。

「そりゃ、えらいまた、急な話やな」

「早いほうがいいと思いました。会長のご予定の確認をお願いします」

「わかった、ご都合を伺ってみる。その代わりお前なあ、その日のその場は、絶対に、絶対に外すなよ。ええな」

大久保の念押しに、高山は、大きくうなずいて言った。

「まかせてください」

そして高山は心の中でつぶやいた。

……最後の仕事ですから。

「高山君、こんな情報、何に使うの？」

樋上が分厚いファイルフォルダーをテーブルの上に置いた。

「うちの郊外店の出店立地の契約書や、オーナーさんや仲介業者の情報なんて、何に使うんだ？」

「見せてもらったらすぐに戻します」

「ほんとは、コンプライアンス上は、いいことじゃないのだけどな。君のことだから、何か考えがあるんだろうが」

「はい、ご心配なく。少し確認させてもらいたいことがあるだけです」

高山は、ファイルフォルダーを受け取った。

「あと、一つ、樋上さんにお願いしていいですか？」

「何を？」

「これらの立地の契約の時のお金の出入りも見たいので、僕が行くって経理部に連絡しておいてもらえませんか」

「別にいいけど……」

「ありがとうございます」

樋上は、契約書をめくりながら転記をしている高山を見ていた。

「高山君」

「なんですか？」

「君、一所懸命だな」

「いえ、別に。自分がやるべきだと思うことをやっているだけです」

「今まで、君みたいな奴はいなかったな……、このしきがわには」

高山はしばらく考えてから答えた。

「そうでしょうか？　環境が整えば、たくさん出てくるはずです。『人間は環境の動物』っていうんでしたっけ？」

樋上は高山を見ながら、

「そうなんだろうな……」と言った。

高山は、再び契約書の束をめくりはじめた。

▼社長への要請

高山は社長室に向かいながら、独り言をつぶやいた。

「僕みたいな若造が、社長に直接、一人で話をしに行くなんて、あとにも先にもないことだろうな」

本日は社長が出勤してきて部屋にいることは、高山は総務で聞いていた。

秘書の木本は、まだ休暇中だった。

中で打ち合わせが行われている気配がないことを確認したうえで、社長室のドアの前に立った。いかに強心臓の高山といえども、社長室の前で立っている今はさすがに緊張していた。

高山は、深呼吸を一度してからドアをノックし、ドアを少し開けた。

「社長、経営企画室の高山です。今、よろしいでしょうか？」

「ん？」

四季川は机に座ったままで顔を上げた。

「ああ、高山君か。なんだ？」

高山は社長と目が合ってから一礼をして、部屋に一歩踏み入った。

「突然、失礼します。少しだけお時間をいただいてよろしいでしょうか？」

四季川は、一瞬当惑はしたものの、すぐに笑顔を返した。

「少しならばいいよ。じゃ、ここに座って」

四季川は、高山をミーティングテーブルに導いた。

「失礼します」

高山は椅子に座ると、再び小さく深呼吸をした。

「スーツスクエアの企画と立ち上げはご苦労さま。うまくいっているようだね。よくやってくれた、ありがとう」

「ありがとうございます」

「まあ、阿久津専務や添谷野さんたちも、君の将来のことを考えて、一度店舗に出て勉強してくるのがいいとすすめてくれているので、とりあえずは1回、経営企画室を外れて、現場を学んできたらいい」

四季川が人事に関しては、阿久津、添谷野の言いなりになっていることが明確な発言だった。

「はい」一言だけ高山は答えた。

「『小売業は、現場が命』だからね」

四季川が自信ありげに言った正論だったが、高山には、皮相的な大義名分に聞こえた。おそらくこれも、阿久津専務あたりの言ったことをそのまま口にしているのだろうな……と。

社長の言葉を聞きながら高山は、先ほどまでの緊張状態から、冷静なふだんの自分のモードになっていくのを感じた。

「社長、今回は経営企画室で、いろいろな仕事をさせていただき、ありがとうございました」

高山は、明るく言った。

「経営視点で考える、動く、ということを体で学ばせていただいたように思います」

四季川はうなずきながら、満足そうに聞いていた。

「今回、いろいろと動くに当たり、先日の市場調査からスーツスクエアの企画までのディレクションをしてくれた安部野彩さんのお兄さん、安部野京介さんにいろいろと細かいアドバイスをしていただきながら、ここまでやってきました」

「ほう、そうなのか。いいアドバイスをされる方なのだろうね」

「はい、その通りです」高山は、答えた。

「アドバイスを伺うに当たっては、僕のほうからも安部野さんにも、わかっていること、感じたことを話しました。それで安部野さんは、今後、しきがわが発展を続けていくために必要なことを把握されました」

「ほう、それで？」

四季川は身を乗り出してきた。

「その話を、ぜひ、社長に聞いていただきたいのです」

四季川は、満面に笑みを浮かべた。

「それはありがたい話だな。ぜひ、お話を伺いたい」

「社長がご不在中、秘書の木本さんもご不在でしたので、総務部で把握している範囲で社長の予定を確認させていただきました。明々後日《しあさって》は、社長は社内にいらっしゃいますよね？」

「あ、ああ」と四季川は自分の予定表を確認した。

「その日は、大丈夫だ」

「では、その日に場を設定させていただきます」

「わかった。楽しみにしておく」

四季川が言い終わると、高山は、急に、「それでですね」と小さい声で話しはじめた。

「社長、すみません。僕、一つだけフライングをしました」

「えっ？　なんだ」

「この話は、とても重要だと思いましたので」

四季川は、高山をじっと見ていた。

「あのですね、会長にもお越しいただけるようにお声掛けをしてしまいました」

「えぇっ」

四季川は、意外なほど大きい驚きの声を上げた。

「すみません、社長。僕、会長にも、この話は聞いていただいたほうがいいだろうと思いまして。社長がご不在だったので、僕の判断で動いてしまいました」

「そ、それで、会長は？　来られるのか？」

「はい。お越しいただけるとのお返事をいただきました」

四季川にとっては本来、自分を飛び越して会長に話をするなどは、もっての外《ほか》だが、高山がまたしても勢いのあまり、悪気なく自分で動いてしまったことについては、社長の自分としては怒ったり、叱ったりする対象には、しにくかった。

「会長にわざわざお越しいただいて、聞いていただくだけの価値のある話になるはずです」

「そうか」四季川は諦め顔で言った。

「で、本件の事務局は、どこでやるのかな？」

「経営企画室、伊奈木さんに進行をやってもらいます」

四季川の眉が動いた。

「伊奈木さんが仕切りをするのか？」

四季川は、落ち着かないそぶりを見せたが、高山は構わず言った。

「段取りは、すべて打ち合わせをしています。どうぞよろしくお願いいたします」

「わかった、では頼むよ」

四季川は、しぶしぶ了解する形になった。

▼「憑き物」の正体

その日は、朝一番から伊奈木は社長室にいた。

「伊奈木さん、会長にまで声をかけるとは今日は一体何なのですか？」

四季川が伊奈木に尋ねても、伊奈木自身、今日の安部野の話の骨子を把握しているわけではなかった。

「はい。実は私も詳しい内容までは……」と伊奈木は答えた。

安部野さんに任せておけば大丈夫ですから……本当は、そう言いたい伊奈木だったが、今の四季川社長の態度を見ていると、それも言いにくい雰囲気だった。

「あの、伊奈木さん。私が休みの間に、こんな大層な集まりをすることになっているって、何かあったんですか？」

長期休暇が終わって出勤してきたばかりの木本愛が、伊奈木に話しかけてきた。四季川が木本に写真のことについて確認した気配もなく、まだ何も知らない天真爛漫な様子の木本であったが、伊奈木としては、四季川がいる、今のこの場でその件に触れることは、はばかられた。

「あとで、もろもろの事情を話しますから」

とだけ言って、社長室の奥の社長の部屋に入った。

社長の部屋には、大久保常務が立っており、そしてドアの脇には高山が控えていた。

大久保が伊奈木の横にやってきた。

「伊奈木さん、今日は、どんな話になるのか、わかっておるんですか？」

「実は私も詳細を知らないのです。でも、たぶん大丈夫だと思います」

伊奈木は答えた。

「それにしても、なんで私がここにいるんですか？　阿久津専務もおらんのに」

「さあ、ちょっと」

全てが安部野の指示だとは言えず、伊奈木はお茶を濁すしかなかった。

木本が、ドアをノックして入室し、

「会長がお見えになりました」

と伝え、全員が立ち上がった。

ドアが大きく開き、短髪で白髪頭の大柄な男が入ってきた。

ノーネクタイでベージュ色の布帛《ふはく》のシャツを着て、しきがわの総本店のみで扱っているドレープ感のあるイタリア製のカジュアルな明るい色の生地で作られた最高級のスーツを着て現れたのは、会長の四季川保だった。

大久保と伊奈木、そして高山は、その場で最敬礼をしたあと、社長が会長を席に導いた。

四季川保は、伊奈木を見た。

「はじめまして。会長の四季川です」

関西弁アクセントのゆっくりとした口調で、よく通る会長の大きな声が社長室に響き渡った。

「経営企画室の伊奈木です。本日はご足労いただきましてありがとうございます」

伊奈木は、深々と頭を下げた。

「伊奈木さん、今回は、えーっと、スーツスクエアでしたかな。まずはよいスタートを切っていただいたようですな。ご苦労さまです」

会長も伊奈木に、ゆっくりと軽く頭を下げた。

会長、社長も席に着き、伊奈木は話をはじめた。

「私がしきがわにお世話になってから、しばらく経ちました。この間に、いろいろな出来事がありました」

会長は黙って伊奈木の話を聞いていた。

「しきがわは低迷状態が続いていますが、今、起きていることの理由をほどいていくことによって、今後のしきがわの成長に必要な足かせを解くことができると思います」

「そんな方法があるというんですか。ぜひ、聞きたいもんですな」

会長の言葉は穏やかではあったが、威圧的な響きを含んでいた。

「このお話をするに当たっては、後ろに立っている高山がいろいろな課題を相談し、今、しきがわで起きていることの意味合いをもっともよく説明できる方に本日来てもらっています。会長、その人に入っていただきたいのですがよろしいでしょうか?」

「ええで。入ってもろうたらええ」

会長はゆったりと答えた。

「ありがとうございます」

伊奈木は、小声で「高山君」とドアの横に立っていた高山に合図をした。高山はいったん、ドアの外に出た。

間もなくドアが開き、ノータイに白いシャツのボタンをいちばん上までとめ、黒く光沢感のあるストレッチの利いた細身のスーツを着た神経質そうな顔つきの男が、ゆっくりと軽く一礼をしてから入ってきた。

伊奈木は立ち上がり、入ってきた男を紹介した。

「安部野京介氏です。私が古くから懇意にしているコンサルタントです」

コンサルタントという言葉を聞いた時に会長は、一瞬だけ怪訝そうな表情を見せた。

安部野は構わずに歩を進め、ミーティングテーブルについた。

「はじめまして、安部野と申します」

安部野は再度一礼し、そのまま席についた。

高山は、そのまま部屋の外に出ていこうとドアを開けた。

「君、高山君やな」会長が突然に声をかけた。

「君の名前は聞いとる。がんばってるそうやないか。話を一緒に聞いてもええやろ、なあ」

四季川社長が伊奈木を見てうなずいたため、伊奈木は「では、そのドアの横の椅子に座っていなさい」と伝えた。

高山は軽く会釈をし、椅子に座った。

会長と社長、大久保、伊奈木、そして離れて座っている高山たち全員の視線が安部野に集中した。

「御社の事情をずっと伺ってまいりまして、今このタイミングで私から話をさせていただくのが一番よろしいかと思いまして、本日参上いたしました」

「よろしくお願いします」

四季川社長が言った。

「本論に入る前に、まず、しきがわで起きた一連のことについて、一つずつ順を追って触れていきたいと思います。最初に、あの『買ってください』販促チラシについてですが、これは意図的に仕掛けられたのだと思われます」

安部野の言葉を聞き、四季川社長が眉をひそめ、「それはどういうことでしょうか」と言った。

「今回の『買ってください』チラシの企画を提案した小山卓郎というコンサルタントは、経営企画室が推薦したという話になっているようですが、単に、まだあまり物事がわかっていなかった高山君が、1回会ってみて腕が悪くなさそうだと言った話が、そのまま社長に伝わったわけです。伊奈木さんが、社長との会話の中で話に出したのかもしれませんが、伊奈木さんが良さそうだと言っているという風評も、意図的に流された可能性もあります。いずれにせよ、社長から見れば、結果的に、伊奈木氏のフィルターを通ったという印象を持たれていたわけです」

話を聞きながら、伊奈木も厳しい表情をしていた。

「小山氏が最初から悪意を持って、この提案をしたのかどうかはわかりません。ただ、この流れをしくんだ方は、いずれにせよ小山氏が危険な提案をすることを読んでいたのでしょう」

「ほう。ということは、最初から、あのチラシについては、しきがわの業績にマイナスのインパクトを与えようという意図で仕掛けられたのですか？」

四季川社長は尋ねた。

「この仕掛けをした方は、100%の確率を想定して仕掛けているわけではありません。ただ、そうなる可能性が高いと読んで仕掛けているのだと思います。これは、仮に仕掛けたことの一部でも表面化して追及された際に、言い逃れができるようにだと思います」

「誰ですか？　そんな意図を持っているのは」

四季川社長は興奮気味に言った。

「高山君。小山卓郎氏は、誰に紹介されたのだっけ？」

安部野の問いに、躊躇なく高山は答えた。

「阿久津専務です」

「あ……」

四季川社長は一人、あからさまに驚いたが、会長や大久保は表情を変えることはなかった。

「社長。社内の人たちは、皆、起きていること、目の当たりにしたことの行間を埋めて、つじつまを合わせ、因果を含み事の次第を頭の中で描きます。ところが、いつの世も、国や企業のトップに立つと、情報は十分には入ってこなくなるものです。おそらく阿久津専務の抱いている意思、思惑を一番把握できていなかったのは、社長だったのではないでしょうか」

四季川社長は出席者の顔を見渡したが、誰も社長とは目を合わせなかった。

「次に、しきがわにとっては些細なことですが、高山君のことを綴った怪文書の件です」

「そんなものが出回ったのか。そんなことは、しきがわ創業以来はじめてやな」

「会長。この類いのものは、新しいことを仕掛けた時、そして改革が動き出した時に出回ることがあります。改革によって自分にとって不利なことが起こることが予想される場合、あるいは、不利なことが起きてしまった腹いせの目的で行われるものです。ただ、しきがわでは、はじめてのことだったようで社長も驚かれたのではないかと思います。まあ、読んで気持ちのいいものではないので、この場で内容に触れることはしませんが」

安部野は高山を見た。

「その文書にはいろいろと書いてありますが、書き手が『してやったり』と思っているのは、高山君が業者と食事をしたということ、そして、そのことを社長が聞いて大目に見たという事実の開示、この2点でしょう」

会長は、四季川社長に視線を移した。

「この件で、高山君は会社を辞めることを考えました。自分が知らなかったとはいえ、会社での禁止事項である業者との食事をしてしまったこと。そして、大目に見たと書かれた社長にも迷惑がかかるからというのが理由でしょう」

高山は椅子に座ったまま、小さくうなずいた。

「ただし、ここでまず事実としてあるのが、この業者というのが、先ほどの小山卓郎氏であり、この小山氏を高山君に会わせたのは阿久津専務ということです」

会長は眉間にしわを寄せて、険しい表情を見せた。

「一つ、わからないことがありますが」四季川社長が言った。

「私が、今回は高山君を大目に見ようという意思を伝えたのは伊奈木さんだけだ。ならば、伊奈木さんが、あの文書を書いたというのですか？」

皆の目が伊奈木に向いた。

安部野は笑いながら言った。

「いいえ、彼ではないです。伊奈木さんが高山君を辞めさせても何の得もない。こういう話は動機から追いかけて考えるべきなのです」

「では誰ですか？」

四季川社長が言った。

「もう一人いたんですよ。伊奈木さん、話をしてもらえますか」

安部野に言われ、伊奈木が話をはじめた。

「先日、社長秘書の木本さんと少し、食事をしながらお話をしました。私としても、いろいろと事実関係や背景を押さえておきたかった、ということもありました。その日の最後は、私の不注意から、心配をおかけすることが起きてしまいましたが」

伊奈木は写真のことを言ったが、四季川社長のみが意味を理解し、不愉快さを表情に示した。

「その時の木本さんの話の中に出てきました。木本さんが、ある人と話をした際に『私、言ったんです。社長が高山君を大目に見るなんて当然ですよって』と言ったそうなのです……」

「なぜ、木本さんがそんなことを知っているんですか？」

四季川社長が聞くと、伊奈木は、それまでと同じトーンと大きさの声で、

「木本さん、すみません。我々に珈琲を出していただけますか？」と言った。

木本愛がドアを開けて入室してきた。

「すぐにご用意します。少々お待ちください」

木本は頭を下げて、出ていった。

四季川社長はあっけに取られて見ていた。

「別に大した話ではないのですが、この社長の部屋での話は外にある木本さんの席からはほぼ全て丸聞こえなのです。おそらく社長は、木本さんを呼ぶときには、直接呼びに行くか、あるいは、少し大きな声で呼んでいたのでしょうが、実は普通の会話程度の声でも十分聞こえているんです」

高山は思った、だから木本さんって社内の情報通って言われるんだ。

「木本さん自身は、悪気のある方でもありませんし、中で話されている内容については、知らぬふり、聞いていないふりをされていたと思います。でも、ちょっとしたはずみに、今回

のように口に出してしまうこともあるでしょうね」

「で、木本さんは誰にその話をしたのですか？」

四季川社長は、伊奈木、安部野の顔を見ながら聞いた。

「添谷野さんでした」

伊奈木は答えた。

「女性同士ということもあり、木本さんは添谷野さんとよく食事をされているようです。もっとも添谷野さんの目的は、木本さんから社内の様々な情報を収集することなのでしょうけど」

「安部野さん」四季川社長は言った。

「ということは、この怪文書を書いたのは」

安部野はこの場にいる者たちを見まわした。

「結局、この怪文書の件でも、おそらく仕掛けを考えた方、そして情報を仕入れている方が、つながるようですね」

安部野は、改めてその二人の名前は口にしなかったが、皆、沈黙のまま聞き、同じ二人を頭に描いていた。

「三つ目は、高山君の異動の話です。これも会社としては些細な話ですが」

伊奈木は四季川の顔を見たが、四季川は怪訝そうな表情を返した。

「その怪文書を理由に、高山君を地方店舗に異動させようという話ですが、これは、添谷野さんが、社長と伊奈木さんが、本件について直接、話をしないようにしました。高山君を店舗へ異動させることについて、伊奈木さんには社長の意思、社長には伊奈木さんの意思も反映されているような口ぶりでまとめていきました。稚拙なやり方ですので、伊奈木さんが直接、社長に話を確かめたところで、その動きはわかってしまいましたけど」

四季川は、目を丸くして伊奈木を見た。

安部野は、少し間を置いた。

「話を続けさせていただきます」

安部野は全員を見渡してから、話を再開した。

「ここまでは、仕掛けた側の思惑通りに進んでいました。ここから仮に、その人たちのことを『思惑組』と呼ぶことにします。小山氏による販促プランの失敗により、全社の業績が悪化しました」

「ちょっと、待ってください」四季川社長が言った。

「その『思惑組』は、しきがわの業績を悪化させようと思ったのですか？　なぜ、そんなことをするんですか？　何の得もないじゃないですか」

安部野が、答えずに眉間にしわを寄せた時に、会長が口を開いた。

「せやから安部野さんが、『思惑組』という表現を使うとるんやないか」

「そうですね」安部野が言った。

「四季川社長。一般的には、創業者の方のほうが、人の思惑には過敏なくらいに神経質な方が多いです。思惑に乗せられて煮え湯を飲まされた経験も多いことから学習されているのだと思います」

四季川は安部野の一言を聞いて黙った。

「話を戻します。ところが伊奈木さんが社長と話をし、市場調査を行いました。そして、自分自身にけじめをつけたいという強い動機を持つ高山君がスーツスクエアの企画をまとめ、この業態を成功させてしまいます」

「その『思惑組』という人たちからすれば、スーツスクエアの成功は想定外ということだったのですか」

四季川社長は言った。

「はい。『思惑組』にとっては、ここに至っては高山君だけではなく伊奈木さんも邪魔者ということになりました。伊奈木さんも何とかして排除したい、と考えはじめます」

会長は目をつぶったまま腕組みをし、黙って聞いていた。

「一方、伊奈木さんも、しきがわの改革のためには、この『思惑組』を何とかしなければいけないと考え、そのとっかかりとなりうる情報を探しはじめます。伊奈木さんが木本さんを食事に誘ったのも、その動機からでしょう」

四季川社長は、驚いたような目で伊奈木を見た。

「木本さんの話から、伊奈木さんはERP導入の際に、阿久津専務にキックバックがベンダーであるPAX社から支払われた可能性を読みます。そして伊奈木さんは、情報システム部に行き、さらに情報を集めようとするのですが、そこに罠が仕掛けられました」

「罠、ですか？」

四季川社長は聞き返した。

「情報システム部のERP導入当時の担当者が、伊奈木さんのところに来て、『阿久津専務がベンダーからキックバックを受け取ったと思います』と伝えます。それからその証拠書類と称するものを手渡します」

「それが、あのメモですか？」

四季川社長の確認に伊奈木は黙ってうなずいた。

「おそらく、全てが阿久津専務による仕掛け、罠なのでしょう。自分に突きつけられた場合の説明も想定して用意されたメモなのでしょう。『伊奈木さんは情報をでっち上げて人をおとしめる、とんでもない人間なのだ』という議論を展開するために」

安部野は出席者を見渡した。

「私の知っている範囲でお話すると、かつて一部の外資系情報システム系のベンダーでは、売上の中の5%はキックバック予算に当ててよい、という制度を持っていたと聞いたことがあります。伊奈木氏もそういう話を聞いたことがあったのかもしれない。ただ、今でもそういう制度が存在するのかどうかは私は知りません。この件についても今のところは、可能性は否定できないが、真偽のほどはわからない、と考えるべきでしょう」

伊奈木も神妙な顔をしていた。

「さらに、追い打ちが続きます。伊奈木さんには、尾行がついていたようです。おそらく、『思惑組』に雇われた探偵社なのでしょう」

会長が目を開けた。

「確かに以前は、ややこしい人材が社内に入った時に、探偵社を使うたことがありましたな」

そう言うと、会長は再び目をつぶった。

「探偵社を使えば日当たりでそれなりの費用も発生します。今回はおそらくポケットマネーで支払っていたのでしょう。何日間も雇っていたのでしょうから、伊奈木さんが木本さんと食事に行く日は、絶好のシャッターチャンスになったのでしょうね」

伊奈木が立ち上がった。

「木本さん、すみません。ちょっとこちらに来ていただけますか?」

伊奈木が言うと、木本がドアを開けて部屋に入ってきた。

「すみません、今、珈琲がはいりますので」

伊奈木は頭を下げた木本の元に行き、内ポケットから封筒を出し、中に入っていた写真を木本に見せた。

写真を見た木本は、「まっ」と言って口に手を当てた。

「伊奈木さん、この時は本当にすみませんでした。ここで支えていただいていなければ、私、転んで怪我をしていたと思います。ありがとうございます」

木本の言葉を四季川社長は、ポカンとした顔で聞いていた。

「でも、この写真、伊奈木さんが撮ったのですか？　あれ、えーっと、そんなわけはないですよね」

木本は、不思議そうな顔で写真を伊奈木に戻した。

「珈琲をいれているところを呼びだして、すみませんでした」

大久保も写真を手に取った。

「まさに『グレーのものをクロにする』、ですな」

それまで黙って聞いていた大久保は写真を見て一言、吐き捨てるように言った。

「日々費用も発生している探偵社から、やっと届いた貴重な一枚なので、素早く有効に使おうと思ったのでしょうね。伊奈木さんの動きも情報システム部の担当者から聞いてわかっていたので、急いだほうがいいとも考えた。そして今回は前の怪文書のように、数多くばらまく準備をする時間もなかったのでしょう」

「大変、お待たせしました」

木本が、珈琲をトレーに載せて運んできた。

珈琲のいい香りが部屋に充満した。

「お代わりの珈琲もポットでお持ちしておきますね」

珈琲を受け取った安部野は、すぐに珈琲カップを口許に運んだ。


目をつぶり、沈黙のまま話を聞いていた会長が目を開けた。

「達志、マネジメントができておらんのや。直接自分の目で事実を確かめろと言うたはずや。こんな幼稚な手を使う、思惑を持った連中に翻弄されとるなんて、なんとも不細工なことやないか」

「会長。恐れ入りますが、もう少しだけ私の話を聞いていただけますか」

怒りがこみ上げ、今にも噴火しそうになっている様子の会長を、安部野が言葉をかぶせてさえぎった。

会長は、次の言葉を呑み込み、「うむ」と腕を組み、沈黙した。

「そもそもの話にはなりますが、『思惑組』すなわち、阿久津専務や添谷野さんからすれば、伊奈木さん、高山君の存在は、おもしろくない、というよりは、ご自身たちにとっての脅威なのでしょう」

「なぜですか？」

四季川社長は素直に尋ねた。

「お前、まだわからんのか？」

低い声を発したのは、会長だった。

「会長、私のほうから説明させていただきます」安部野が、再び会長を制した。

「会長は、『成功した創業者』ですから、全てのことをわかって、この会社を運営し、発展させてこられました。会長は社員の顔色を見ただけで、何が起きているか、どれくらい深刻な問題が発生したのかが、ある程度おわかりになったのだと思います。でも、2代目以降はそうはいきません。現場に行ったとしても、会長がそこで見出していた意味合い全てを得ることはかなり難しいです。よしんば、その能力がついたとしても、市場は競合状況などでも変化します。かつてそこで観察されたことから読める意味合いが変わってしまっていることもあるでしょう」

会長は、不服そうな表情を安部野に向けた。

「これは、ある規模以上の事業を受け継いだ、ほぼ全ての事業責任者に起こることです。事業のサイズがある規模を超えた時も同じだと思います。初期の成功の時期とは異なる情報の取得と集約方法を、工夫しなければいけません」

安部野は、会長、社長の二人を見た。

「つまり、規模の成長に従って、組織運営のやり方が変わるということなのです」

安部野は、珈琲を口に含み、珈琲カップを置いてから言った。

「話を戻しますと、阿久津専務、添谷野さんは、ご自身たちにとって居心地のいい状態をつくりたいのです。そして、伊奈木さんと高山君が、社内でイニシアティブを取って、しきがわの将来に向かって改革を進めれば進めるほど、ご自身たちにとって都合が悪い状態になると考えるわけです。よって、自分たちの保身のためには、伊奈木さん、高山君の両名を、なんとか外したい、という思惑を持つわけです」

「そんなのおかしいじゃないですか」四季川社長は立ち上がった。

「改革にブレーキをかければ、会社のため、そして自分たちのためにもならないじゃないですか」

「何を言うとる」会長の声は、さらに低く太かった。

「こういう連中は、そうは考えへんのや」

「四季川社長。人間は、その知能の高さから、身を守る本能、保身という行動を取ります。また、相対的に自分の位置を上げる、あるいは、下がらないようにする。すなわち、人の足を引っ張り、場合によっては、失脚させようという行為も取ります。その理由は『おもしろくないから』ということなのでしょうね」

安部野は、間を置いてから話を続けた。

「でも、その思惑に基づいた行動が、結局、国や企業を衰退させてしまうのです。歴史を振り返れば、国や組織のほぼ全ての衰退はそこに起因しているといっても過言ではない。しきがわでは、今、これが野蛮なレベルで起きていると言ったほうがいいのでしょう」

▼会長の疑問

安部野が一息入れて、珈琲カップに手を伸ばすと、会長が身を乗り出してきた。

「少し話をさせてもらってええか」

安部野は、珈琲を飲みながら、「どうぞ」と言った。

「安部野さん、今、あんたが話した内容は、阿久津や添谷野とかいう人が、おそらく、こうやったろうというあんたの一方的な解説や。話には説得力はある。彼らがそうした可能性も十分あるとは思うがな。でも、全てがあんたの言う通りなのかどうかは、わからへんな」

会長は、厳しい視線を安部野に投げかけたが、安部野はゆったりと珈琲を味わっていた。

「その通りですね」

安部野は、珈琲カップを置きながら極めて冷静に言った。

「会長のおっしゃる通りです。私なりに情報を集め、私なりにもっとも確かであろう仮説をお話ししただけです。おそらく創業者である会長は、従来、両者を目の前に呼び、双方の言い分を聞き、その場でシロクロをつけるというやり方を取っていたのではなかったかと推察いたします」

安部野の話を聞いていた大久保が、真正面を見たままうなずいた。

「ただし、この場でそれをやってしまうと、阿久津専務も必死で身を守るために智恵を尽くして反論をしてくるはずです。現在は会社の日々の業務からは遠のいておられる会長にとっては、それによって判断がつきにくい状況が容易に起きうると思いました。よって、私からの仮説をお話しさせていただき、その仮説の真偽を確かめていただくやり方が、一番効果的であり、効率的であろうと判断いたしました」

安部野は、珈琲を飲みほして空になったカップに、ポットから熱い珈琲を注いだ。

会長は腕組みをしながら話を聞いていた。

「安部野さん、もう一つ聞きたい。今日のこの話は、阿久津とその添谷野とかいう人の対応をすればええだけの話とちがうんか？」

会長は安部野に尋ねた。

「いいえ、それだけではありません」

安部野は珈琲カップを置いた。

「確かに、阿久津専務は今、しきがわの中で、『おばけ』に憑依されたような存在になってしまっています。ただ『おばけ』は、発生に適した土壌があるから生まれてくるのです」

「あんたが何を言うとんのんか、ようわからへんな」会長は言った。

「すみません。今、私が『おばけ』と言ったのがよくなかったですね。『煩悩』、あるいは『煩悩から生まれた思惑』と言ったほうが、より伝わりやすい表現だと思います」

会長は無言だった。

「少しだけ、御社の事情や過去についても調べさせていただきました」

安部野は伊奈木と顔を見合わせた。

「阿久津専務は、創業から会長に仕えてこられた。会長も阿久津専務を上手に活用して会社を伸ばしてこられたわけです」

「そうや。問題もある男だったが、一所懸命に会社を伸ばすための献身的な努力をしてきてくれたのも事実や」

「そうだと思います」安部野は一呼吸ためた。

「会長。私の推測なのですが、かつて、阿久津専務に『がんばったら、次の社長はお前だ』という主旨の話をしたことはありませんか？」

安部野の言葉に、会長は一瞬、口をつぐんだ。

「しきがわが、まだ小さいころに、阿久津にはそう言ったことがあったかもな。そんな昔のこと、もう覚えてへんが」

「会長、社員はトップからかけられた言葉は忘れないものです。阿久津専務は実質的にずっとナンバー2の位置にいたわけですから、その言葉が頭の中に刻み込まれていたと思いますよ」

「そんなら、あんた、わしのせいやって言うのんか？」

安部野は、会長の激しさを増す反応をよそに、熱い珈琲を楽しんでいる様子だった。

口にふくんだ珈琲をゆっくりと飲み込み、ふっと、かるく息を吐き、安部野は話しはじめた。

「おそらく会長がそう阿久津専務に話をされたのであろうと仮定をして、話を進めさせていただきます」

会長は不愉快そうに安部野を見ていた。

「阿久津専務は、その気になり、献身的にナンバー2の役割を果たされた。会社の中での『悪役』、あるいは当時社長だった会長を支える『ドーベルマン』役になり、嫌われ者としての役目を担ってきた」

大久保は目をつぶって聞いていた。

「そして、ある時、会長は息子さん、つまり今の四季川達志社長を次の社長に指名された。

その際に、事前に阿久津専務と話し込みは、なされましたか？」

「覚えてへんな」

会長はぶっきらぼうに答えた。

「会長」突然、大久保が口をはさんだ。

「自分もあの時に同席してました。我々役員が呼ばれて、会長から、達志さんを社長にするということを話された時の阿久津専務の顔、今でも覚えています。青天の霹靂っちゅう顔をされていましたわ。おそらく、我々と共にあの時にはじめて聞かれたんやと思いました」

大久保の話に、会長はしかめ面になった。

「阿久津専務としては、ショックだったのではないかと思います」

安部野は、改めて会長に視線を向けた。

「おそらく専務ご本人は、本当に次の社長になれると期待していたのだと思います。信用していた会長に裏切られたと思ったのかもしれません」

会長は、憮然とした表情で聞いていた。そして、

「あんた、わしが悪い、言うんやな」

と敵意をむき出しにした表情で、安部野を見た。

「いえ、そんなことを言うつもりはありません」

安部野は横を向き、考えるようなそぶりをした。

「そうですね、正確にはこういう場合の、踏襲すべき作法を無視した、と言うべきでしょうか」

会長は安部野をにらんだが、大久保が再び口をはさんだ。

「会長、僭越ですが、事前に話をなされていたら、もう少し聞こえ方が違っていたと思います。私は、阿久津専務のプライベートも多少は存じ上げています。偏りのある方ですが、本当に、家庭を顧みずに、しきがわの発展のために献身的に仕事をされていたと思います」

「そうか」会長は低くつぶやいた。

「いや、阿久津の想いもわかっていたからな。達志を次の社長にする、とは伝えにくかったな」

安部野は、四季川社長を見たが、眉間にしわを寄せ、壁の一点を見つめていた。

「口の悪い私の友人が、私のことを『企業の憑き物落とし』と、呼んだことがあります。ほんとにふざけた呼び方ですが」と安部野はまさに苦々しい表情で言った。

伊奈木は顔を横に向けて、くすっと笑った。

「では、あんたの話だと、阿久津がその『憑き物』ということかい？」

安部野は「いいえ」と答えた。

「会長が、会社の中に『煩悩』を生んだのです。そして、社長が『煩悩』を放置し、のさばらせてしまいました。その結果、『煩悩』が思惑を生み、改革を阻む行為に出たのです」

安部野は続けた。

「私なりの表現をするならば、しきがわの場合、『憑き物』は会長にとり憑いているといえるのです」

「それは、どういうことや？」

会長は、声を荒らげて聞いた。

「まるで妖怪話のようになってくるのでこの表現を使うのはこれで最後にしますが、私がここで言う『憑き物』は、人の無意識の中に起きる思い込みだと思ってください」

安部野は、一呼吸置いた。

「つまり会長が、阿久津専務の『煩悩』を抑え込むための意志を明確にしなかった。空海が日本に持ち込んだ仏像の中の不動明王像にたとえて言えば、『煩悩』を縛る、あるいは断ち切ることもなく、会社を今の四季川社長に引き継がせてしまった。話し込みからはじめ、マネジメントの作法や企業文化で『煩悩』を縛ることができなければ、やむなく断ち切ることも必要だったのかもしれません。それをしなかった会長には、それでも済むという甘い思い込みもあったのでしょう」

安部野は一気にまくしたてた。

会長は口をへの字に結んで、黙り込んだ。

安部野は、今度は社長のほうを向いた。

「そして上のおさえが弱まった時、権力の側近からはじまり、組織の中でエゴイズムが頭をもたげて顕在化してきます。歴史を見ても、上のおさえが弱くなった時、あるいは失われた時に国が荒れるのも、このためです」

「と、いいますと？」

四季川社長が聞き返した。

「今、必要なのは、『煩悩』が生まれない、そして育つことのない経営です。**『人、性善なれど、性怠惰なり』**です。今回のように、事実を捏造《ねつぞう》した報告がまかり通ることがないような文化つくり。言い換えれば、何かが横から飛び出してきて噛みつかれるかもしれないという恐怖心や気遣いなしに、社員がぞんぶんに前向きに腕を振るい、腕を磨ける舞台を提供することです」

安部野は再び会長のほうに顔を向けた。

「創業者には、ご自身の体験からだけでは、なかなかわからないことがあります。それは、**2代目以降は、経営のやり方を変えざるをえないということです。**どんな方法論にも全て、それを適用させるための前提があります。創業者と2代目以降では、その前提が違います。**現社長に引き継ぐ前に、社内の『煩悩』を鎮め、できることならば次の社長のための体制**を整えて渡したほうがよかったのです」

「言うてることがようわからんが、具体的にどうせいと言う話ですかな」

「確かに今の表現は抽象的過ぎましたね。失礼しました」安部野は軽く咳払いをした。

「創業者というものは、一般的に、自分自身にすべての情報を集約させ、自身で考えます。そして自分のイメージ通りに実行させ、結果を確認し、さらに修正を行って次のプランを考えます。そしてその精度を高めるために帳票を改良させ、会議のやり方を変えます。つまり、自分自身を中心に個人によるPDCAを行うのです」

「そりゃその通りやな」

「ここで、多くの創業者は勘違いをします。自分の側近は、自分のやり方を見ているから、皆、事業に関する考え方は理解できていると」

「そりゃ、見ていれば理解できてると思うもんや」

「ならば、会長が退かれた後に、なぜ、彼らは、会社を伸ばし続けられないのですか。彼らがPDCAを廻せているならば、振れ幅はあったとしても中長期的に見れば、成長基調に入っているはずではないのですか」

うっ、会長は、言い返す言葉を失ったようだった。

「ほとんどの企業では、事業を引き継いだ側近たちは、創業者の行ってきた打ち手をなぞって事業運営を続けます。これは、創業者が言語化をしておらず、頭の中だけにあった思考体系については、周りには移植されていないからなのです。そもそも創業者自身がどれだけ努力しても、全てのことが整理されて言語化されているかどうかなど疑わしいものです。創業者ご本人が、自分の頭の中で行っている思考プロセスを皆の前で論理的に紙に描いて全て披露している光景なども、私は見たこともありません」

「ま、あえてそんなことをする時間もとらんわな」

「ある会社で、側近の番頭の方が『うちのトップ、動物的な勘としか言えんような判断をするんですわ』と言われていました。しかし、あとからこちらで、これまでの打ち手の因果を照らし合わせてみると、実に論理的に適切な判断を、それもタイムリーに行っていることがわかりました。でもいちいち、そのような振り返りを書面などに書き、「見える化」して行わせることはしません。そんなことに社内の時間を割くのは無駄だと思っていますからね」

「そりゃ、創業者っちゅうのは、そういうもんや」

「創業者は、自分自身の頭の中でPDCAを廻し続けます。そしてそれにより、社内の誰よりも経営の腕を磨きあげていきます。他の者たちは、言われたことをやることだけを求められます。仮に、なぜですかと聞いても、充分な説明をせずに不機嫌になったり、時にはうるさいと怒鳴ることもあり、周りも質問することがはばかられるようになります」

「確かに、そんなこともありましたな」一言差し込んだのは、また大久保だった。

「自分で考えて、実行する。あるいは実行させる。そして、その振り返りをする。この基本動作によってしか、事業だけではなく、商品のバイイング、営業店舗の活性化であっても、その腕が磨かれることなどありえません。ある規模を超えた組織で社長、あるいは上位者が、論理的にも筋が通った形でプランをまとめさせ、あるいは起案させて、共に検討し、承認する。そして実施後に、結果の検証を報告させる。これをもって組織のPDCAと言いますが、これを企業の文化にしないと、判断は属人的になります。人治色の強い組織では社内での発言力の強い者がことを決めることになり、意思決定の前に十分な検討がなされたのかは社内共有されずに、組織としての学習もあいまいなものになっていきます」

「やつらの能力が足りんのが問題やと思うとったがな」口元をややゆがめ、つぶやくように会長は言った。

「いいえ、会長が組織のPDCAを廻させなかったのが、問題なのです。意思決定と言うものは、しょせん主観的なものです。しかし、主観的な判断の手前までは、理にかなった形でまとめることができます。その状態にまでもっていった上での意思決定が習慣つけされれば、基本的には、恣意的な意向に基づいた、理にかなっていない意思決定を防ぐことができます。そして組織のPDCAが部署ごとに自律的なものになっていくにつれ、さまざまな知恵が蓄積されて事業力が高まっていくことになります。これを怠ったことが、煩悩がはびこり、組織の学習もなされない原因を作ったのです」

もはや、会長から発せられる言葉はなくなり、安部野はさらに話を続けた。

「特に創業者トップは、自分の力でどこまで事業を発展させることができるかに挑戦をするものです。つまり、自分の限られた時間との闘いを優先させ、組織が自律的に動くようになる躾を二の次にしてしまいます。そしてトップ一人で廻す個人のPDCAがその限界を迎えた時点で、それが事業の成長が止まる原因となるのです」

うーむ、四季川保会長は腕を組み、そして唸るように低い声を発した。

安部野は、一呼吸置いて、会長と社長の二人に向かって話をはじめた。

「結局、トップがやらねばならないことは、社員皆が、前向きな問題解決に、安心して取り組めることができる土俵づくりです。それが組織におけるトップのリーダーシップとも言えます。ここに至っては、創業者であり大株主である会長とそれを継ぐ社長には、もう一度、あるべき姿について、そして、今の状態への対処をお考えいただきたい。繰り返しますが**『人、性善なれど、性怠惰なり』です。思惑を抱いたり保身に走ってしまうのは、人の性《さが》というものです。それを全体最適に持っていくのがマネジメントの役割です**」

「時に会長」と安部野は言った。

「『憑き物落とし』の話にもう一度だけ戻ります。人の気持ちの隙につけ込んでくるもの、すなわち『煩悩』は誰にでもあります。少なくとも会社の仕事において、その入り込む隙ができにくく、かつその隙に付け込むことは良くないと皆が思う状態をつくることが、本来、創業者の行うべき最後の仕事だと、私は思っています。様々な『見える化』を進める文化を作ることで、『煩悩』のはびこる余地についても『見える化』されることになりますから」

安部野はゆっくりと立ち上がった。

「私の話はここまでです。このあとについては会長と社長で、今後の対応についてお話しいただき、決めていかれることだと思います。よろしいでしょうか？」

誰からも言葉はなかった。

ゆっくりと会長だけが、うなずいた。

安部野は軽く一礼をして、部屋を出ていった。

▼使われなかった最後の武器

翌日、高山は安部野の事務所を訪れた。

「安部野さん、昨日は、ありがとうございました」

「うん。やるべきことはやった。あとは、会長と社長が決めることだ。会長は引退状態といってもしきがわの大株主だ。ここで、本当の意味で社長への引き継ぎの土俵作りをしてもらう必要があるな」

「安部野さん、なぜ、あの場所に阿久津専務を呼んで、コテンパンにやっつけなかったんですか？」

安部野は、ふっと息を吹き笑った。

「それをやったとして、果たして意味があるのかということだ。阿久津専務は確かに問題のある人だが、僕の調べた範囲でも、家庭も顧みずに仕事一本の生活だったようだ。いろいろなものを犠牲にしてでも会社に尽くしてきたのはまちがいなかろう。それが、あのようになった原因をたどっていけば、オーナー側である会長と社長の仕切りに隙があったことに行きつく」

「はい。そう感じました」

「会長は『阿久津、お前が次の社長だ』という夢を一度与えてしまい、それを裏切ってしまった。そして続いた現社長は人のよさと、トップとして重要な「自信」を培うためのPDCAの経験が不十分だったがゆえに、社内に対し、十分な抑えができていなかった。もともと、自分本位のエネルギーの強い人が夢を消され、かつおさえの弱いリーダーがその上に来たわけだ。『こんちくしょう』という思いが、自分本位の考え方のサイクルの中に入り込んでしまったのだろうな。自分のエネルギーを前向きな方向に持っていけない本人も、もちろんよくないのだが、人はそんな強いものではない。あの場で正面から阿久津専務を叩きにいくと、仮にその場は上手くいっても、煩悩の『おばけ』がもっとたちの悪い『怨霊化《おんりょう》』してしまうおそれがあったからな。あくまで、根の治療に持っていったほうがいいという判断をしたのだ」

安部野は分厚く膨らんだA4サイズの封筒を出した。

「それから、これを持って帰ってくれ」

「これは何ですか?」

「阿久津専務が店舗開発を行っている時のことを調べた。君に『紳士服のしきがわ』が郊外の立地に出店した時期のオーナーさん、仲介者の情報と出納記録を集めてもらったが」

安部野は、封筒から書類を出した。

「やはり、不正の事実はあったようだ」

「どういうことですか?」

高山は聞いた。

「僕の知り合いに依頼して、阿久津専務が担当していたころの開発物件について、いくつか当たってみた。領収書のない金の出もあったようだが、会社の出納の記録と、オーナー、仲介業者側の受領したという金額が合わないものがある」

安部野は、一覧でまとめた表を高山に見せた。

「伊奈木君が感じた阿久津専務の不正のにおいは、正しかったということだ」

高山が見た後、安部野は書類を封筒の中にしまった。

「ただし僕は、これは最後の武器と考えていた。僕がこれをあの場で出してしまうと、『おばけ』を『怨霊』にしてしまう可能性があるので、できれば使いたくないと思っていた。幸い、会長も社長も、この書類を出さなくてもうまく今回の因果を理解してくれたと判断できたので、これを使わなくてすんだ。伊奈木君に渡して、処分をしてもらってくれ」

▼「性、怠惰なり」そして「煩悩」が生まれる

伊奈木は社長室に呼ばれていた。

「失礼します」

伊奈木が中に入ると、社長が会長と共に立っていた。

「伊奈木さん、いろいろとご苦労さまでした」

四季川社長が先に声をかけてきた。

「いえ、とんでもないです」

伊奈木は、社長に促されてミーティングテーブルの前に座った。

会長、そして社長もテーブルについた。

「伊奈木さん、今回の件で、達志といろいろ話し込みをしました」

会長の言葉に社長も黙ってうなずいた。

「結局、オーナーシップを持った我々が、秩序ある状態をつくらなかったから、心の雑菌が繁殖する余地をつくってしもうたんですな。安部野さんはこれを『煩悩』と言うておりましたな。阿久津の想いはある程度わかっていましたが、つい面倒なことを放っておいたのが、こういうことを招いたのですなあ。私たちも『怠惰』だったわけです」

伊奈木は黙って聞いていた。

「阿久津には、社員の保険を扱っているしきがわの子会社の社長をやってもらうことにします。まずは今の状態で兼任しながら、そちらの業務を行ってもらい、次の総会で任期満了に伴ってしきがわの役員は降りてもらいます。阿久津には、残りのビジネス人生を、そこで過ごしてもらうようにしようと思うとります。『煩悩』が息を吹き返してくることはないようにしますので、心配なく」

「わかりました。ありがとうございます」

「阿久津の処遇が明確になれば、その添谷野とかいう人も、自分で判断しますやろ。そっちの『煩悩』も収まってくると思いますわ」

伊奈木は、しっかりとうなずいた。

「伊奈木さん」四季川社長が言った。

「あとはですね、私が社長として社員のための土俵作りの推進を行わなければならないと思っています。そのための参謀役として、今後もよろしくお願いします」

「伊奈木さんなあ」会長がかぶせるように話をはじめた。

「大久保からも、経緯は聞きました。確かに、伊奈木さん、そして高山君の動きは、もし創業者ならば、こう動くやろうという動きをしてくれたと思いますな。**社長のやるべき仕事の一部、つまり重要な課題への対応を自ら代行して、自分で判断をしながら動いてくれたと思**

うとります。企業の中の本当の参謀役ちゅうのは、まさにこういうものなんやろなと思いました」

「恐れ入ります」

伊奈木は頭を下げると、社長が話をはじめた。

「伊奈木さん、私は社長として、まだ十分に会社のことを把握できていないと思いましたし、そもそも、思惑のある者たちの動きがあってもそれに翻弄されないような体制をつくらねばいけないと思いました。これから、その体制づくりを進めていきたいと思っていますので、よろしくお願いします」

「了解いたしました」

伊奈木は答えた。

伊奈木の退出時に、木本愛が伊奈木に話しかけてきた。

「伊奈木さん、ご迷惑をおかけしてすみませんでした。この間、あの写真を見た時には、私、経緯が全くわかりませんでした。社長にも、誤解をしないようにって、きつぅく言っておきました。もうご心配なく」

「わかりました。ありがとう」

伊奈木は笑って答えた。

▼大団円

伊奈木は、高山や沼口たち若手と、居酒屋「橘駒《たちこま》」で飲んでいた。

「阿久津専務の子会社社長就任の発表がなされましたね」

沼口が言った。

「専務本人も、子会社にいる時間が増えるという挨拶をされていましたよね。本社にいる時間は減るのでしょうね」

相澤は、グレープフルーツハイを飲みながら言った。

伊奈木は、会長、社長とのミーティングの話がその通りに進んでいくことから、会長たちが本気であることを感じていた。

「スーツスクエアも3号店、4号店の話も決まり、ショッピングセンターからの出店の話も結構あるみたい。成長と収益の柱ができた感じだな、めでたいことだよな」

沼口はビールを飲み干した。

「あの、僕、総本店の品揃えがよくなってきていると思うんです」

飲めない守下は、ノンアルコールビールを手に言った。

「スーツスクエアのマーチャンダイジングのやり方、つまり売れている価格帯や仕様の商品を速いサイクルでPDCAを廻して売れ筋を追いかけるやり方を、『紳士服のしきがわ』でも取り入れはじめているんだ。その効果がだんだん表れてきていると思うな」

「それが理由なんですね。売れ筋の欠品が少なくなっていますし、似寄りの売れ筋も豊富にある売り場になってきていると思います」

「まあ、スーツスクエアがいい刺激になった、というか、いい契機になったというところだ。当たり前のことを、つい、忙しいって言い訳をして、やってなかったんだな。スーツスクエアに負けるか、というのもあるな」

沼口が新しいビールを手にした。

「そういえば、最近、添谷野さんて、社内であまり見かけないね？」高山が言った。

「うちの人事部なんて、基本的にはほとんど社外に出る必要はないはずだよな」沼口が言うと、相澤は、

「この間、添谷野さんの席の横を通ったら、机の上の書類をささっと片づけたの。多分あれは……」と続けた。

「履歴書か？」沼口が言った。

「あるいは職務経歴書とか、その手のものみたいな感じだったように思うわ」

「また、自分を売り込むんだろうな。今度は上場企業で人事部長をやっていましたって言えるもんな」

沼口が言った。

「でも、辞めようと思った理由はどう説明するんだろう？」

「そうね。『自分の次のステップのキャリアを目指しまして』とかかな？　あるいは、『実は社内に権力闘争があって、嫌気がさしまして』なんていう説明もあるのかしら？」

相澤の意見に、「まあ、そんなところだろうな」と沼口は言った。

「高山、とにかく、この流れだと、お前が会社を辞める理由もなくなったな。めでたし、めでたし、だな」

「そうですよね」

守下もうなずいた。

高山は、笑顔で黙って、ビールを飲んでいた。

グラスを置いた高山は言った。

「実はね、それでもやっぱり辞めることにしようかと思っている」

「ええっ？　どうしてですか？」

守下が言った。

「何、かっこつけてんだよ。ばかだね、お前」

沼口も言った。

「あのね、自分の道って自分でつくるものかな、と思った」

高山の話を、伊奈木は無表情で聞いていた。

「伊奈木さん、ちょっと何か言ってやってくださいよ」

相澤が、伊奈木に懇願するように言った。

「そうだな」黙っていた伊奈木が口を開いた。

「私の立場で言うと、辞めてほしくはない。これから、もっと仲間をつくり後輩を育てて、このしきがわを本当にいい会社にしてほしいと思っている」

と言って伊奈木はビールジョッキを空けた。そしてそのあとに「しかしだ……」と続き、皆が伊奈木の顔を覗き込んだ。

「私は、全てのビジネスに従事する者は、自分の能力を高め、そして価値のある仕事をしてナンボだと思っている。そして、その価値をもって、企業に貢献し、そして、その企業が社会に貢献するっていうことが大切だって思っている」

皆、飲む手を止めて、伊奈木の話に聞き入った。

「つまり、根っこは自分の能力を高めることからはじまるものだと思っている」

沼口が、伊奈木のビールの追加を頼んだ。

「高山君が能力を高めれば、その能力は、何らかの形でしきがわのためにも使ってくれるかもしれないし。それならば、そういう選択もありだろうな」

全員があっけにとられて聞いていたが、沼口が口を開いた。

「伊奈木さん、いいんですか？　そんなことを言って」

「もちろん、私の時間と手間もかけて育った人材ともいえるので、その人材に去られるのは本当に困るのだがね。でも、これまでも自分と一緒に仕事をしてきた部下、それなりに力がついた連中が、ずっと自分の下にいたわけではない。育っては去り、そして次の人材が現れる、という感じだったからな」

伊奈木は、新しいビールに口をつけた。

「皆、自分の人生の多くの時間をビジネスの世界で過ごすんだ。仕事を通して、そこで信頼関係のネットワークが出来上がってくる。信頼関係が出来上がっている取引先とのビジネスは双方で、より効率的、効果的に高めていくことができる。そしてそこで培った信頼関係というものが、結局かけがえのない財産になるように思う。今回動いてくれた安部野さんたちも、そうやって出来上がった信頼関係に基づいている方々だ」

「あの、伊奈木さん。伊奈木さんって、どうして、そんなに一所懸命にやるんですか？」

高山は聞いた。

「え？　そうだな……。子供のころ、鉄腕アトムが好きだったからかな」伊奈木は話を続けた。

「昔、近所の友達の家に行って、その友達のお兄さんが持っていたマンガの本を何度も繰り返し読んだ。なんだか、今から考えると自分の生き方のベースとなる価値観って、そのころに出来上がったような気がするな」

「鉄腕アトムで培われた生き方なんですか」

守下が言った。

「ここに至っては、『そこに山があるから山に登る』っていうのと同じ感じかなと思う」

高山は、ふと店の壁にある時計を見た。

「あの、すみません。僕、今日はこれで失礼します」

「えーっ、なんで？　まだはじまったばかりじゃないか」

沼口が突っ込んだ。

「ごめん。今日、僕、もう一つ約束があるので先に……」

「ふーん、そーなの」

相澤が白けた顔をして、高山を横目で見ながらグレープフルーツハイを一気に空けた。

「守下さん、もう一杯、同じのを頼んで！」

「あの、伊奈木さん、すみません。では行きます」

高山は鞄を手にして立ち上がった。

「そうか、そうか。行ってこい。うまくやれよ」

伊奈木が赤い顔で言った。

高山は、新宿駅で電車を降りアルタの前に向かった。

「高山さん、遅い」

「すみません。前の場が盛り上がってしまいまして」

高山は頭を下げた。

「あの、今日はいろいろと聞きたいこともあるので、教えてください」

「いいわよ。何でもね」

少し赤くなった顔で現れた高山に、安部野彩が言った。

「いっぱいあるんです。聞きたいことが」

「いいって、夜は長いんだから」

二人は歩きだした。

「ねえ、高山さん」

「何ですか？」

「伊奈木さん、そして兄さんが高山さんにいろいろと教えようと思う理由ってわかる？」

高山は、そういえば、そんなことを考えてもみなかった自分に気がついた。

「なぜなんでしょうか？　よくわからないです」

「それは、多分ね……」彩は一息、間を置いた。

「高山さんに未来を託しているのだと思う」

「え、託してくれているのですか？」

「実践してくれる人にね。そういう生き方の人たちだから」

「そうなんですか……」

「そうだと思うな……」

「え、託されたのだから、応えなければいけないですね」

「そうよ。それも二人分よ」

「この二人の分は、結構重たいですよね」

二人は笑いながら、新宿の人ごみの中に紛れていった。

解説　高山への最後の講義

「安部野さん、参謀機能について、もう少し話をしてください」

「結局、参謀役、つまり君の会社では経営企画になるが、これはトップにとって最後の分業になるわけだ。だから、本来、もっとも入念につくり込みをしなければいけないのが、この役割のはずだろう？」

「はい。当初、知的なエリートの居る部署のような印象を持っていたのですが、安部野さんの話を聞いていると、あるべき姿の参謀機能って骨太だし、完全に実践側の視点ですよね」

「そもそも経営なんて、IQが高いだけの奴が偉そうに理屈だけをこねてできるもんじゃない。もし、そういう連中がエリート意識だけを持って、参謀機能に相当する部署に集まるとロクなことがない。しょうもないプライドに固執したり、智恵を駆使して自身の保身に走ったり、時には暴走さえもするからな。そんなことは、歴史の中でも証明されていることだ。会社のため、市場のため、社員のため、そして社長のためにどう機能させるべきかという明確なイメージを、まず社長、そして参謀機能の長がしっかり持たないといけないいな」

「そして参謀機能は、社内のパイプ役でもあるわけですよね」

「ああ、トップがオープンドアポリシーとか言って、話を聞くなどと言っても、ドン・キホーテさながらに自ら進言してきて、かつ、まともな奴なんて、そういるもんじゃない。社内の声をまとめることのできる感性と能力も必要だ」

「参謀機能、つまり君の会社での経営企画室がやるべきことを、まず教科書的に列挙してみるとこうなる」

安部野はノートパッドに書き出した。

1. 営業企画

・事業方針の策定：商品構成や価格帯の方針。前年実績と直近のトレンドを踏まえてトップが承認できる方針づくり

・商品、営業系の精度が高く高速のPDCA体制づくりの推進

2. 経営企画

・経営視点からの組織における事業の正しいPDCAサイクルの廻る状態づくり

・業務改善や効率化推進：BPR、経費管理など

・社内の様々な課題管理とそれら課題への対応

「企業によっても優先順位や内容は若干異なるが、君の会社の場合は、ざっとこんな感じになるな。でも、これだけをいくら気張って書いたって、見ている君のほうは眠くなるだけだろ？」

「まあ、そうですね」

「言ってみれば、これは『バケツ』を上手にきれいに並べているだけなので、これらをどうきちんとやるか、その中身が一番の問題なのだ。現実的に意味のある参謀が機能するためには、このリストとにらめっこをしながら、ただ順番にこなしていってもあまり意味がないな。今回も現実的に君は、その都度、必要な課題について、一つずつきちっと対応をしていったわけだ。それこそが参謀機能だ。『ちゃんとやる』ためには、そもそも論、べき論から、どうするかを考えながら動く、そういう体制がつくれるかどうかに尽きると思う。例えば、組織のPDCAを廻すという課題は、社内の神経系統つくりであり、各部署が自律的に動けるような状態を目指すことだ。そういうことを、事業や組織が健全に動いている状態をイメージして、企画、推進していくことになる」

「『バケツ』の中身の話ってことですよね」

「経営企画室というと、なんだかエリート集団のように聞こえるが、**本来の戦略的な参謀機能は、プラニングだけではなく汗にまみれた改革の請負いを通して腕を磨くものだ。経営企**

画室は、トップと一心同体になって経営課題の数値責任も担い『企業のあるべき方向に向かって、挑戦的でもあり、攻めにまわった動き』をし続けなければならない。なぜならば、『成功した創業者』は、常にそう考えて動いていたはずだからな。『成功した創業者』の精神にのっとった動きをすると思ったらいい」

安部野の話を聞いて、高山はしばらく考えてから言った。

「安部野さん、その精神って、どういうものでしょうか？」

「いいポイントだな」と言って、安部野はノートパッドに書き出した。

「成功した創業者」以降の代に、失われがちな精神

①「お客様に喜んでいただき、その結果として財布の中の金が増える」ことが商売であるという大前提

②精度とスピードのあるＰＤＣＡ。企業が大きくなってもそれが組織で廻る体制づくり

③企業を発展させるための執念を伴ったイニシアティブ

「こんなところかな」安部野は言った。

「こういうことが失われた状態を、大企業病とか言うわけだ。いったんそうなると、企業の成長は横ばい、衰退の道に入ってしまう。そうならないようにするためには、上が正しいリ

ーダーシップを発揮できている状態が必要だ」

「ということは、どこかの国みたいに、独裁者が好き放題にできる状態でもいいのですか？」

「独裁政権は、仮に一時はよくても、早晩、本人や一族の保身が優先されることになってしまうことは歴史が証明している。独裁状態が有効と言えるのは、システムとして組織が機能できていない混沌状態であり、どうしても矢継ぎ早に素早い対応がなされないといけない、危険が迫っているような場合のあくまで暫定対応としてだな」

「じゃあ、どうすればいいのですか？」

「**基本は、目的を明確にしたうえでの制度、しくみを構築し、よい文化を維持する仕掛けをするということにつきるのだ。**企業においては、**創業時の精神が残っている時に、これらの、制度、しくみ、文化などをきちっとつくっていくことが一番望ましいと思う。**先日、とある大企業の部長と話をしていたら、『うちの会社は、上から下まで、誰一人として会社のことなんて考えていない』と言っていた。これがもし本当ならば、そういう会社を変えるのは、並大抵の仕事じゃないいな」

「そういう場合は、どうしたらいいのですか？」

安部野はニヤッと笑った。

「最初の一歩をまず踏み出すことだな」安部野は話を続けた。

「国も企業も、つぶれた後で外敵や競合にやられたというような説明が後付けでなされるが、その実態は、自滅と言っても良い状態だ。戦う能力だけではなく、守る能力も失せてしまっている状態であり、その根にあるのは『人、性善なれど、性怠惰なり』という人の本質部分だ」

「いつも、根っこにくるのは、その言葉なんですね」

「一般論として、悪い意味での官僚化が進んでしまった国や企業は全てダメになる。そこには、そしてそうなった状態では改革の意志は芽生えたとしても、育たせることは難しいからな。国や企業の存亡に関わる一番の大きな課題は、正しいリーダーシップが発揮できる体制づくりをいかに行うかだ。これは、現実を事実に基づいて、きちっと認識することから始めざるを得ない。つまり『見える化』からだな」

「安部野さんが今言われた『悪い意味での官僚化』ってどういうものですか?」

「エゴイズムや悪平等が蔓延して、足の引っ張り合いも起きている状態、ということだろうな。本来、責任ある立場の者たちが『僕はまちがっていなかった』『僕だけが悪いわけじゃない』と、保身と責任回避、自己の既得権益を優先させることが当たり前のようになってしまう。担当側も、新しい試みの意義を理解していても、『どうせ、これをやっても評価されるわけでもないし、むしろ○○部長ににらまれるかも』『ただでさえ忙しいのに、失敗すれば責任を追及されるし、成功するかどうかもわからないことなんてやってられない』となるわけだ」

「なんだか、世の中に、そういうのってすごく多そうですね」

「この参謀機能の運営に関する注意点だが、仮に上手く機能した場合、社内からもトップからも頼られる存在になる。すると時間が経つと、社内での発言力、実質的な権力を持ってしまうのだ」

「そうか。確かにそうなるでしょうね」

「『権力は腐敗する』というだろう？　よって、そうならない運営上の工夫も必要なんだ」

「どうすればいいのですか？」

「例えば参謀機能については、役員になるための幹部の登竜門としている会社もある。2、3年で交代させるのが理想だろうな。もっとも、便利に機能するとトップとしても重宝するのでなかなか手放したがらないものだがな」

「なるほど……。では、伊奈木さんも2、3年で代わったほうがいいのですか？」

「そうだなあ」と言って、安部野は、高山がはじめて聞く話をはじめた。

「たぶん、本人は期間のことなんて考えてもいないのだろうな。伊奈木君にも想いがあるんだ。『人の人生を輝かせることのできる会社をつくりたい』とね」

「そうなんですか……」

「彼が外資系企業に勤めていたのは知っていると思うが、その前に勤めていた会社でも、急であり理不尽なリストラで職を失った人たちがどれだけ大変な思いをするのかを、目の当たりにしているんだ。事業運営のまずさ、経営の意思決定のまちがい、修正行動の遅れで企業にどんなことが起きるかをね。だから、そういうことを起こさないために、どういう企業運営を行うべきかということを自身のテーマにしているんだ」

「なるほど、そうですか」

「そして、その想いを持って、彼は、しきがわに来ているんだ。傍目には面倒くさいことばかりやりにいく、いわば『火中の栗拾い』役だな。僕に言わせれば、何を好きこのんで、そんなことをやるのか、というところだがな」

高山は思った。

そういう安部野さんも、皆がやりたくない面倒くさいことを自らやるために動くじゃないか。

それもわざわざ、他人の会社の「火中の栗を拾い」に。

安部野さんと伊奈木さんは、同じ目的地を目指している陰と陽みたいな存在なんだ……。

あとがき

通常のビジネス書にすると、ほぼ2冊分のボリュームのある本書を最後まで読み通していただきまして、誠にありがとうございました。

本書は、私自身が企業改革の現場で実際に経験してきたことからまとめています。

私は戦略系ファームであるマッキンゼーでも、トヨタの自動車生産現場で体得した価値観、方法論をベースに活動し、その後も実際に企業を「変える」仕事ばかりを行ってきました。

通常のビジネス書に描かれるノウハウとは少々毛色の違う、実際の現場で求められる問題解決やプロジェクトの進め方などについて**「経営視点からの企業改革の推進という仕事」**に興味を持っていただける方が一人でも増えてくれればという想いから、本書を企画しました。

当初は、一般のビジネス書と同じように、ノウハウを綴っていく形式での本作りを考えていました。

しかし、本書を出そうと思う目的に沿って検討を進めていくうちに、実際に起こっていることをベースにストーリー形式で表現したほうが、その生々しい実態が、よりリアルに読者に伝わるであろうという結論に至りました。私自身は、ふだんはビジネス書や社会科学、歴史書に目を通していることのほうが多く、小説を手にすることはほとんどありません。

ところがいざ、この形式で執筆をはじめてみると、改革が求められる状況や、その際に起きうる抵抗、しでかしてしまうまぬけな失敗や、なんとか改革を形にしようと四苦八苦する場面などが表現しやすいことに気がつきました。結果、出来上がったこの本は、ノウハウをまとめたビジネス書とは、一風変わったものになったように思いますし、当初の目的にかなうものだと思います。

私事ですが、日本の高度成長期の典型的な猛烈サラリーマンだった私の父は46歳の年に、そして歯科医だった弟もストレスいっぱいの日々の末、33歳の年にそれぞれ病気で逝ってしまいました。二人とも、現在の私よりも若い年齢で逝ってしまったわけですが、このことを通して、私は二つのことを学びました。

一つ目は、当たり前のことですが、健康には常に気をつけなければいけないということ。

二つ目は、そうはいうものの、人にはいつ、何が起こるかわからない。よって万が一、いつ何があっても悔いの残らないように、自分がやるべきと思うことに日々取り組む、ということでした。

日本を代表する、ある大手ファンドのトップの方とお目にかかった際に、この話をしたところ、

「稲田さんの歩んできたキャリアの背景がわかった。その死生観からきているんだな」と言われました。

世の多くの人が、その人生の多くの時間をビジネスの場で過ごします。そのビジネスの場を、それぞれの人が思う存分に力を発揮できる場にすることができれば、個人にも、所属する会社にも、そして世の中にとっても意義のある土俵、プラットフォームができます。微力ながら、そうした想いで毎日、様々な立場で企業改革という仕事に携わっています。

これまで私が見てきた優良企業の多くは、果敢にそういう状態をつくろうと挑戦を続けていました。

本書には、若手の高山昇、その上司の伊奈木耕太郎、そして、やたらと語り倒す安部野京介という3人の企業改革を推進する人物が登場します。私のまわりには、伊奈木や安部野のような人たちは、実際に存在します。

しかし、私としましては、この本を読んでいただいたあなたに、ぜひ、高山昇になっていただきたいと思います。もし少しでもそう感じていただけたなら、著者としてこんなに嬉しいことはありません。

なお、本書は初版が2013年8月に、単行本として刊行されました。

当時、締め切りとページ数の制約の中で書き上げたため、あとから見直すと、書き込みが不足していると感じられる部分がありました。

今回の文庫版では、章末の解説と最後のクライマックスの安部野京介の語りを中心に加筆しました。もし単行本を読まれた上で、この文庫版を手にしておられる方には、その部分に着目していただければ幸いです。

2017年10月

稲田将人

参考文献

『広告でいちばん大切なこと』クロード・C・ホプキンス著、伊東奈美子訳、翔泳社

本書は、二〇一三年八月にダイヤモンド社から発行した同名書を
文庫化にあたって加筆・修正したものです。

日経ビジネス人文庫

戦略参謀《せんりゃくさんぼう》
経営《けいえい》プロフェッショナルの教科書《きょうかしょ》

2017年11月1日　第1刷発行
2025年 5 月1日　第9刷

著者
稲田将人
いなだ・まさと

発行者
中川ヒロミ

発行
株式会社日経 BP
日本経済新聞出版

発売
株式会社日経 BP マーケティング
〒105-8308 東京都港区虎ノ門 4-3-12

ブックデザイン
鈴木成一デザイン室

印刷・製本
中央精版印刷

Printed in Japan ISBN978-4-532-19839-8

nbb 好評既刊

それでも社長になりました！

日本経済新聞社＝編

上司の〝イジメ〟、取引先からの罵倒、左遷——あの時代があったからこそ今がある。大企業トップ40人が語る「私の課長時代」。

それでも社長になりました！ 2

日本経済新聞社＝編

会社人生は山あり谷あり。「今だから言える」と大企業トップ37人が本音で語る若き日の失敗談。日経連載「私の課長時代」の文庫化第2弾。

200年企業

日本経済新聞社＝編

江戸時代から今日まで、どんな革新を経て生き抜いてきたのか？　伝統を守りながらリスクに挑む「長寿企業」の秘密に迫る。

200年企業 Ⅱ

日本経済新聞社＝編

2世紀以上にわたり生き永らえてきた長寿企業はどのように苦境を乗り越えてきたか？　63の企業から事業継続の知恵と成長の課題を学ぶ。

200年企業 Ⅲ

日本経済新聞社＝編

不況で倒産が相次ぐ中、2世紀以上続く企業がある。失敗と成功を分ける要素、伝統を守り革新する転機は何かを、62の「200年企業」に学ぶ。

nbb 好評既刊

戦略の本質

野中郁次郎・戸部良一
鎌田伸一・寺本義也
杉之尾宜生・村井友秀

戦局を逆転させるリーダーシップとは？　世界史を変えた戦争を事例に、戦略の本質を戦略論、組織論のアプローチで解き明かす意欲作。

イノベーションの作法

野中郁次郎
勝見　明

組織や常識の壁をぶち破るのは誰か!?　画期的ヒット商品の開発担当者に取材し、イノベーターに必要な能力と条件を浮き彫りにする。

全員経営

野中郁次郎
勝見　明

V字回復・高収益企業の共通点は社員の自律的思考にあった。JAL、ヤマト運輸、セブン&アイなど13例から「成功の本質」を学ぶ。

嫌なことがあったら鉄道に乗ろう

野村正樹

レールの響きと流れる風景に身をまかせれば、憂鬱な気分も雲散霧消。仕事と人生における鉄道の魅力と効用、楽しみ方を説く。

松林図屏風

萩　耿介

安土桃山の世、独自の画風で狩野派に対抗した長谷川等伯と一門。謎多き巨匠の生涯に迫る傑作歴史長編！　第二回日経小説大賞受賞作。

nbb 好評既刊

経営者が語る戦略教室

日本経済新聞社＝編

社内の宝を再発見したカルビー、地方攻めるジャパネットたかた、優れた本社で世界へ挑むテルモ――。経営者と経営学者による戦略講義。

世の中のカラクリが丸見え！ イチからわかるニュース塾

日本経済新聞社＝編

宇宙の実験は何の役に立つの？ ブラック企業のどこがブラック？ 読んで納得、素朴な疑問から経済の謎まで解明する時事解説書。

日経記者に聞く 投資で勝つ100のキホン

日本経済新聞社＝編

決算や相場分析などにかかわる投資の基本用語を、100項目でわかりやすく解説。投資で成功するための必須知識が身につきます！

「話し方」の心理学

ジェシー・S・ニーレンバーグ
小川敏子＝訳

聞く気のない相手を引きつけるには？ 言いたいことをストレートに伝えるには？ プレゼン、営業、面接などで使える心理テクニックを紹介。

大人のための自転車入門

丹羽隆志・中村博司

自転車の選び方・乗り方から体のケアまで、健康的で環境にも優しいスポーツサイクルの楽しみ方や魅力を、図表や写真を交え紹介します。

nbb 好評既刊

禅が教えるビジネス思考法

枡野俊明

できる人と思われたい、部下の面倒を見られない、何のために働くのかわからない——。曹洞宗建功寺の住職がビジネス人の悩みに答える。

温泉教授・松田忠徳の新日本百名湯

松田忠徳

全国の温泉を自ら踏破し、温泉の歴史、効能、宿などにも詳しい温泉教授が、全国から百名湯を選りすぐり役に立つ情報を提供する。

賢人たちからの魔法の質問

マツダミヒロ

誰の人生を生きていますか？　心は何と言っていますか？　エジソン、ドラッカー、ジョブズ、空海など100の名言を質問形式で投げかける。

「人口減少経済」の新しい公式

松谷明彦

人口増加のエネルギーを失った日本が向う先は？　人口を軸に日本経済の未来を予測。縮小する世界での生き方を問うたベストセラー。

ビジネスマンのための情報戦入門

松村　劭

玉石混交の中から、確度の高い情報をどう選び、戦いに生かすか。戦争研究の第一人者がビジネスマン向けに「作戦情報理論」を伝授。

nbb 好評既刊

仕事がもっとうまくいく！ものの言い方300

むらかみかずこ

ビジネスで困ったときに役立つフレーズを、シーン別に紹介。言いにくいことを伝えるための、とっておきの言い方、教えます！

仕事がもっとうまくいく！たった3行のシンプル手紙術

むらかみかずこ

送付状やお礼から、書きにくいお断り、お詫びの手紙まで。ビジネスで活用できる、たった3行の言葉で相手の心を動かすテクが満載の一冊。

村上式シンプル英語勉強法

村上憲郎

スクール、高い教材、机も不要。本当に使える英語を集中的に身に付けよう。多忙なビジネスパーソン向けの最強の英語習得マニュアル。

カンブリア宮殿 村上龍×経済人 社長の金言

村上 龍
テレビ東京報道局＝編

人気番組『カンブリア宮殿』から68人の社長の「金言」を一冊に。作家・村上龍が、名経営者の成功の秘訣や人間的魅力に迫る。

カンブリア宮殿 村上龍×経済人 社長の金言2

村上 龍
テレビ東京報道局＝編

ベストセラー、『カンブリア宮殿 社長の金言』第2弾。今回は経営者に加え、各界で活躍する著名人の成功哲学をも厳選して紹介。

nbb 好評既刊

カンブリア宮殿　村上龍×経済人1　挑戦だけがチャンスをつくる

村上 龍　テレビ東京報道局＝編

日本経済を変えた多彩な〝社長〟をゲストに、村上龍が本音を引き出すトーキングライブ・テレビ東京『カンブリア宮殿』が文庫で登場！

カンブリア宮殿　村上龍×経済人2　できる社長の思考とルール

村上 龍　テレビ東京報道局＝編

人気番組のベストセラー文庫化第2弾。出井伸之（ソニー）、加藤壹康（キリン）、新浪剛史（ローソン）――。名経営者23人の成功ルールとは？

カンブリア宮殿　村上龍×経済人3　そして「消費者」だけが残った

村上 龍　テレビ東京報道局＝編

柳井正、カルロス・ゴーン、三木谷浩史――経営改革を進める経済人たち。消費不況の中、圧倒的成功を誇る23人に村上龍が迫る。

あきらめない

村木厚子

09年の郵便不正事件で逮捕、長期勾留された厚労省局長。極限状態の中、無罪を勝ち取るまで決して屈しなかった著者がその心の内を語る。

にっぽん企業家烈伝

村橋勝子

森永、松竹、江崎グリコほか、明治から昭和に至る有名企業の創業者・中興の祖ら18人の烈伝。企業の原点となった人物の生涯とは？